BAEDEKER SMART

Italien

Verlag Karl Baedeker – 🌐 www.baedeker.com

Wie funktioniert der Reiseführer?

Wir präsentieren Ihnen Italiens Sehenswürdigkeiten in sechs Kapiteln. Die Einteilung entnehmen Sie bitte der unten stehenden Karte. Jedem Kapitel ist eine spezielle Farbe zugeordnet.

Um Ihnen die Reiseplanung zu erleichtern, haben wir alle wichtigen Sehenswürdigkeiten jedes Kapitels in drei Rubriken gegliedert: Einzigartige Sehenswürdigkeiten sind in der Liste der *TOP 10* zusammengefasst und zusätzlich mit zwei Baedeker Sternen gekennzeichnet. Ebenfalls bedeutend, wenngleich nicht einzigartig, sind die Sehenswürdigkeiten der Rubrik *Nicht verpassen!* Eine Auswahl weiterer interessanter Ziele birgt die Rubrik *Nach Lust und Laune!*

Süditalien

Sizilien & Sardinien

Touren

Praktische Informationen

Magische Momente

Kommen Sie zur rechten Zeit an den richtigen Ort
und erleben Sie Unvergessliches.

Natur und Kultur im Überfluss: der Herakles-Tempel im Valle dei Templi (Sizilien).

Entspannung und Erholung pur: Bootstrip zu den Robinson-Buchten an der Steilküste des Golfo di Orosei (Sardinien).

★★ Baedeker Topziele

Was muss ich gesehen haben? Unsere TOP 10 helfen Ihnen, von der absoluten Nummer eins bis zur Nummer zehn, die wichtigsten Reiseziele einzuplanen.

❶ ★★ Venedig
Einmal im Leben sollte man die Stadt in der Lagune besuchen – ein unvergessliches Erlebnis, nicht nur im Maskentreiben während des Karnevals. Seite 100

❷ ★★ Rom – Petersdom
Eine der größten und bedeutendsten Kirchen der Welt an einem riesigen, von Kolonnaden gesäumten Platz: der Nabel der christlichen Glaubenswelt. Seite 38

❸ ★★ Rom – Vatikanische Museen
Kunst, so weit das Auge reicht, im größten Museumskomplex der Erde – mit Michelangelos Sixtinischer Kapelle als Höhepunkt. Seite 41

❹ ★★ Florenz
Ein wahres Museum der Renaissance, das einen schier überwältigt mit prächtigen Bauten und herrlichen Kunstwerken – sowie dem Charme der Gässchen. Seite 126

❺ ★★ Sorrento & Amalfitana
Italiens spektakulärste Küste, mit idyllischen Örtchen auf steil abfallenden, schroffen Felsen über dem tiefblauen Meer. Seite 152

❻ ★★ Verona
Ob Aida oder Nabucco – kaum anderswo genießt man so authentisch das Geburtsland der Oper wie in der Stadt von Romeo und Julia. Seite 106

❼ ★★ Siena
Einer der anmutigsten mittelalterlichen Plätze Europas ist die Piazza del Campo, überragt vom Turm des Palazzo Pubblico. Seite 130

❽ ★★ Lago di Como
In seinen sanften Fluten spiegeln sich bewaldete Hügel und elegante Villen – manche davon sind zum Glück Hotels, wo man sich verwöhnen lassen kann. Seite 72

❾ ★★ Pompei & Monte Vesuvio
Einst versunken in der Asche des Vulkans, ist am Vesuv die Welt der alten Römer wieder auferstanden und begeistert mit schönsten Mosaiken und Wandgemälden. Seite 105

❿ ★★ Parco Nazionale del Gran Paradiso
Eine rund ums Jahr attraktive Alpenlandschaft mit seltenen Pflanzen und Tieren – am schönsten, wenn im Frühsommer die Bergwiesen blühen. Seite 76

Frühling schickt
sein blaues Band:
Blick über Nago–
Torbole auf den
Lago di Garda.

Ein Gefühl für Italien bekommen ...

Erleben, was das Land ausmacht,
sein einzigartiges Flair spüren, (fast) so, wie
die Italiener selbst.

Wo die Zitronen blühen

Vom oft noch bis weit ins Frühjahr hinein schneebedeckten Brenner geht die Fahrt hinab ins gelobte Land, wo Oleander und Zitronen blühen. Ab Rovereto werden die Häuser bunter, ragen formschöne Zypressen in den samtblauen Himmel: Hier sind wir nun also im heiteren Süden und sehen uns schon bald empfangen von Palmen, die in sanfter Mittelmeerluft fächeln: *Buon giorno, Italia!*

Markttreiben

Italiens mediterrane Aromen erlebt man intensiv auf seinen quirligen, üppigen Märkten, ob auf Roms Campo de' Fiori, der Piazza delle Erbe in Verona oder in irgendeinem verträumten Provinzstädtchen; ein Fest für alle Sinne ist das, selbst das muntere Feilschen: *»Due etti di parmigiano ... sono cinque Euro« – »Due cinquanta per un etto? Troppo caro!«.* So klingt es, wenn der Kundin 2,50 Euro für 100 Gramm (*un etto*) Parmesan unverschämt erscheinen.

Alla Piazza

Als Mittelpunkt der Geselligkeit verströmen Italiens Plätze Charme, zudem handelt es sich oft um architektonische Schmuckstücke. Beste Beispiele dafür sind die elegante Piazza della Signoria in Florenz, die Piazza del Campo in Siena, die Piazza Navona in Rom: Lässt man sich dort nieder, bei hausgemachtem Gelato und Campari, fehlt einem nichts mehr. Gratis dazu gibt es stets das eine oder andere kleine Straßentheater – italienisches Alltagsleben, das oftmals erst spätabends seinen ganz eigenen Reiz entfaltet, wenn beste Freundinnen in fest aneinander geschmiegten Dreiergruppen staunenswert sicher über das Kopfsteinpflaster stöckeln und selbst auf dem tagsüber meist hoffnungslos überlaufenen Markusplatz in Venedig immer mal wieder ein Pärchen ein Tänzchen wagt.

Dachlandschaften

Erklimmt man etwa in Siena an der Piazza del Campo die Torre del Man-

gia des Palazzo Pubblico, schweift
der Blick über ein Labyrinth roter
Ziegeldächer und den Dom bis in
die idyllische Landschaft der Toskana. Oder besucht man in Mailand
die Dachterrasse des Doms, reicht
der Blick an schönen Tagen über die
Dächer der Stadt hinweg bis zu den
Alpen. Hier wie da und noch an
vielen anderen urbanen Aussichts-
punkten gilt: Schöner als hier lassen
sich italienische Kultur und Natur,
die Anmut und Geschichte des
Landes kaum spüren und genießen.

Caffè

Morgens, mittags, abends: Immer
wieder führt der Weg in eine Caffè-
Bar, wo man seine Lebensgeister
erfrischt mit Espresso, Cappuccino
oder Latte macchiato, akustisch
begleitet vom Zischen der Dampf-
düsen und dem temperamentvollen
Parlando des Barista mit seinen
Gästen: Italien pur!

Pasta-Himmel

Italiens Speiselokale sind Tempel
des leiblichen Genusses, von der
einfachen Trattoria bis zum Luxus-
Restaurant. Hier wie da reicht der
Reigen von köstlichen Antipasti bis
zu leckersten Desserts. Niemals
fehlen darf: Pasta, meist regional-
typisch zubereitet. Und häufig sitzt
man unterm Sternenhimmel, während die Gabel in die Pasta taucht.
Oder am Strand, im Sonnenuntergang, während vom Grill der Duft
der Doraden herüberweht.

Prada, pelle, alimentari

Mit Erinnerungen allein im Gepäck
kommt keiner aus Italien zurück,
dafür bereitet das Einkaufen hier zu
viel Vergnügen – bei den sündhaft
teuren Edel-Adressen von Prada &
Co. an der berühmten Via dei Condotti in Rom genauso wie bei Streif-
zügen durch Lädchen in schmalen
Gassen, wo man aparte Mode zu
akzeptablen Preisen erwirbt, außerdem exzellente Lederwaren (*pelle*),
geschmackvolles Kunsthandwerk
und geschmacklich vielfältige
Lebensmittel (*alimentari*), von Pasta
über Dolci bis zum Wein.

Vespa-sianisches Schlaflied

Sanft berauscht von einem ge-
schmeidigen Chianti oder kraft-
vollen Barolo wohlig in Schlummer
sinken, während vor der offenen
Balkontür der Nachtwind in den
Bäumen rauscht (oder das Meer).
Von Weitem hören wir kurz das
Dröhnen einer Vespa, die bergauf
röhrt, dann fast wieder Stille.
Nur ein Hund schlägt an, gefolgt
vom Glockenschlag der Kirche
an der Piazza. Was für ein schöner
Tag das war, voller Eindrücke und
Bilder: die Fahrt durch Dörfchen
und Olivenhaine, der See im Son-
nenlicht, frische Feigen auf dem
Markt. Zum Abendessen gab es
Tagliatelle ai funghi porcini, Nudeln
mit Steinpilzen, serviert vom schmu-
cken Ober, zum Schluss einen
Grappa, spendiert vom Padrone:
»Buona notte, e alla prossima!«

Mit der Vespa gen Süden brausen, um wie
hier am Gardasee die Sonne zu putzen, ...

... oder wie hier in Atrani an der Amalfiküste
Pasta unter freiem Himmel zu genießen.

Hinein ins Reiseabenteuer: Schon bald nach dem Brenner und der faszinierend gezackten Bergwelt Südtirols lockt am Lago di Garda italienisches Dolcefarniente vom Feinsten.

Das Magazin

Italien ist überreich an Kunst,
Kultur und Natur, ein Hort
der sinnlichen Genüsse und
ein Sehnsuchtsort für alle,
die das pralle Leben lieben.

Seite 12–29

Ein Staat entsteht

Weit zurück reicht die Geschichte der Apennin-Halbinsel, recht jung ist dagegen die des heutigen Nationalstaats, der erst anderthalb Jahrtausende nach dem Fall Roms im Jahr 476 entstand.

Im Mittelalter und in der Renaissance war Italien von mächtigen Stadtstaaten dominiert wie Pisa, Venedig, Florenz und Genua im Norden sowie Neapel im Süden; hinzu kam der einflussreiche Kirchenstaat (in Rom). Alte Spannungen zwischen den Parteien wirken bis in die italienische Politik unserer Tage nach. Ab der Mitte des 16. Jh.s erlangten fremde Mächte wie das Kaiserreich Österreich-Ungarn die Oberhand, Italien geriet zum Spielball europäischer Politik.

Risorgimento – der Kampf um die Unabhängigkeit

Erste Impulse erhielt die bürgerliche Freiheits- und nationale Einigungsbewegung des *risorgimento* (»Wiedererstehen«) durch die Französische Revolution 1789 und Napoleon. Nach dem Italienfeldzug (1796/97) des französischen Eroberers gründete dieser mehrere Vasallen-Staaten und führte im Jahr 1804 den Code civil ein – ein Gesetzbuch zum Zivilrecht, mit dem allen (männ-

Der Palazzo del Quirinale in Rom, die einstige Sommerresidenz von Papst Gregor XIII., ist heute Sitz des italienischen Staatsoberhauptes.

lichen) Bürgern wichtige Ideale der Französischen Revolution (Freiheit, Gleichheit, Brüderlichkeit) – garantiert werden sollte. Nach seiner Niederlage bei Waterloo wurde 1815 auf dem Wiener Kongress die Restauration alter Verhältnisse eingeleitet. So erhielten die Habsburger nicht nur ihre Besitztümer im Norden Italiens zurück – deren spanisch-bourbonische Linie wurde zu Königen von Neapel und Sizilien erhoben.

Das patriotische Risorgimento war in sich ganz uneinheitlich: Während Camillo Benso Graf von Cavour, der Ministerpräsident des König-

reichs Sardinien, eine monarchistische Lösung unter der Führung Savoyen-Piemonts anstrebte, scharte im Süden der Freiheitskämpfer Giuseppe Garibaldi republikanische Gesinnungsgenossen um sich. Andere favorisierten gar ein geeintes Italien unter vatikanischer Kuratel.

Italien wird Monarchie

Volksaufständen der 1820er- und 1830er-Jahre folgte 1848/49 der erfolglose Erste Italienische Unabhängigkeitskrieg Savoyen-Piemonts gegen Österreich; erst der zweite führte zehn Jahre später (als Teil des Französisch-Österreichischen Krieges und mit Frankreich als Verbündetem) zu territorialem Gewinn. Als Garibaldi im Jahr 1860 siegreich gegen Neapel zu Felde zog, erschien ein geeintes Italien erstmals als realistisch. Per Plebiszit votierte nun auch der Süden des Landes für einen Anschluss an Savoyen-Piemont, im März 1861 wurde in Turin Vittorio Emanuele II. zum König Italiens (außer Venetien, Rom und Südtirol) gekrönt.

Parlamentarische Republik

Schulter an Schulter mit Preußen eroberte Italien im Dritten Unabhängigkeitskrieg 1866 Venetien von Österreich zurück und vereinnahmte (als die päpstliche Schutzmacht Frankreich 1870 gegen Preußen unterlag) auch den Kirchenstaat. Nach Turin und Florenz wurde 1871 Rom Hauptstadt des neuen Italien. Als Folge des Ersten Weltkriegs erhielt Italien Triest und Trentino-Alto Adige (um Bozen) und damit in etwa seine jetzigen Grenzen. Nach dem faschistischen Intermezzo unter Benito Mussolini (1922–1943) und der Abschaffung der Monarchie wurde im Jahr 1947 die Neue Republik Italien ausgerufen.

Italien kulinarisch: A Tavola!

Gut essen ist eine der Lieblingsbeschäftigung der Italiener: Davon zeugen sonntägliche Speisen in großer Familienrunde, die Sorgfalt, mit der man auf bestsortierten Märkten einkauft, sowie ungemein verführerische Feinkostläden.

Die italienische Küche ist unvergleichlich, was ihre regionale Vielfalt anbelangt sowie die Ausrichtung an Produkten, die die Jahreszeit und Region hervorbringen. Ein italienischer Küchenchef geht der Frische halber oft zweimal täglich einkaufen. Die Rezepte sind meist einfach, basieren auf dem Zusammenspiel bester Zutaten. Außerhalb größerer Städte, wo auch internationale Küche angeboten wird, beschränkt man sich auf Spezialitäten der jeweiligen Gegend. Natürlich gibt es Ausnahmen, aber Pasta und Pizza bekommt man überall.

Vini italiani

Beim Wein ist es nicht anders. Meist trinkt man die schlichteren Landweine der Region: *rosso* (rot), *bianco* (weiß) oder *spumante* (Schaumwein) – oft wachsen die Reben auf dem gleichen Boden wie das, was man auf dem Teller hat. Manche italienischen Spitzenweine, wie Barolo, Brunello oder Amarone, genießen Weltruf.

Im Nordwesten

Als Spezialitäten Nordwestitaliens locken etwa *Risotto milanese* und *Osso buco* (geschmorte Beinscheiben vom Kalb) aus Mailand, der Hauptstadt der Lombardei, die weißen Trüffeln des Piemont und *Pesto*, die berühmte ligurische Pasta-Sauce aus Olivenöl, Basilikum, Pinienkernen und geriebenem Käse. An der Küste gibt es reichlich frischen Fisch, im Landesinnern als Beilage eher Polenta oder Reis als Pasta. Unter den Weinen finden sich illustre Namen wie Barolo und Barbera (im

Während zum Frühstück oftmals ein Espresso reicht, wird mittags gern ausführlicher (und exquisiter) geschlemmt. Pasta ist immer dabei, und zum Dessert gibt's Käse oder was Süßes.

Piemont) aber auch der schlichtere Bardolino – ein prickelndes Gläschen Asti ist an heißen Tagen eine köstliche Erfrischung. Und selbst hochkarätige Restaurants führen auf ihrer Karte meist auch preiswertere offene Weine aus der regionalen Umgebung (*vini locali*).

Im Nordosten

In <u>Venedig</u> kommen bevorzugt Fisch und Meeresfrüchte auf den Tisch, wie man sie in den Gewässern der Lagune und der Adria fängt – *seppia* (Tintenfisch), *sarde* (Sardinen) oder *orata* (Brasse) –, oft serviert als *Fritto misto* (kleine Fische und in Ringe geschnittene Tintenfische frittiert). Neben Reis und Polenta serviert man dazu Gemüsespezialitäten wie *carciofi* (Artischocken) und *Radicchio di Treviso* (ein herb-bitteres Blattgemüse). Kulinarische Hauptstadt Italiens bleibt <u>Bologna</u>, bekannt für Mortadella, Schinken und Parmesan. Die Küche der dortigen

Region Emilia-Romagna basiert auf
Butter und Sahne, was wohl auf
Habsburger Einfluss zurückgeht,
und diejenige Südtirols kennt
Spezialitäten wie *canederli* (Knödel),
goulash (Gulasch) oder *Apfelstrudel*.
Bekannte Tropfen des Nordostens
sind Prosecco, Lambrusco sowie
ein fruchtiger Pinot Grigio und der
köstliche Chardonnay.

In Mittelitalien

Beste Zutaten, einfach zubereitet –
so lautet die lukullische Zauber-
formel Mittelitaliens: Fleisch vom
Grill, hervorragendes Brot und
Schafskäse verwöhnen den Gaumen,
besonders in der Toskana auch
Bohnen in vielen Varianten (als
Suppe oder Eintopf). Eine leckere
Vorspeise sind *crostini*, geröstetes
Brot mit unterschiedlichem Belag.
Freunde deftigen Rindfleischs
greifen nach *Bistecca alla fiorentina*
(T-Bone-Steak), auch erhältlich als
Tagliata auf Rucola mit Parmesan.
Umbriens Küche ist bodenständig,
mit Schinken, Pecorino-Käse, Sala-
mi oder kleinen braunen Linsen.
Auf dem Speiseplan stehen aber
auch schwarze oder weiße Trüffel
(*tartufi*), am besten frisch über eine
Portion Pasta gehobelt. Gute Weine
gedeihen im toskanischen Chianti,
darunter herausragende wie Bru-
nello di Montalcino und Vino Nobi-
le di Montepulciano, während
Umbrien mit leichtem weißen
Orvieto und schweren Roten aus
Montefalco aufwarten kann.

La dolce vita

Auf Desserts legt man in italie-
nischen Restaurants oft weniger
Wert – besser aufgehoben sind
Süßschnäbel oft in *pasticcerie*
(Bäckereien/Konditoreien), wo
es eine Fülle von Kuchen,
Gebäck und Keksen (aus besten
Zutaten) gibt. Vom einfachen
Hefeteilchen bis zu raffiniert
zubereiteten Spezialitäten mit
Schoko-Creme und Früchten
sucht man sich an der Theke
aus, was man an Ort und Stelle
verzehren möchte. Oder man
lässt sich eine Auswahl zum
Mitnehmen zusammenstellen.

Im Süden

In der Hauptstadt Rom sind gastro-
nomisch alle Regionen Italiens und
internationale Küche vertreten, vor
allem aber die typisch deftige Kost
aus Latium, mit knoblauchbetonten
Innereien wie *trippe* (Kutteln) oder
lingua (Zunge). *Abbacchio* (Lamm)
gehört zu den Spezialitäten wie
Saltimbocca alla romana (Kalbsschnit-
zel mit Schinken und Salbei). Bekannteste Weine der Region sind
Frascati aus den Castelli Romani
oder Est! Est! Est! aus Montefiascone
(Provinz Viterbo): »Das ist er!«, soll
der Diener einer hoch gestellten
Persönlichkeit gleich dreimal an die
Tür geschrieben haben, als er im
Auftrag seines Herrn auf der Suche
nach dem besten Wein war.

Neapel, Hauptstadt Kampaniens, ist die Urheimat der Pizza und einer einfallsreichen Küche, die neben ausgezeichnetem Olivenöl und Meerestieren Tomaten und viel frisches Gemüse verwendet sowie Käsespezialitäten wie Mozzarella und Ricotta bietet. Fleisch spielt kaum eine Rolle, im Landesinnern ist die Auswahl an Gerichten oft begrenzt, doch von frischer, hoher Qualität. Bemerkenswerte Weine werden in der Provinz Apulien angebaut, darunter die robusten Roten Primitivo di Manduria und Salice Salentino.

Sizilien und Sardinien

Arabische, normannische und spanische Invasoren hinterließen kulinarische Spuren auf Sizilien, dessen Klima sich ideal für den Anbau von Obst und Gemüse eignet. Neben frischem Fisch und Meeresfrüchten erwarten einen hier ausgefallene *antipasti* und an Straßenständen knusprige Kroketten, Schmalzgebackenes oder *Arancini* – pikant gefüllte und frittierte Reisbällchen.

Fisch spielt auch auf Sardinien eine große Rolle, eine Spezialität ist der *Pecorino Sardo* – der beste (Schafs-) Käse Italiens, gerne gereicht mit dem papierdünnen Fladenbrot *carta di musica*. Beide Inseln genießen zudem einen exzellenten Ruf bezüglich Gebäck und Süßspeisen. Besonders lecker sind die sizilianischen *cannoli*: Teigröllchen gefüllt mit Ricotta-Vanillecreme und Schokoladenstückchen oder kandierten Früchten, die auch der *Cassata*-Eiscreme ihre ganz besondere Note verleihen. Aus Sizilien kommen ferner der Süßwein Marsala und der Amaro, ein Kräuterlikör.

Marsalaprobe in Marsala auf Sizilien: In der Enoteca La Sirena Ubriaca in der Via Giuseppe Garibaldi 39 wird dem Gast so mancher gute Tropfen serviert.

Sangeslust und Sangeskunst: Grande Opera

Unter der nüchternen Bezeichnung »Opera in musica« (»musikalisches Werk«) entstand um 1600 in Italien das, was heute »ganz große Oper« ist.

Grandiose Inszenierungen garantieren Musentempel wie das La Fenice in Venedig (oben) sowie ...

Erste Opern im heutigen Sinn entstanden Ende des 16. Jh.s am Hof der Medici in Florenz – als früheste gilt La Dafne (1597), als älteste erhaltene L'Euridice (1600), beide von Jacopo Peri (Libretti: Ottavio Rinuccini). Anlässlich des Geburtstages von Francesco Gonzaga IV. in Mantua entstand Claudio Monteverdis Opern-Debüt L'Orfeo (1607). In der Folge bildete sich neben der *Opera seria* (ernste Oper) die volkstümliche Variante der *Opera buffa* (komische Oper) heraus, die in den nun entstehenden Opernhäusern – als Erstes eröffnete im Jahr 1637 das Teatro San Cassiano in Venedig – große Erfolge feierte.

Berühmte Komponisten, renommierte Opernhäuser

Gepräge und Sprache der Oper blieben lange italienisch – noch im 19. Jh. kamen entscheidende Impulse von hier: Dafür stehen die Namen berühmter Komponisten wie Gioachino Rossini (1792–1868), Gaetano Donizetti (1797–1848), Giuseppe Verdi (1813–1901) und Giacomo Puccini (1858–1924). Italiens berühmteste Bühne, das 1778 in Mailand eröffnete Teatro San Carlo Erstrangiges zu bieten.

Legendäre Sängerinnen und Sänger

Naturgemäß brachte das Geburts- und Heimatland der Oper auch unvergleichliche Stimmen hervor. Zur Legende wurde der neapolitanische Tenor Enrico Caruso (1873–1921), zum populärsten Sänger Luciano Pavarotti (1935–2007). Eine der bedeutendsten Sopranistinnen ihrer

... die Mailänder Scala (rechts). Unvergleich ist die Atmosphäre auch in der Arena di Verona (lnks).

land eröffnete Teatro alla Scala, erlebte viele Uraufführungen illustrer Werke von Rossini, Verdi und Puccini und erstrahlt nach der Renovierung in schönstem Glanz. Ähnliches gilt für das 1792 eröffnete Teatro La Fenice in Venedig mit seiner legendären Akustik. Auch Neapel hat mit dem bereits 1735

Zeit (neben Maria Callas) war die »Engelsstimme« Renata Tebaldi (1922–2004), gefolgt von Mirella Freni (*1935) und Katia Ricciarelli (*1946), während die temperamentvolle Cecilia Bartoli (*1966) heute das Publikum nicht nur durch ihre Bühnenpräsenz begeistert, sondern auch als Intendantin Erfolge feiert.

Italienische Kunst: Farbe, Form & Licht

Die Welt verdankt Italien ein reiches künstlerisches Erbe: makellose antike Plastik, meisterliche Sakralkunst des Mittelalters, revolutionäre Renaissance sowie dramatisches Barock – neben Genies wie Leonardo da Vinci oder Michelangelo.

Noch vor den Römern schufen hier Etrusker und Griechen Gemälde und Skulpturen (um 800–300 v. Chr.). Aus dieser Zeit und der römischen Antike findet man in italienischen Museen, neben marmornen Skulpturen, prächtige Wandgemälde und Metallobjekte. Die Römer selbst, große Erfinder im Bereich der Architektur, hinterließen Meisterwerke in der von ihnen perfektionierten Mosaiktechnik.

Mosaik im Baptisterium von Florenz.

Mittelalter (um 400–1500)

Reich verzierte, stilisierte Figurenmosaike auf Goldgrund zählen zu den Höhepunkten byzantinischer Kunst und setzten Maßstäbe für die Gotik, die in Italien Künstler vom Range Cimabues (Unterkirche in Assisi), dessen Schülers Giotto di Bondone (Wegbereiter der Renaissance) oder Paolo Venezianos hervorbrachte, sowie die Sieneser Schule mit Duccio di Buoninsegna, Simone Martini, Lippo Memmi und Pietro Lorenzetti.

»Wiedergeburt« der Antike

Um das Jahr 1420 setzte in Italien mit der Früh-Renaissance eine Rückbesinnung auf Kultur und Kunst der Antike ein. Mit deren neuem Welt- und Menschenbild identifizierte sich die wohlhabende Führungsschicht (Händler, Bankiers und Adel) und wollte es in der Kunst repräsentiert sehen. Dort trat die bisherige Dominanz religiöser Themen zurück zugunsten säkularer Vielfalt, die mit Porträts und Landschaften die Öl- und Freskenmalerei eroberte (oft als Wandschmuck von Palästen). Ein kreativer Schub erfasste, ausgehend vom Florenz der Medici bis nach Venedig und Rom, alle Bercich der bildenden Kunst. Intensive anatomische Studien vermittelten neue Impulse bei der Darstellung des menschlichen Körpers, und die Wiedergabe der Szenerie erhielt deutlich realistischere Züge durch Einführung der Zentralperspektive. In dieser Hinsicht wirkte Masaccio als Vorreiter, während Donatello die plastische Darstellungsweise dcr menschlichen Figur prägte. Wichtige Maler der Früh-Renaissance waren zudem Sandro Botticelli, Domenico Ghirlandaio, Filippo Lippi und Piero della Francesca.

Als <u>Hoch-Renaissance</u> bezeichnet man die Blütezeit der Kunst von etwa dem Jahr 1490 bis zum <u>Sacco di Roma</u> (der Plünderung Roms durch Truppen Karls V.) 1527. Sie wird beherrscht von Michelangelo und Leonardo da Vinci, die als Allround-Genies in Architektur, Skulptur und Malerei wirkten, wovon ihre Meisterwerke im Petersdom und vielerorts in Florenz zeugen. In den Kirchen und Palästen von Florenz und Rom trifft man auch auf die teils monumentalen Gemälde Raffaels, während sich das Werk des international erfolgreichen Tizian besonders mit Venedig verbindet.

Manierismus und Barock

Im Zuge politischer Wirren wich um 1520 der für die Renaissance typische Optimismus einer skeptischeren Haltung, die künstlerisch in den artifiziellen Stil des <u>Manierismus</u> mündete, wie ihn Rosso Fio-

Zu den bedeutendsten Kunstwerken im Petersdom zählt Michelangelos berühmte Pietà.

rentino, Jacopo da Pontormo oder Parmigianino vertraten. Er war geprägt von einer gewissen Geziertheit in Kolorit, Komposition und Figurenhaltungen, die der Venezianer Jacopo Tintoretto mit vielerlei Einflüssen zu verbinden wusste. Um 1600 trieb Caravaggio manieristische Prinzipien auf dramatischen Helldunkel-Bildern ins Extrem. Diese Bilder verweisen bereits auf den von der Gegenreformation geprägten Stil des Barock. Er zeichnet sich kompositorisch durch ein hohes Maß an Aktion, Bewegung und einen wahren Farbrausch aus. Licht und Schatten kamen zur Steigerung der realistischen wie allegorischen Effekte zum Einsatz und illusionistische Effekte groß in Mode. In der Bildhauerei verwendete man zur Steigerung der Wirkung oft mehrere Marmorblöcke verschiedener Tönung und gelangte zu einer

Denkmalschutz in Nöten

Fast 60 Mio. Touristen besuchen jährlich die vielfach zum Welterbe der UNESCO zählenden Sehenswürdigkeiten und Kunstschätze Italiens: aus konservatorischer Sicht ein wahrer Alptraum! Die Mammut-Aufgabe von Ausgrabung und Erhalt antiker Stätten ist ein unablässig diskutiertes Thema im Lande. So spricht man etwa in Pompeji und Herculaneum schon von einer »zweiten Zerstörung« dieser in der Antike untergegangenen Städte: Die Vulkanasche, die sie einst begrub, schützte sie nämlich auch vor schädlichen Witterungseinflüssen, während sie nach der Freilegung Sonne, Wind und Regen preisgegeben waren und nun dem unaufhörlichen Besucherstrom standhalten müssen. Die in Millionenhöhe fließenden Eintrittsgelder reichen für wenig mehr als die Aufrechterhaltung des Status quo, was nicht nur die Wissenschaft bedauert: Dass noch viele Schätze ungehoben, noch lange nicht alle Fragen geklärt sind, zeigte zuletzt 2018 die Entdeckung einer Inschrift, die belegen könnte, dass der Vesuv zwei Monate später als bisher angenommen Pompeji verschüttete, am 24. Oktober 79 statt am 24. August.

Fresko im Thermopolium des Vetutius Placidus in Pompeji.

Moderne Rahmen für moderne Kunst: Mario Bottas MART in Rovereto, Zaha Hadids MAXXI in Rom.

natürlich wirkenden und zugleich schwungvollen Wiedergabe von Gewändern – ein opulenter Stil, der sich in Rom, Neapel, Palermo, aber auch im apulischen Lecce bewundern lässt. Aus Neapel stammte der begnadete Bildhauer Gian Lorenzo Bernini, der das Bild des barocken Rom maßgeblich prägte.

Von Rokoko bis Klassizismus

Verspielter als im Barock gab man sich im Rokoko mit seinem Faible für florale Motive und pastorale Idyllen in der Malerei, in der auch das Porträt immer beliebter wurde. Bedeutendster italienischer Maler dieser Epoche war der Venezianer Giovanni Battista Tiepolo, Meister groß angelegter Deckenpanoramen mit festlichen Szenen, gefolgt von dem gleichfalls aus Venedig stammenden Giovanni Antonio Canal (gen. Canaletto), der mit stimmungsvollen Veduten berühmt wurde. Um 1800 brachte der Klassizismus eine Abkehr vom opulenten Formenspiel des Barock und Rokoko und setzte ihm einen am klassisch- antiken Ebenmaß orientierten, schlichten Gestus entgegen, wie er vollendet in den Skulpturen Antonio Canovas zum Ausdruck kam – auch er ein Venezianer.

Der Weg in die Moderne

Ein bedeutender italienischer Repräsentant der Moderne ist Amedeo Modigliani aus Livorno, der mit eleganten Akten und Porträts Aufsehen erregte. Internationalen Einfluss entfalteten um das Jahr 1910 der Futurismus (mit Giacomo Balla, Carlo Carrà, Umberto Boccioni, Gino Severini) oder die ins Surreale tendierende Pittura metafisica um Giorgio de Chirico und dessen Bruder Alberto Savinio. Einen lebendigen Bezug zur zeitgenössischen Kunst dokumentiert u.a. regelmäßig die Biennale in der Lagunenstadt Venedig.

Das Erbe des antiken Rom

Als im Jahr 476 der letzte weströmische Kaiser abgesetzt wurde, war dies das Ende eines Imperiums, das zu Glanzzeiten von Britannien bis an den Nil und im Osten bis an den Euphrat reichte. Von seinen kulturellen Leistungen zehrt Europa bis heute.

Latein wurde im gesamten Römischen Reich gesprochen und lebte in Europa bis ins Mittelalter fort als Idiom der Kleriker und Gelehrten. Für die romanischen Sprachen wie Italienisch, Französisch, Spanisch, Portugiesisch oder Rumänisch (samt regionalen Dialekten) bildete Latein die Grundlage. Durch die Kolonisation Amerikas und Afrikas etablierte es sich auch außerhalb Europas.

Das lateinische Alphabet wurde weitgehend verbindlich für den westlichen Kulturkreis. Es geht zurück auf die Kulturnation der Etrusker, die vor den Römern einen Großteil Norditaliens und Korsikas beherrschten, mit der (nach ihnen benannten) Toskana als Kernland. Von den 26 Buchstaben des etruskischen Alphabets übernahmen die Römer 21 und ergänzten X und G für lateinische Laute. Im 1. Jh. v. Chr., als die hellenischen Kolonien an Rom fielen, kamen Y und Z aus dem griechischen Alphabet hinzu. Im

Der Tempel der Vesta (links im Bild) war das zentrale Heiligtum auf dem Forum Romanum.

Mittelalter integrierte man noch ein W und verlieh damit dem Alphabet die bis heute gültige Form. Dass in Botanik und Zoologie vorwiegend

MAGAZIN

lateinische Bezeichnungen üblich sind, verdankt sich dem Fortleben des Lateins als Sprache der Wissenschaft bis in die frühe Neuzeit. Besonders in Physik und Medizin blieb hingegen auch altgriechisches Vokabular geläufig.

Religion

Die Götterwelt der Römer entsprach anfangs weitgehend jener der Griechen, mit Jupiter (Zeus) als oberstem

Der Tempel des Castor und des Pollux (rechts) erinnert an die gleichnamigen Söhne des Zeus.

Gott. Später gab es Anleihen bei den Religionen unterworfener Völker, wie dem aus dem Iran stammenden Mithras-Kult. Nach zunächst grau-

samer Verfolgung des Christentums im Römischen Reich erfolgte um 330 die Konstantinische Wende, die ihm im ganzen Imperium den Weg als die führende Glaubensgemeinschaft ebnete.

Ingenieurwesen

Von den Griechen übernahmen die Römer die Konstruktion von Bogen und Kuppel, entwickelten sie aber technisch weiter. Sie entwarfen Brücken, Aquädukte und frei tragende Tonnengewölbe, die bis heute überdauerten. Ein Meilenstein in der Geschichte der Bautechnik gelang den Römern mit der Erfindung des Betons, der, flüssig in Formen gegossen, durchhärtete – ein schnelleres und preiswerteres Verfahren als der Bau mit Stein/ Ziegel und Marmor.

Rechtswesen und Staatsführung

Das im 6. Jh. vom oströmischen Kaiser Justinian I. als Corpus Iuris Civilis kodifizierte Rechtssystem ist eine originäre Leistung der Römer, die ihren Anfang nahm bei den Zwölftafelgesetzen der frührepublikanischen Zeit. Viele ihrer Prinzipien herrschen noch im heutigen Zivilrecht vor; im modernen Staatsrecht blieb der Primat der Verfassung gegenüber der Legislative, Judikative und Exekutive erhalten – um das Jahr 1787 festgeschrieben auch als Gebot der Gewaltenteilung in der Verfassung der Vereinigten Staaten von Amerika.

Italienische Architektur: Symphonien in Stein

Einen wesentlichen Reiz Italiens macht seine Architektur aus – stattliche Palazzi, prächtige Kirchen, elegante Villen und die typischen farbig getünchten Wohnhäuser fügen sich im ganzen Land zu malerischen Ensembles.

Blick von der Kuppel des Petersdoms auf den Petersplatz.

Aus der Antike (6. Jh. v. Chr. bis 5. Jh. n. Chr.) überdauerten monumentale öffentliche Bauten nach griechischem Vorbild. Die Römer schufen erstmals echte Gewölbe und städtebauliche Ensembles, erfanden Kuppel (Pantheon), Verschalungstechnik und Beton. Der frühchristliche Kirchenbau ab dem 4. Jh. folgte der antiken Basilika, einer öffentlichen Halle mit gerundeter Apsis am Ostende.

Romanik und Gotik

Die Romanik (11.–13. Jh.) prägte lombardische, toskanische, römische oder venezianische Sonderformen. Neu im Kirchenbau waren die Erweiterung der Apsis durch einen Chor sowie die Gliederung durch Pfeiler und Stützen. Typisch für den toskanischen Stil (Proto-Renaissance) sind die Schaufassaden und Marmorverkleidungen der Kirchen in Pisa, Lucca oder Florenz).

Die Gotik (13.–15. Jh.) mit ihren lichten, hoch strebenden Innenräumen, den Spitzbögen, filigranen Pfeilerbündeln und Kreuzrippengewölben wurde im Norden adaptiert und fand im Fassadenschmuck opulenten Ausdruck – bei den Domen von Mailand, Siena oder Orvieto. Daneben entstanden als Ausdruck selbstbewusster Stadtkommunen höchst anspruchsvolle Palazzi.

Früh- und Hochrenaissance

Die Renaissance (15.–17. Jh.) mit ihrer Rückbesinnung auf die

Antike brachte neue sakrale und profane Architekturformen hervor, die Symmetrie und Proportion betonten: in der Palastarchitektur, bei öffentlichen Gebäuden und Landhäusern (Palladio-Villen). Als führend gilt die Stadt Florenz. Die Baukörper weisen klare Gliederungen auf, zurückgehend auf simple Elemente – Rundbogen, Gewölbe, Portal, Gesimse, Säulenstellungen. In aufstrebenden Kommunen und Fürstentümern wie Florenz, Venedig, Urbino und Mantova entstanden städtebauliche Gesamtensembles mit großzügigen Plätzen, Höfen, Treppenanlagen, Kolonnaden und Raumfluchten.

Barock bis Klassizismus

Rom verkörpert symptomatisch den dynamischen Baustil des Barock (17./18. Jh.): großspurig, selbstbewusst, mit reichem Ornat und stadtplanerischen Großprojekten, die Gebäude in ein Ensemble fügen. Der Kirchenbau folgt dem Ideal des Gesamtkunstwerks, wobei sich Bauglieder durchdringen, Architektur, Skulptur und Malerei gegenseitig steigern. Als Reaktion auf die formalen Exzesse des Barock kehrte der Klassizismus (18./19. Jh.) wieder zu viel schlichteren Formen und antiken Schmuckelementen zurück.

Moderne und Postmoderne

Der Genueser Renzo Piano ist einer der führenden Architekten unserer Tage. Sein futuristisches Auditorium Parco della Musica in Rom muss den Vergleich nicht scheuen mit Richard Meiers lichtdurchflutetem Museumsanbau für die Ara Pacis oder Zaha Hadids MAXXI (beide ebenfalls in Rom).

Villa Rotonda bei Vicenza: Über ihren Architekten Palladio wurde gesagt, bei ihm sei alles Proportion, alles Symmetrie, alles nachtwandlerisch guter Geschmack.

Am Ufer entlang durch die Ewige Stadt: Wo der
Fluss um die Kurve fließt, am »Tiberknie«, wurde
Rom einst gegründet.

Rom

Diese Stadt ist wie ein Geschichtsbuch, durch das man spazieren kann. Dabei quillt sie über vor Lebenslust und zieht alle in den Bann.

Seite 30–63

Erste Orientierung

Stilvolle Moderne begegnet in Rom einer über zweitausend Jahre alten Geschichte: Die italienische Hauptstadt ist eine laute, chaotische Metropole von faszinierender Magie.

Rom wurde auf sieben Hügeln beidseits des Tevere (Tiber) erbaut, zunächst am Ostufer des Flusses, wo großartige Monumente klassischer Antike erhalten blieben. Ringsum reihen sich die frühesten christlichen Gotteshäuser und großen Basiliken der Stadt, während sich weiter westlich am Flussufer das mittelalterliche Rom erstreckt, mit schmalen Gassen und sonnenüberfluteten Plätzen. Im Norden wiederum entstanden auf den Fundamenten antiker Paläste herrliche Palazzi, Plätze, Brunnen und Kirchen im Stil von Renaissance und Barock. Die jenseits des Tibers nördlich vom betriebsamen Viertel Trastevere gelegene Città del Vaticano – ein selbstständiger Miniatur-Staat als Machtbasis des Katholizismus – birgt eine Fülle an bedeutenden Kunstschätzen.

Rom erschließt sich nicht sofort – selbst wer hier einen ganzen Monat verbringt, kratzt gerade an seiner Oberfläche. Daher sollte man sich auf einige Hauptsehenswürdigkeiten beschränken und ansonsten abseits ausgetretener Pfade das Flair der Stadt auf sich wirken lassen, wobei es auch viel zu entdecken gibt.

TOP 10
- **2** ★★ Basilica di San Pietro
- **3** ★★ Musei Vaticani

Nicht verpassen!
- **11** Colosseo
- **12** Foro Romano
- **13** Pantheon

Nach Lust und Laune!
- **14** Castel Sant'Angelo
- **15** Museo Nazionale delle Arti del XXI Secolo (MAXXI)
- **16** Museo e Galleria Borghese
- **17** Piazza di Spagna & Scalinata di Trinità dei Monti
- **18** Fontana di Trevi
- **19** Palazzo Massimo alle Terme
- **20** Santa Maria Maggiore
- **21** San Giovanni in Laterano
- **22** San Clemente
- **23** Capitolino
- **24** Piazza Navona
- **25** Piazza Campo de' Fiori
- **26** Trastevere
- **27** Tivoli (30 im östlich)
- **28** Ostia Antica (23 km südwestlich)

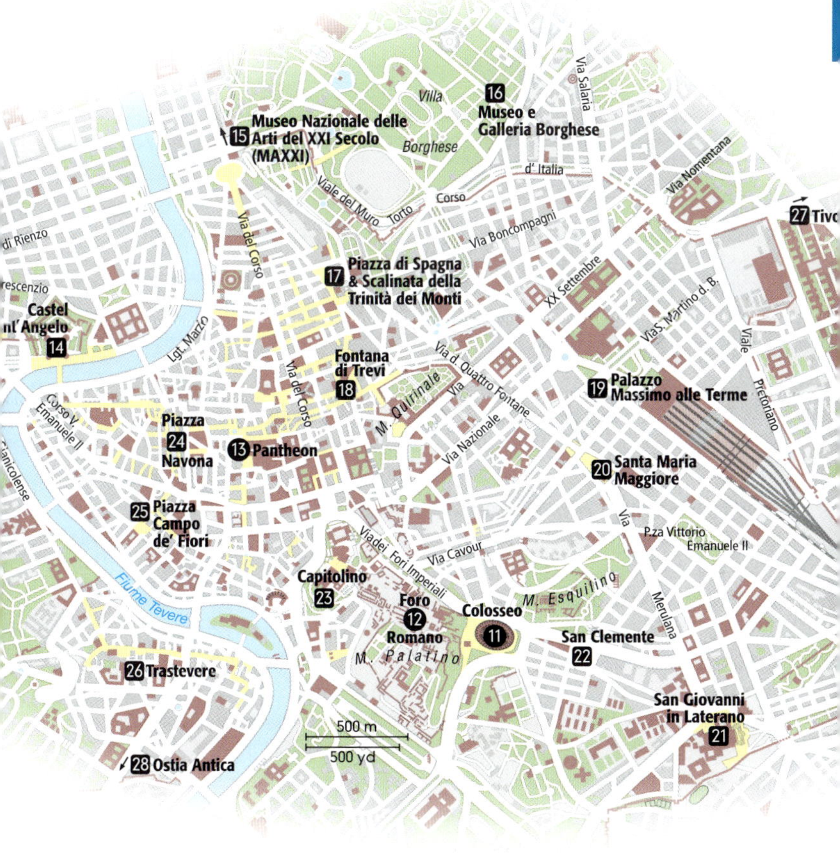

di Rienzo
rescenzio
Castel
nl' Angelo
14
Corso V. Emanuele II
Gianicolense
Lgt. Marzo
Fiume Tevere
26 Trastevere
28 Ostia Antica
Museo Nazionale delle
15 Arti del XXI Secolo
(MAXXI)
Via del Corso
Viale del Muro Torto
Villa
Borghese
16 Museo e
Galleria Borghese
d' Italia
Corso
Via Salaria
Via Boncompagni
Via Nomentana
27 Tivo
Piazza di Spagna
17 & Scalinata della
Trinità dei Monti
XX Settembre
ViaS.Martino d. B.
Viale Pretoriano
Fontana
di Trevi
18
Via del Corso
M. Quirinale
Via d. Quattro Fontane
Via
19 Palazzo
Massimo alle Terme
Piazza
24 Navona
13 Pantheon
Via Nazionale
20 Santa Maria
Maggiore
25 Piazza
Campo
de' Fiori
Via
P.za Vittorio
Emanuele II
Via dei Fori Imperiali
Via Cavour
Capitolino
23
Foro
12 Romano
M. Palatino
Colosseo
11
M. Esquilino
Merulana
San Clemente
22
500 m
500 yd
San Giovanni
in Laterano
21

Mein Tag wie im Film

Von Fellinis *La dolce vita* bis zum *Illuminati*-Thriller nach Dan Brown oder Paolo Sorrentinis mit einem Oscar prämierten Film *La Grande Bellezza* (»die große Schönheit«): Die ewige Stadt bietet ganz großes Kino – erleben Sie's selbst!

9 Uhr: Sightseeing wie Audrey Hepburn

Dieser Tag hat ein Vorspiel: Vor dem eigentlichen Start verschaffen wir uns erst einmal einen Überblick – quasi als Locationscout und incognito wie jene Prinzessin, die einst mit Gregory Peck als Reporter auf einer Vespa Rom entdeckte: Diese Szene aus der Filmromanze *Ein Herz und eine Krone* hat sich Generationen von Cineasten ins Gedächtnis gebrannt. Machen Sie es wie die Hepburn, gehen Sie auf dem wendigen Motorroller auf Tour. Führerschein vorausgesetzt, können Sie selbst fahren; ein geeigneter Treffpunkt im Zentrum wäre der rund 500 m südlich vom ⑬ Pantheon gelegene Largo Argentina. Sie können aber auch eine Vespa samt Fahrer mieten, sich vom Hotel abholen lassen und ihr Augenmerk ganz auf die Schönheiten Roms konzentrieren. Etwa drei Stunden lang geht es kreuz und quer durch die Altstadt und am Tiberufer entlang zu den schönsten Panoramaplätzen (Anbieter: www.getyourguide.de).

13 Uhr: Mediterrane Leichtigkeit

Lassen Sie sich am Tiberufer Höhe Ponte Sisto absetzen. Ganz in der Nähe liegt das Pianostrada in der Via delle Zoccolette 22 (Tel. 06 89 57 22 96, Mo geschl.), ein trendig-schönes Lokal mit lauschigem Innenhof. Hier starten wir unseren Tag noch einmal neu, und zwar herrlich entspannt bei moderner mediterraner

17 Uhr: Wo Diven shoppen gehen

16.30 Uhr: Wo die Ekberg im Abendkleid ins Wasser ging

Küche (mit vielen vegetarischen und veganen Optionen).

14.30 Uhr: Wo Sophia Marcello den Kopf verdrehte

Nur zehn Minuten Fußweg, und Sie sind auf der 24 Piazza Navona, dem elegantesten aller römischen Plätze. Kaum ein hier gedrehter Film kommt ohne diese Kulisse aus, weder *Der talentierte Mr. Ripley* mit Matt Damon noch Vittorio de Siccas *Gestern, heute, morgen*, in dem Sophia Loren als schöne Prostituierte nicht nur ihren Dauer-

Unterwegs in Rom wie einst Audrey Hepburn und Gregory Peck in »Ein Herz und eine Krone«, der Filmklassiker von William Wylers hieß im Original »Roman Holiday«.

kunden (Marcello Mastroianni), sondern auch ihren Nachbarn, einen Priester in spe, betört.

15.30 Uhr: Himmlische Perspektiven, irdische Genüsse

Treten Sie ein ins ⑬ Pantheon, einst Tempel der Götter, heute eine Kirche und natürlich auch Filmschauplatz (z. B. im Thriller *Illuminati*). Die Perfektion antiker Baukunst überwältigt. Erfrischung bietet anschließend die Pasticceria Giolitti (Via Uffici del Vicario 40). Dorthin strömen die Römer nun schon seit mehr als hundert Jahren, und noch immer gehört Giolitti zu den besten Eisdielen der Stadt (da lohnt sich sogar das Schlangestehen).

16.30 Uhr: Wo die Ekberg im Abendkleid ins Wasser ging

Die Szene ist weltberühmt: Anita Ekberg, Schwedin mit Männertraum-Kurven, aalt sich des nachts im ⑱ Trevi-Brunnen und lockt ihren Filmpartner Marcello Mastroianni sirenenhaft ins Wasser. Prickelnde Erotik in Fellinis *La dolce vita*. Den Schauplatz muss man gesehen haben, auch wenn er als Top-Attraktion fast rund um die Uhr von Touristen belagert wird.

17 Uhr: Wo Diven shoppen gehen

Via Condotti, Via Frattina, Via delle Carrozze und Via Vittoria – unterhalb der ⑰ Piazza di Spagna liegen

Links: Zwischenstopp an der Piazza Navona.
Oben: Rom als Shoppingpflaster für Diven.

Roms legendäre Einkaufsstraßen mit noblen Designerboutiquen und Schneiderateliers. Ob von der Stange oder maßgeschneidert: Mit dem nötigen Budget bekommt man hier edle Hüllen, die den Körper für jeden Anlass in Szene setzen. Liz Taylor, Ava Gardener – schon diese Diven haben dieses Shoppingpflaster geliebt. Ob mit oder ohne Kaufabsichten: Lassen Sie sich treiben, atmen Sie dieses Flair!

19.30 Uhr: Aperitivo am Tiberufer

Hätte es die Bar am Tiberufer in den 1950er-Jahren schon gegeben, wären Hepburn und Peck in *Ein Herz und eine Krone* sicher hier eingekehrt. Die Tiberterrasse des Baja Roma (Lungotevere Arnaldo da Brescia, Tel. 06 94 36 88 69, Fr, Sa bis 2, sonst bis 1 Uhr) ist ein romantischer Ort, um bei einem Glas Wein laue römische Sommernächte zu erleben. Dazu gibt's kleine Aperitif-Gerichte.

21.30 Uhr: Kino auf der Tiberinsel

Die seit der Antike durch Brücken mit den Ufern verbundene Tiberinsel wird an Sommerabenden zum Freilichtkino, das internationale Qualitätsfilme (meist OmU) zeigt (ab Piazzale Flaminio mit dem Bus 160 Richtung Montagnola bis Petroselli, dann 5 min Fußweg): Sehen und Genießen unterm Sternenhimmel.

❷ ★★Basilica di San Pietro

Was und warum?	Eine der größten und bedeutendsten christlichen Kirchen der Welt
Wann?	Frühmorgens, bevor sich lange Warteschlangen bilden
Wie lange?	Dom 45 Minuten, mit Kuppelaufstieg 1,5 Std.
Was noch?	Mittwochs um 10 Uhr hält der Papst, wenn er nicht auf Reisen ist, seine Generalaudienz

Nach christlicher Überlieferung starb Petrus, der Lieblingsjünger Jesu, in Rom den Märtyrertod. Dort, wo man sein Grab vermutet, wurde in den 20er- und 30er-Jahren des 4. Jh.s unter Kaiser Konstantin eine erste Basilika errichtet.

Diese Basilika stand – immer wieder restauriert und prächtig ausgeschmückt – rund 1000 Jahre lang, verfiel aber zusehends im 14. Jh., als die Päpste im Exil in Avignon residierten. Nach dem Ende des Exils wurde von Papst Nikolaus V. 1452 ein Neubau in Auftrag gegeben, der aber erst 1506 konkrete Formen annahm. Nachdem diverse Baumeister, u.a. der berühmte Renaissance-Maler Raffael, die Arbeiten geleitet hatten, übernahm 1547, mit 72 Jahren, Michelangelo die Leitung der Arbeiten. Der geniale Künstler entwarf die monumentale Kuppel

Auf dem Petersplatz: die Basilica di San Pietro, flankiert von Berninis Kolonnaden.

des Petersdoms. Im Jahr 1564, noch kurz
vor Michelangelos Tod, war sie dann schließlich nahezu fertig.

Piazza San Pietro mit Petersdom

Was aber wäre der Dom ohne den Platz, der
ihm erst seine erhabene Wirkung verleiht?
Im 17. Jh. legte Barockbaumeister Bernini
die Piazza San Pietro als eindrucksvolle Kulisse für die Zusammenkunft von bis zu
300 000 Menschen an. Gerahmt wird sie
von zwei halbkreisförmigen Kolonnaden
mit insgesamt 284 Säulen und 88 Pfeilern
aus Tavertin, dem hellen Kalkstein aus

Im Petersdom:
Über der Vierung
mit Berninis
Baldachin (links
im Bild) wölbt
sich die größte
Kuppel Roms.

dem nahegelegenen Tivoli. 140 Heiligenfiguren krönen die
Balustrade – jede davon dreieinhalb Meter groß.

In der Mitte des Platzes ragt ein ägyptischer Obelisk auf:
Der Steinpfeiler – für die alten Ägypter ein Symbol für die Verbindung von Erde und Götterwelt – wurde schon zu Zeiten
von Kaiser Caligula (1. Jh. v. Chr.) nach Rom gebracht und
schmückte in der Antike den Circus des Nero, der sich auf dem
Gebiet des heutigen Vatikan erstreckte. 1586 wurde der Obelisk auf päpstlichen Wunsch vor dem Petersdom wiederaufge-
richtet – eine logistische Meisterleistung, die vier Monate in Anspruch nahm.

Vom Mittelbalkon des Doms werden neue Päpste und
Heiligsprechungen verkündet, das ganz rechts gelegene der
fünf Portale, die Porta Santa, ist nur während eines Heiligen
Jahres (alle 25 Jahre) geöffnet. Die mittleren Portale (1433–45)
entstammen wie andere Kunstschätze noch der alten Basilika. Der gewaltige dreischiffige Innenraum (185 m Länge,
119 m Kuppelhöhe) bietet Platz für rund 60 000 Gläubige.

Skulpturenschmuck und Kuppel

Berühmteste Skulpturengruppe im Innern ist Michelangelos Pietà (1498/99) – seit einem Attentat von 1972 wird Marias
Beweinung des toten Christi durch Panzerglas geschützt.
Einige Jahre zuvor, 1964, hatte der Vatikan die Figurengruppe
auf große Ozeanreise geschickt – zur Internationalen Welt-
ausstellung nach New York.

Die Vierung unter der Kuppel dominiert der Hochaltar, überdacht von Berninis bronzenem Baldacchino (1624–33). Der rechte Fuß der Statue des Thronenden Petrus (13. Jh.) an einem Pfeiler rechts wurde durch ungezählte Berührungen buchstäblich abgeschliffen.

In der Apsis hinter dem Hochaltar leuchtet Berninis kunstvolle Cattedra di San Pietro (1656–65), die bronzene Umfassung eines Thrones, der angeblich dem hl. Petrus diente (in Wahrheit aber wohl aus dem 9. Jh. stammt).

Am Ende des rechten Seitenschiffs gelang man per Treppe oder Lift zur Dachterrasse. Von dort führen weitere Stufen zu Tambour und Galerie und schließlich eine steile, enge Wendeltreppe bis zur Laterne an der Spitze.

KLEINE PAUSE

Meiden Sie die überteuerten Restaurants direkt an der Piazza und lassen Sie sich gute bodenständige Küche im **Rione XIV Bistro** (Tel. 06 45 68 28 97, mittags, Fr, Sa auch abends) im nahen Borgo Pio 21 schmecken.

 ✛ 214 B4 ✉ Piazza San Pietro ☎ 06 69 88 37 31 ⊕ www.vatican.va ❶ April–Sept. 7–19, Okt.–März 7–18.30 Uhr ✦ Dom: frei; Kuppelbesteigung 10 €   Ottaviano-San Pietro 40 oder 62 bis Via della Conciliazione, 64 bis Nähe der Piazza San Pietro; 19, 23, 32, 49, 81, 492, 590, 982 und 990 bis Piazza del Risorgimento

❸ ★★Musei Vaticani

Bei manchen Päpsten mag purer Geltungsdrang die Sammelleidenschaft beflügelt haben, bei anderen echte Liebe zur Kunst. Das Resultat ist in jedem Falle atemberaubend: Im winzigen Vatikanstaat sind Kunstwerke höchsten Ranges vereint, kaum irgendwo sonst auf der Welt ist die Kunstdichte pro Quadratmeter so hoch wie hier.

Einen ersten Höhepunkt bildet im Gabinetto dell'Apoxyomenos die römischen Kopie der gleichnamigen griechischen Skulptur (4. Jh. v. Chr.): ein Athlet, der nach dem Wettkampf seine Haut von Schweiß, Staub und Öl reinigt. Weitere Meisterwerke beherbergt der kleine Innenhof Cortile Ottagono, darunter die berühmte Darstellung des trojanischen Priesters Laokoon (um 50 v. Chr.) und seiner Söhne im Kampf ge-

Die Galerie des Braccio Nuovo im Museo Chiaramonti ließ Papst Pius VII. im Jahr 1807 für antike Skulpturen errichten.

gen zwei Seeschlangen. Durch die angrenzende <u>Sala degli Animali</u> (Tierskulpturen des 18. Jh.s) geht es in die <u>Galleria delle Statue</u> mit der Skulptur des <u>Apollon Sauroktonos</u>, die den Gott als »Echsentöter« zeigt (römische Kopie eines griechischen Originals des 4. Jh.s v. Chr.), und dem Leuchterpaar der <u>Candelabri Barberini</u> (2. Jh.) aus der Villa Adriana bei Tivoli. Im Obergeschoss gelangt man durch die <u>Galleria dei Candelabri</u> (Kandelaber) und die <u>Galleria degli Arazzi</u> (Wandteppiche) zur <u>Galleria delle Carte Geografiche</u>, wo ab 1580 auf päpstliches Geheiss angefertigte Karten verschiedener italienischer Regionen zu sehen sind.

Stanze di Raffaello

Die vier »Räume« (it. *stanze*) sind fast zur Gänze ausgeschmückt mit einem umfangreichen Freskenzyklus, den Papst Julius II. 1508 bei Raffael in Auftrag gab und der erst 1520 postum von dessen Schülern vollendet wurde. Zuerst (1508–11) entstanden für die <u>Stanza della Segnatura</u> (für das Höchste Gericht des Hl. Stuhls) anspielungsreiche Allegorien von Theologie, Philosophie *(Schule von Athen)*, Poesie und Recht, gefolgt von der *Stanza di Eliodoro* (1512–14) mit der *Vertreibung des Heliodor aus dem Tempel*, der *Begegnung Leos I. mit Attila* (wobei der Kirchenführer auf dem Esel Leo X. ähnelt) sowie der *Befreiung Petri aus dem Kerker*.

Themen der Wandgemälde in der <u>Stanza dell'Incendio</u> (1514–17) sind die *Kaiserkrönung Karls des Großen*, der *Schwur Leos III.*, die *Schlacht von Ostia* und der *Brand des Borgo*. Vieles wurde von Schülern nach Entwürfen Raffaels ausgeführt, ebenso die vier großen Fresken zum Leben Kaiser Konstantins in der <u>Stanza di Costantino</u> (1517–24).

Sehenswert sind auch die reizvollen Wandgemälde von der Hand Fra Angelicos in der nahen <u>Cappella di Niccolò V.</u>

Cappella Sistina

Bauherr und Namensgeber der <u>Sixtinischen Kapelle</u> war Papst Sixtus IV. (1471–1484), der ihre Wände zwischen 1480 und 1483 von bedeutenden Künstlern ausmalen ließ, darunter

Für die päpstlichen Gemächer im Vatikan, die sogenannten Stanzen, schuf Raffael »Die Schule von Athen« (1510–1511).

Perugino, Domenico Ghirlandaio und Sandro Botticelli. Im Jahr 1508 beauftragte Papst Julius Michelangelo, die 520 m² große Decke der Kapelle auszumalen: Wie hatte sich der Florentiner doch zunächst gegen diesen Auftrag gewehrt! Michelangelo

verstand sich durch und durch als Baumeister und Bildhauer und verspürte keinerlei Drang, sich jahrelang mit Pinsel und Farben unter dem Gewölbe der päpstlichen Kapelle zu betätigen. Erst unter Androhung von Kerkerhaft nahm er den Auftrag an – und schuf mit seinen alttestamentarischen Szenen, die Erschaffung Adams durch göttliche Berührung im Mittelpunkt, das berühmteste Fresko der Welt. Mit seinen von dynamischer Lebendigkeit strotzenden Figuren sorgte er für eine künstlerische Revolution.

Michelangelos später entstandenes Jüngstes Gericht (1536–41) an der Altarwand zeigt Gottvater als Weltenrichter. Unten sieht man die Toten, die sich aus den Gräbern erheben. Während die Seligen links zum Himmel aufsteigen, stürzen rechts die Verdammten in die Hölle (einer von ihnen legt schützend die Arme um sich). Im Zentrum thront Christus, umgeben von seiner Mutter Maria, Aposteln und Heiligen.

KLEINE PAUSE

Zum Pausieren lohnt ein Abstecher in die **Trattoria Vaticano Giggi** (Via Catone 10, Tel. 06 39 73 05 51, Mo geschl., So nur mittags) , die einige Schritte vor der Vatikanringmauer liegt. Hier gibt's bodenständige römische Küche (probieren Sie die Spaghetti Carbonara!) zu fairem Preis.

✠ 214 B4 ✉ Vaticano ☎ 06 69 88 49 46 ⊕ www.museivaticani.va ◑ Mo–Sa 9–18 Uhr, letzter So im Monat 9–14 Uhr (Einlass bis 2 Std. vor Schließung); geschlossen an religiösen und staatlichen Feiertagen ✦ 17 Euro; am letzten So im Monat frei ⊠ Ottaviano San Pietro oder Cipro Musei Vaticani ⊟ 19, 23, 32, 49, 492 oder 990 bis Piazza del Risorgimento

⑪ Colosseo

Was?	Gigantische Arena aus dem 1. Jh. nach Chr.
Warum?	Hier atmet jeder Quadratmeter Geschichte
Wann?	Wer sich Wartezeit ersparen will, kauft vorab online ein Ticket »ohne Anstehen« (www.il-colosseo.it)
Wie lange?	Etwa 1 Stunde
Was noch?	Spannend: geführte Touren durch unterirdische Gänge

Die von Kaiser Vespasian um das Jahr 70 in Auftrag gegebene Arena sollte alles bislang Dagewesene in den Schatten stellen – und das tat sie mit ihren Ausmaßen, ihrem Programm und auch ihrer »Bühnentechnik«. Im Kolosseum fanden nicht nur Gladiatorenkämpfe statt – in der gefluteten Arena spielten die Römer vor dem begeisterten Publikum auch ihre Seeschlachten nach.

Für den Bau musste zunächst das sumpfige Terrain durch Ableitungskanäle trockengelegt werden. Einige existieren bis heute. Als Vespasian im Jahr 79 starb, war erst ein Drittel fertig, eingeweiht wurde das Bauwerk unter seinem Sohn Titus im Jahr darauf. Dieser feierte die Eröffnung mit einem hundert Tage dauernden Fest. Über 50 000 Zuschauer konnten die gestaffelten Sitzreihen durch 80 Ausgänge (*vomitoria*) binnen Minuten verlassen, und als Wetterschutz ließ sich ein von 240 Masten getragenes Segeltuchdach (*velarium*) aufspannen.

Nachts wird das Kolosseum stimmungsvoll beleuchtet.

Der innere Bereich

Von den Bauten im Innern ist heute kaum noch etwas erhalten: Im

Jahr 217 zerstörte ein Brand obere Ränge und die hölzerne Arena, weitere Feuersbrünste und Erdbeben mehrten die Schäden in den folgenden 400 Jahren. Im 6. Jh. wurde die Arena als Werkstatt und Friedhof genutzt, um 1320 war bereits die Südseite eingestürzt, die Steine verwendete man als Baumaterial. Im Jahr 1744 erklärte Papst Benedikt XIV. das Colosseo (wo tatsächlich wohl nur vereinzelt Christen zu Tode gekommen waren) zur von Märtyrerblut geweihten Stätte.

Fast ein Schattendasein neben dem riesigen Colosseo fristet der im Jahr 315 entstandene Konstantinsbogen, Roms größter, besterhaltener Triumphbogen.

Vor dem Blick des Besuchers entfaltet sich heute das Gewirr unterirdischer Gänge, durch das Gladiatoren und Tiere zum Kampfplatz gelangten. Der Zuschauerbereich war hierarchisch gegliedert: Kaiser und Vestalinnen verfolgten das Geschehen von gegenüberliegenden Logen im Parterre, flankiert von Podien für Senatoren. Darüber saßen Ritter und Aristokraten, in der nächsten Etage einfache römische Bürger (Plebejer), ganz oben Frauen, Sklaven und Arme. Es gab Sektionen für verdiente Soldaten, Schreiber und Herolde – ausgeschlossen waren Schauspieler, Totengräber und ehemalige Gladiatoren.

Bei normalen Besichtigungen bewegt man sich auf den Zuschauertribühnen, bei speziellen geführten Touren geht es auch in die Arena und durch die unterirdischen Areale, in denen sich einst Kerker, Käfige, Flaschenzüge und andere Gerätschaften befanden (Anbieter dieser Touren findet man unter www.getyourguide.de).

KLEINE PAUSE

Für eine entspannte Kaffeepause empfiehlt sich die **Caffetteria l'800** (Via San Giovanni in Laterano 278, 5–21 Uhr) in einem Belle-Epoque-Palazzo.

✝ 216 B1–2
✉ Piazza del Colosseo, Via dei Fori Imperiali ☎ 06 39 96 77 00
🕐 April–Aug. 8.30–19.15; Sept. 8.30–19; Okt. 8.30–18.30; Nov.–Mitte Feb. 8.30 bis 16.30; Mitte Feb.–Mitte März 8.30 bis 17; Mitte–Ende März 8.30–17.30 Uhr (Einlass bis 1 Std. vor der Schließung)
💶 20 €; Kombiticket mit Palatino und Foro Romano (2 Tage lang gültig)
🚇 Colosseo 🚌 3, C3, 60, 75, 81, 85, 87, 117, 175, 186, 271, 673, 810, 850

Arena der Superlative

Das größte erhaltene antike Amphitheater veranschaulicht zum einen noch gut seine ursprüngliche Form, aber auch die Folgen seiner 2000-jährigen Geschichte: Brände, Erdbeben, Vernachlässigung der Wettkampfstätte, Umbau in eine Festung und die Verwendung als Steinbruch für römische Paläste.

❶ Fassade: Die aus Travertin und Eisen gefertigte Fassade war über 50 m hoch. Außen treten aus den Mauern Halbsäulen hervor, die im ersten Stock der dorischen, im zweiten der ionischen und im dritten der korinthischen Ordnung folgen. Das schmucklose vierte Stockwerk hat rechteckige Fenster.

❷ Arkaden: Durch die 80 Arkaden im Erdgeschoss gelangt man in ein ausgeklügeltes System von Treppen und Gängen, das die Menschenmassen leitete. Die Ziffern über den Eingängen entsprachen denen auf den Eintrittskarten.

❸ Cavea: Der 57 m hohe Zuschauerraum gliederte sich in fünf Sitzränge. Zwar war der Eintritt frei, doch die Platzzuteilung von der Zugehörigkeit zu sozialen Schichten abhängig: So blieb der erste Rang aus breiten Stufen, auf denen Sitze befestigt waren, dem kaiserlichen Hof, Vestalinnen und Senatoren vorbehalten, auf

dem zweiten Rang mit acht marmornen Stufen nahmen die vornehmen Familien Platz, während im dritten und vierten Rang mit hölzernen Sitzstufen das gemeine Volk saß.

④ <u>Arena:</u> Im 86 × 54 m großen inneren Oval, der eigentlichen Arena, fanden Gladiatorenkämpfe oder Tierhetzen statt, ursprünglich auch Schiffskämpfe (das dafür notwendige Fluten der Arena war nur vor deren Unterkellerung möglich). Bis zu 50 000 Zuschauer konnten hier sogar mehrere gleichzeitig stattfindende Kämpfe verfolgen.

⑤ <u>Innenausstattung:</u> Der unterirdische Bereich ist kaum erhalten, doch der Aufbau der Kellerräume noch gut erkennbar.

⑥ <u>Velaria:</u> Der Zuschauerraum konnte mit Sonnensegeln überdacht werden, deren Masten auf dem obersten Stockwerk angebracht waren.

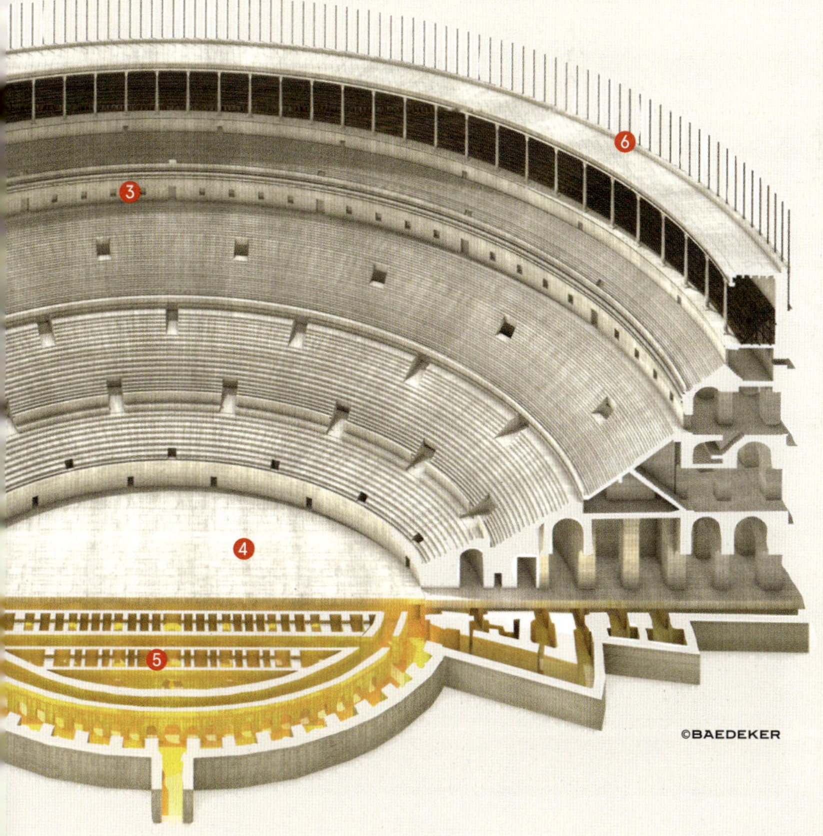

⑫ Foro Romano

Was?	Roms berühmtestes Ruinenensemble
Warum?	Spannender Streifzug durch die antike Machtzentrale
Wann?	Bei schönem Wetter, am besten frühmorgens oder gegen Abend
Wie lange?	Nach Neigung, wer sich für die Antike begeistert, verweilt gern drei Stunden (sonst 1–1,5 Std).

Auf den ersten Blick ist das einstige Zentrum des Römischen Reichs heute ein unübersichtliches Ruinenfeld. Steigt man aber vom Kapitolshügel (Campidoglio) über die Treppe hinab zum Eingang am Arco Settimio Severo und spaziert zwischen Säulenresten, verfallenen Triumphbögen und Mauerresten herum, überwältigt einen die Aura dieses Areals: Von diesem Flecken Erde aus hat die antike Supermacht rund 1000 Jahre lang die Geschicke ihres riesigen Imperiums gelenkt.

Hier bewegt man sich gewissermaßen in den Fußstapfen von Julius Caesar und vielen anderen herausragenden Persönlichkeiten der römischen Antike. Ursprünglich lag auf diesem Gelände das Velabrum, ein Sumpfgebiet am Tiber zwischen Capitolino- und Palatino-Hügel – ebendort soll der Sage nach Romulus die Stadt 753 v. Chr. gegründet haben. In der Blütezeit Roms wurde das Gelände trockengelegt und bebaut, bis sich im 2. Jh. aus Platzmangel der Schwerpunkt Richtung Palatin verschob. Nach dem Niedergang des Reichs dienten die Ruinen im Mittelalter als »Steinbruch« für den Bau von Kirchen und Palästen.

Triumphbogen des Septimius Severus, Saturntempel und Vespasiantempel vor der Kulisse der barocken Kirche Santi Luca e Martina.

Rundgang

Neben dem Arco di Settimio Severo (Septimius-Severus-Bogen)
markiert eine Steinreihe die ehemalige Rednertribüne Rostra, wo
Mark Anton nach der Ermordung
Caesars seine flammende Anspra-
che an die Bürger Roms richtete.

Fresken wie diese um das Jahr 30 v. Chr. für das Haus des Augustus entstandene Apollo-Darstellung zierten einst die Gebäude auf dem Palatin.

Südlich davon blieben die acht Säulen vom älteren Tempel des Forums erhalten, den um 497 v. Chr. erbauten Tempio di Saturno (für Saturn). Richtung Osten gelangt man rechter Hand zur Säulenhalle Basilica Julia und südlich des nahen Tempio di Castore e Polluce (Dioskurentempel) zum ältesten christlichen Sakralbau Santa Maria Antiqua (6. Jh.) an heidnischer Stätte. An der ehemaligen Magistrale Via Sacra liegt der massive Ziegelbau der Curia (Kurie), des wohl 28 v. Chr. von Kaiser Augustus nach einem Brand wieder aufgebauten Senatssitzes. Davor markiert die schwarze Marmorplatte des Lapis Niger (Schwarzen Steins) ein Heiligtum des Feuergottes Vulcanus. Hinter dem von Kaiser Antoninus für sich und seine Gattin Faustina 141 errichteten Tempio di Antonino e Faustina folgen Tempio di Vesta und Atrium Vestae: Vestatempel und Haus der Vestalinnen, die über die heilige Flamme als Symbol des Fortlebens der Stadt Rom wachten.

Links hinter dem Atrium erheben sich die Ruinen der Basilica di Massenzio (Maxentiusbasilika) – einer der eindrucksvollsten Bauten des Forums, dessen einzig erhaltene Säule heute vor der Kirche Santa Maria Maggiore steht.

Vor dem Colosseo gelangt man zum ältesten Triumphbogen Roms, dem Arco di Tito (Titusbogen), 81 n. Chr. errichtet von Kaiser Domitian zu Ehren seines Bruders Titus.

KLEINE PAUSE

Cafés findet man östlich des Kolosseums oder nahe der Piazza del Campidoglio in der Via Cavour.

✚ 216 A2
✉ Eingänge: am Arco di Settimio Severo, Largo Romolo e Remo, Arco di Tito und bei der Via del Teodoro
☎ 06 39 96 77 00 ◷ Foro und Palatino

8.30– 19.15 Uhr (letzter Einlass 1 Std. vor Schließung) ◆ 12 € (Kombiticket mit Colosseo und Palatin)
🚇 Colosseo 🚌 60, 75, 85, 175 (bis Via dei Fori Imperiali) sowie 204 und Tram 30

⓭ Pantheon

Was und warum?	Eines der besterhaltenen Bauwerke der Antike: Seine Kuppel war über 1700 Jahre lang die größte der Welt
Wann?	Jederzeit
Wie lange?	Eine halbe Stunde

Das Pantheon, ein »allen Göttern« Roms gewidmeter Tempel von majestätischen Dimensionen, hat sich seit zwei Jahrtausenden nur wenig verändert.

Blick am Brunnen an der Piazza della Rotonda vorbei auf die Vorhalle des Pantheons mit ihren mächtigen korinthischen Säulen.

Auf den Fundamenten eines 27 v. Chr. von Marcus Vipsanius Agrippa errichteten Tempels entstand der heutige Bau 118 bis 125 unter Kaiser Hadrian. Sein guter Erhaltungszustand verdankt sich der Umwidmung in eine christliche Kirche 608, als der byzantinische Kaiser Phokas, damals Herrscher von Rom, ihn Papst Bonifaz IV. schenkte. Konservierend wirkten zudem die Bronzebeschläge, doch Beeinträchtigungen der Bausubstanz blieben nicht aus: So ließ Kaiser Konstans II. ab 663 einen Großteil der vergoldeten Bronzeplatten demontieren, nach Konstantinopel schaffen und zu Münzen einschmelzen. Im Jahr 1626 erwirkte der Barockbaumeister Bernini von Papst Urban VIII. dann den Abbruch von 200 t Bronze an den Holzbalken des Portikus, die er für den Altar-Baldachin in St. Peter verwendete.

Kuppel und Innenraum

Den Scheitelpunkt der kassettierten Kuppel markiert eine 9 m breite Öffnung – ein *oculus* (»Auge«), das Hadrian als direkte geistige Verbindung zum Himmel empfand. Zugleich bildet sie eine Quelle dramatischen Lichts, das an sonnigen Tagen den marmorverkleideten Innenraums erstrahlen lässt. An klaren Abenden erspäht man durch das Rund ein wenig vom Sternenhimmel.

Mit einem Durchmesser von knapp 44 m (entsprechend der Höhe vom Boden zur Spitze) ist die Kuppel größer als die des Petersdoms. Zu ihren architektonischen Feinheiten gehört die Kassettierung mit vertieften Flächen (*lacunaria*), die durch Materialguss in Modeln entstanden. Die Dicke der Schale aus nach oben hin abnehmenden konzentrischen Ringen vermindert sich von 7 m im unteren bis 1 m im obersten Bereich – ein statischer Trick, der das Gesamtgewicht reduzierte, wie auch die Verwendung immer leichteren Materials: Beton und Travertin am Fundament, vulkanischer Tuff in der Mitte und federleichter Bimsstein rings um den *oculus*.

In die Mauer sind alternierend sieben rechteckige und halbkreisförmige Nischen für Statuen eingelassen. Italiens erster König, Vittorio Emanuele II., hat in der zweiten Nische rechts, sein Sohn Umberto I. in der zweiten Nische links die letzte Ruhestätte gefunden. Die dritte Nische zur Linken enthält das Grab Raffaels (1483–1520), dessen Leichnam 1833 exhumiert und hier zur letzten Ruhe gebettet wurde.

Das Pantheon ist auch die Grablege der italienischen Könige – und von Raffael, dem begnadeten Maler in päpstlichem Dienst.

Gleich bei der Piazza, im **Café Tazza d'Oro** (Via degli Orfani 84; So geschl.), erwartet Sie eines der besten Kaffees der Stadt (allerdings nur im Stehen und ohne Blick aufs Pantheon).

✚ 215 E3 ✉ Piazza della Rotonda
☎ 06 68 30 02 30 ◑ Mo–Sa 8.30–19.30, So 9–18 Uhr; feiertags 9–13 Uhr ✦ frei

🚇 Spagna 🚌 116 bis Piazza della Rotonda oder 30, 40, 62, 64, 81, 87 und alle Linien zum Largo di Torre Argentina

Rosenregen im Pantheon

Wenn am Pfingstsonntag im Pantheon die Messe gefeiert wird, regnen am Ende kübelweise Pfingstrosenblätter durch die offene Kuppel als Zeichen des Heiligen Geistes. Die Wurzeln dieses Brauchs reichen bis in die Frühzeit des Christentums zurück. Lange in Vergessenheit geraten, hat man die Tradition wiederbelebt zur Freude der Gläubigen und der Touristen. Einen glücklichen Moment lang fühlen sich alle im Rosenregen vereint.

www.romaantiqua.de

Nach Lust und Laune!

14 Castel Sant'Angelo

Die um 130 vollendete »Engelsburg« entstand als Mausoleum für Kaiser Hadrian und dessen Familie (sog. *Hadrianeum*). Umbenannt in *Castellum sancti angeli* wurde es 590 anlässlich einer Engelsvision, die Papst Gregor I. (der Große) bei der Bittprozession während einer Pestepidemie erlebte. Der Rundbau lehnt sich an das Mausoleo di Augusto auf der anderen Tiberseite an, das wohl dem Vorbild etruskischer Gräber folgt. Ab 271 wurde die Anlage über 1000 Jahre als Festung – und als Gefängnis – genutzt. Man betritt die Engelsburg von der Tiberseite her und steigt auf der antiken Rampe hinauf zur Grabkammer. Besondere Beachtung verdient das mit Fresken von Pierin del Vaga ausgeschmückte sog. Papstappartement. Oben von den Wällen genießt man einen herrlichen Blick etwa auf den Ponte Sant' Angelo mit Engelsskulpturen nach Bernini.

✚ 214 C4 ✉ Lungotevere Castello 50 ☎ 06 6 81 91 11 ⊕ www.castelsantangelo. com ⏰ tgl. 9–19.30 Uhr (letzter Einlass 18.30 Uhr) 💰 14 € 🚌 30, 49, 70, 87, 130, 186 und alle Linien zur Piazza Cavour und Lungotevere

15 Museo Nazionale delle Arti del XXI Secolo (MAXXI)

Der kühne, lichtdurchflutete Bau mit seinen zahlreichen Rampen, luftigen Galerien und großzügigen Ausstellungsflächen entstand nach einem Entwurf der britisch-irakischen Star-Architektin Zaha Hadid (1950–2016) und ist das erste staatliche Museum für zeitgenössische Kunst in Italien, in dem neben Gemälden, Fotografie und Skulpturen auch moderne Architektur präsentiert und regelmäßig interessante Sonderausstellungen sowie Workshops stattfinden.

✚ 215 E5 (außerhalb der Karte) ✉ Via Guido Reni 4 ☎ 06 39 96 73 50; ⊕ www.fondazionemaxxi.it ⏰ Di–Fr, So 11–19 Uhr, Sa 11–22 Uhr (Einlass bis 1 Std. vor Schließung) 💰 12 € 🚌 53, 168, 280, 910 sowie Metro A (bis Flaminio), Tram 2 (Flaminio bis Apollodoro).

16 Museo e Galleria Borghese

Ein kleines Schmuckstück für sich sind die Kunstgalerie und das Museum in der idyllischen Villa Borghese – auf zwei Etagen werden hier erlesene Meisterwerke ausgestellt: im Erdgeschoss Skulpturen, im ersten Stock Gemälde. Zu den bekanntesten Exponaten gehört Antonio Canovas höchst erotische Skulptur der *Paolina Borghese* (geb. Bonaparte) als *Venus* aus dem Jahr 1805, der man gleich eingangs begegnet. Drei Räume sind Gian Lorenzo Bernini gewidmet – sein *David* (1623–24), der die Steinschleuder auf seinen Gegner Goliath richtet, trägt angeblich Züge des Bildhauers. Unter den sechs Gemälden Caravaggios in Raum VIII stechen der *Kleine kranke Bacchus* (um 1593), *David mit dem Haupte Goliaths* (um 1609–10) und die *Madonna dei Palafrenieri* (1605–06) hervor. Im ersten Hauptraum des Obergeschosses stößt man u.a. auf Werke Raffaels.

✝ 216 B 5 ✉ Piazzale del Museo Borghese 5 ● Di–So 9–19, Do bis 21 Uhr, Tickets für eine bestimmte Uhrzeit (2 Std. gültig) kann man vorbestellen (Tel. 06 328 10) oder vor Ort kaufen (dann muss man aber eine Wartezeit für das nächstmögliche Zeitfenster einkalkulieren) ✦ 18 € (plus 2 € Vorreservierungsgebühr) ¶ Museumscafé ⊠ Spagna oder Flaminio ⊟ 52, 53, 910 (ab Stazione Termini); Metro A (bis S. Paolo di Brasile) weiter mit Bus 89, 490 oder 495 (Richtung Stazione Tiburtina, Haltestelle Via Pinciana)

17 Piazza di Spagna und Scalinata di Trinità dei Monti

Von den elegantesten Boutiquen Roms umgeben, zählt die Piazza di Spagna zu den edelsten Plätzen der Stadt, wo alle Welt sich am liebsten trifft. Dominiert wird sie von der majestätischen, zwischen 1723 und 1726 erbauten Spanischen Treppe, die eigentlich *Scalinata di Trinità dei Monti* heißt und zur gleichnamigen Kirche auf dem Pincio-Hügel hinaufführt. Treppe und Platz wurden nach dem Palazzo di Spagna benannt und im 17. Jh. erbaut als spanische Botschaft beim Heiligen Stuhl. Zu Füßen der gewaltigen Doppeltreppe befindet sich die winzige Fontana della Barcaccia, benannt nach der halb gesunkenen »Barkasse« in der Mitte, aus der seitlich Wasser quillt. Dieses Barockkunstwerk stammt wohl von Pietro

Bernini und seinem noch ungleich berühmteren Sohn Gian Lorenzo.

✝ 216 A4 ✉ Piazza di Spagna ⊠ Spagna ⊟ 116, 117, 119, 590

18 Fontana di Trevi

1453 ließ Papst Nikolaus V. hier einen Brunnen bauen – aus Einnahmen einer Weinsteuer, worauf erboste Römer spotteten, er habe »ihnen Wein genommen und dafür Wasser gegeben«. Das heutige Bauwerk entstand ab 1732 auf Initiative Papst Clemens' XII. und wurde 30 Jahre später von Clemens XIII. eingeweiht. Ausführender Künstler war wohl Nicolò Salvi, der für die dramatische Wirkung des monumentalen Brunnens eine Fassade des Palazzo Poli nutzte. Zentrale Brunnenfigur ist der Meeresgott Neptun/Oceanus, vor dem zwei Tritonen Pietro Braccis (1759–62) dem Betrachter entgegenstürmen: Während der linke (mit einem sich aufbäumenden Pferd) die sturmgepeitschte See repräsentiert, bläst der rechte zur Zähmung der Elemente sein Muschelhorn. Wer über die Schulter eine Münze in diesen Brunnen wirft, kommt angeblich sicher wieder einmal nach Rom.

✝ 216 A4 ✉ Piazza di Trevi ✦ frei ⊠ Barberini ⊟ 52, 53, 61, 62, 63, 71, 80, 85, 116, 119, 175, 492, 590 bis Via del Tritone

19 Palazzo Massimo alle Terme

Der Palast beherbergt einen Großteil der altrömischen Kunstschätze des Museo Nazionale Romano. Auf zwei Etagen sind vorwiegend Skulpturen ausgestellt. Absoluter Blickfang ist in Raum V die *Statue des Kaisers Augustus* im Ornat des Pontifex Maximus. Der oberste Stock ist nur mit Führung zugänglich: Hier sieht man herrliche Wandgemälde aus der *Villa di Livia*, die Livia Drusilla gehörte, der Mutter des Kaisers Augustus (reg. 27 v. bis 14 n. Chr.), sowie der 1879 entdeckten *Villa Farnesina*. Detailreich ausgearbeitete Mosaiken beschließen hier den Rundgang.

Santa Maria Maggiore: die Krönung Mariä im Zentrum des Apsismosaiks

zu den prächtigsten Gotteshäusern Italiens. Die grandiose Kassettendecke wurde mit dem ersten Gold der Neuen Welt finanziert, sehenswert ist auch der Zyklus von 36 Mosaiken (5. Jh.) zu Moses, Isaak, Jakob und Abraham. Wunderbar farbenprächtig leuchtet in der Apsis das Mosaik mit der *Krönung Mariä* (1295) von Jacopo Torriti. Reich geschmückt präsentieren sich die großen Kapellen, *Cappella Sistina* (ab 1584, rechts vom Eingang) und *Cappella Borghese* (1611, links). Geradezu unscheinbar ist dagegen das Grabmal des Barockbaumeisters Bernini: Lediglich eine Steinplatte im Boden erinnert an den Künstler, der die prachtvollsten Grabmale für mehrere Päpste geschaffen hat.

20 Santa Maria Maggiore

Die Marienkirche in Hauptbahnhofnähe ist eine der sieben Pilgerkirchen Roms und stellt weltweit eine Besonderheit dar: Seit dem 5. Jh. wird hier ohne Unterbrechung täglich eine Messe gelesen. Gebaut wurde das Gotteshaus auf päpstliches Geheiß, nachdem die Katholische Kirche den Status der Gottesmutter für sich definiert und den Marienkult eingeläutet hatte.

Mit ihrer opulenten Innenausstattung zählt Santa Maria Maggiore

21 San Giovanni in Laterano

In dieser im 4. Jh. von Kaiser Konstantin begründeten Bischofskirche Roms mit päpstlicher *cattedra*

(Thron) wurden bis ins 19. Jh. die Päpste gekrönt. Nach Zerstörungen durch die Vandalen im 5. Jh. baute man sie mehrmals wieder auf und um. Am Fuß der mächtigen Fassade (1735) erinnert ein Standbild an den Gründer, die Bronzetore zur Rechten stammen aus der *Curia*, dem Senatssitz. Bei der barocken Umgestaltung des Innenraums (1646–50) war Borromini federführend, der die herrliche goldglänzende Kassettendecke nicht antastete. Der Altar beherbergt angeblich die Schädel der Apostel Petrus und Paulus. Als einer der schönsten Roms gilt der Kreuzgang, dessen zierliche Doppelsäulen mit farbenprächtigen Steinintarsien teilweise von der Cosmaten-Dynastie gefertigt wurden.

⊕ 217 D1 ✉ Piazza di San Giovanni in Laterano ☎ 06 69 88 64 33 ⊙ Kirche: 7–18.30 Uhr; Kreuzgang: 9–18 Uhr ⚑ Kirche: frei. Kreuzgang: 2 € ⑂ Cafés in der Via di San Giovanni in Laterano ⧠ San Giovanni ⊟ 3, 16, 81, 85, 87, 117, 186, 218, 360, 571, 590, 650, 665, 714, 810, 850

22 San Clemente

Diese in der Nähe des Kolosseums gelegene Kirche gehört zu den faszinierendsten Gotteshäusern der Ewigen Stadt, sind hier doch gleich mehrere Epochen der Glaubensgeschichte »übereinandergestapelt«. Da ist zunächst der mittelalterliche Sakralbau, den man von der Straße kommend betritt. Antike Säulen, Marmorfußboden mit den in Rom hochgeschätzten Kosmatenarbeiten und eine mit herrlichen Mosaiken geschmückte Decke prägen das Erscheinungsbild. Von kunsthistorischem Wert ist die Marienkapelle rechts neben dem Eingang. Die Fresken des Frührenaissancemalers Masolino da Panicale (1383–1447) mit Motiven aus dem Leben der hl. Katharina entstanden um 1430 und sind die ältesten Kunstwerke in Rom, in denen die Gesetze der Perspektive zur Anwendung kommen. Im hinteren Teil der Kirche führt eine Treppe in die untere Kirche, eine dreischiffige Säulenbasilika aus der Frühzeit des Christentums (4. Jh.). Gut erhalten sind ihre romanischen Fresken, der Höhepunkt aber sind die Ausgrabungen eines Mithras-Heiligtums (2./3. Jh.) samt Altar mit der Darstellung der Sonnen-Gottheit Mithras, die – vermutlich inspiriert vom persischen Kulturraum – im 2. Jh. von römischen Legionären verehrt wurde.

⊕ 216 C1 ✉ Via di San Giovanni in Laterano ☎ 06 7 74 00 21 ⊕ www.basilicasanclemente.com ⚑ Kirche: frei, Ausgrabungen: 5 € ⊙ Kirche und Ausgrabungen: Mo–Sa 9–12.30, 15–18, So 12–18 Uhr. Bei Messen geschl. ⧠ Colosseo ⊟ 75, 85, 87, 117, 175, 186, 571, 810 bis Piazza del Colosseo oder 85, 117, 850 bis Via di San Giovanni in Laterano

23 Capitolino

Der heute vom pompösen Nationaldenkmal (Monumento a Vittorio Emanuele II) dominierte Kapitolshügel ist der kleinste der sieben römischen Stadthügel, übte jedoch seit jeher große Faszination auf die hier siedelnden Menschen aus. Im 4. Jh. v. Chr. verehrten die Römer auf der nördlichen Anhöhe in einem Tempel die Göttin Juno. Auf dessen Fundamenten steht heute die Kirche Santa Maria in Aracoeli (Mai bis Sept. 9–12.30, 15–18.30; Okt. – April 9.30–12.30, 14.30–17.30 Uhr, Eintritt frei), die wegen ihrer antiken Säulen, den kunstvollen Fresken und der prächtigen Holzdecke sehenswert ist. Römische Brautpaare posieren gern auf der steilen Treppe, die wie eine Himmelsleiter hinauf zum Himmelsaltar (ara coeli) führt. Auf der südlichen Anhöhe errichteten die Römer das Kapitol (heute Sitz des Stadtrates und des Bürgermeisters/der Bürgermeisterin). Der Platz dazwischen, die Piazza Campidoglio, wurde im 16. Jh. von Michelangelo gestaltet. Das Reiterstandbild des Mark Aurel ist eine Kopie, das Original (2. Jh.) kann man in den Musei Capitolini (an der Piazza, www.museicapitolini.org, tgl. 9.30–19 Uhr, 11,50 €) bestaunen.

24 Piazza Navona

Das Oval des Platzes entspricht recht exakt den Abmessungen des Stadions, das hier im Jahr 86 unter

Piazza Navona mit Berninis Vierströmebrunnen.

Kaiser Domitian angelegt wurde – neben zahllosen Kampfspielen und Wettrennen ereignete sich dort 304 das Martyrium der hl. Agnes (Sant' Agnese), einer christlichen Jungfrau, die sich geweigert hatte, einen Heiden zu heiraten. Das kleine Bethaus zu ihrem Gedächtnis überbaute man Mitte des 16. Jh.s mit der heutigen Kirche Sant'Agnese in Agone. Den zentralen Brunnen, die Fontana dei Quattro Fiumi (1651), schuf Gian Lorenzo Bernini. Seine Figuren stellen die »Vier Ströme« (quattro fiumi) des Paradieses dar – Nil, Ganges, Donau, Rio de la Plata – sowie die damals bekannten vier Erdteile Afrika, Asien, Europa und Amerika. Vom 17. bis ins 19. Jh. wurde der Platz mitunter geflutet, Adelige umkreisten den künstlichen See in vergoldeten Kutschen: eine Reminiszenz an antike Naumachien (inszenierte Seeschlachten).

Piazza Campo de' Fiori

Bis zum Mittelalter säumte hier eine Wiese das im 1. Jh. v. Chr. erbaute Theater des Pompeius. Einen Besuch wert ist die Piazza heute vor allem wegen der Atmosphäre auf dem Markt und in den Seitenstraßen, vor allem der schattigen Via dei Cappellari (Hutmacherstraße) mit ihren Möbelläden und Werkstätten. In der Mitte des Platzes erinnert ein Denkmal an den hier auf dem Scheiterhaufen hingerichteten Philosophen Giordano Bruno (1548–1600).

215 D2 ✉ Piazza Campo de' Fiori
🚌 116 hält direkt hinter dem Platz; 190, 571, 40, 46, 62, 64, 916 bis Corso Vittorio Emanuele II oder 8, 63, 271, 630, 780 bis Via Arenula

26 Trastevere

Zu den Sehenswürdigkeiten des traditionsreichen Viertels am Südufer (*tras Tevere*: »jenseits des Tiber«) zählen die auf frühchristliche Zeit zurückgehende Kirche Santa Maria in Trastevere (12. Jh.) und die Villa Farnesina, 1511 erbaut für den Sieneser Bankier Agostino Chigi.

Santa Maria in Trastevere
215 D1 ✉ Piazza Santa Maria in Trastevere 🕐 7.30–21 Uhr 🚌 H, 8, 125 (nächste Haltestelle), 780 bis Viale di Trastevere 💶 frei

Villa Farnesina
214 C2 ✉ Via della Lungara 230
☎ 06 68 02 72 67 🌐 www.villafarnesina.it
🕐 Mo–Sa 9–14 Uhr; 2. So im Monat 9–17 Uhr 💶 6 € 🚌 23, 125, 271, 280 bis Lungotevere della Farnesina

27 Tivoli

Rund 30 km östlich von Rom bietet Tivoli (das antike Tibur) zwei große Sehenswürdigkeiten. Die Villa d'Este, ehemals ein Kloster, wurde im Jahr 1550 zum Landsitz mit herrlichem Park umgewandelt (heute UNESCO-Welterbe). Glanzstücke sind die Viale delle Cento Fontane (Allee der 100 Brunnen) und Berninis elegante Fontana del Bicchierone (Brunnen des großen Glases).

Vom einstigen Glanz der in den Jahren 125 bis 135 für Kaiser Hadrian erbauten Villa Adriana ist wenig erhalten, ein stimmungsvolles Erlebnis als Gesamtkunstwerk bietet ihr weitläufiges Areal aber bis heute.

226 B4
Villa d'Este ✉ Piazza Trento, Tivoli
🌐 www.villadestetivoli.info 🕐 Mo 14 bis 19.45, Di–Fr 8.30–19.45 Uhr 💶 10 €
Villa Adriana ✉ Via di Villa Adriana, Tivoli 🌐 www.villa adriana.beniculturali.it 🕐 Mai–Aug. tgl. 9–19.30; April, Sept. 9–19; März, Okt 9–18.30; Nov.–Jan. 9–17; Feb. 9–18 Uhr 💶 10 €

28 Ostia Antica

Rund 23 km südwestlich von Rom vermittelt der einstige Hafen der Stadt, heute ein archäologischer Park, eine ähnlich gute Vorstellung vom Leben in der Antike wie Pompei.

226 A4 ✉ Viale degli Romanogli 717, Ostia antica 🌐 www.ostiaantica.beni culturali.it 🕐 April–Sep. Di–So 9 bis 19.30; Okt.–März bis 16.30 Uhr (letzter Einlass 1 Std. vor Schließung) 💶 10 €

Wohin zum ...
Übernachten?

Preise für ein Doppelzimmer pro Nacht
€   unter 140 €
€€   140–220 €
€€€   über 220 €

Campo de' Fiori €–€€
Drei-Sterne-Hotel, ideal gelegen bei einem
der schönsten und quirligsten Plätze der
Stadt, auf die man von der Dachterrasse einen herrlichen Blick hat. Die 23 Zimmer sind
recht unterschiedlich in Größe und Ausstattung, überall jedoch wird in charmanter Weise spürbar, dass man in einem ehemaligen
Barock-Palais logiert.
✢ 215 D2 ✉ Via del Biscione 6 ☎ 06 687 48 86
⊕ www.hotelcampodefiori.com

Eden €€€
In den 110 Zimmern und elf Suiten des Fünf-
Sterne-Hotels erwarten Sie Luxus und Flair
alter Schule, samt Antiquitäten und Marmorbädern. In den vergangenen hundert Jahren
residierten hier die Größen aus Politik, Adel
und Kulturwelt. Wer heute kommt, muss
auf keine modernen Annehmlichkeiten ver-
zichten und genießt den atemberaubenden
Blick von der Dachterrasse – samt Sterne-
Restaurant »La Terrazza«.
✢ 216 A4 ✉ Via Ludovisi 49 ☎ 06 47 81 21
⊕ www.edenroma.com

Hotel Julia €–€€
Schmucke kleine Adresse in einem ruhigen
Winkel, fünf Minuten Fußweg hügelan von
der Fontana di Trevi, mit nicht sehr großen,
aber gepflegten Zimmern und freundlichem
Personal. Gutes, reichliches Frühstück.
✢ 216 B4 ✉ Via Rasella 29 ☎ 06 4 88 16 37
⊕ www.hoteljulia.it

Leon's Place €€
Stilvolles Design-Hotel in einem ehemaligen
Palazzo nahe Via Veneto und Villa Borghese.
Hier mischt sich Altes (wie römische Säulen
und hohe Stuckdecken) mit Samt- oder
coolen Ledersesseln im Foyer. Opulent
ausgestattete Zimmer mit riesigen TV-Bild-
schirmen und Marmorbädern.
✢ 216 B4 ✉ Via XX Settembre 90 ☎ 06 89
08 71 ⊕ www.leonsplacehotel.it

Navona €
Nur eine Minute von der Piazza Navona entfernt in einer Seitenstraße gelegen, mitten-
drin und trotzdem fern des Getümmels –
das verdient eigentlich einen zusätzlichen
Stern, wie der Umstand, dass fast alle Zimmer (4 Kategorien) sorgsam renoviert wurden. Ein Haus auf historischem Boden (den
Ruinen der Agrippa-Thermen) mit illustren
Gästen wie den Dichtern Keats und Shelley.
Ist das Hotel ausgebucht, empfiehlt man
Ausweichadressen in der Nähe.
✢ 215 D3 ✉ Via dei Sediari 8 ☎ 06 68 30 12 52
⊕ www.hotelnavona.com

NH Giustiniano €€
Komfortables, modernes Hotel mit Restaurant nahe der Metro-Station Lepanto im
Stadtteil Prato, nicht weit vom Castel Sant'
Angelo und dem Vatikan. 150 großzügige,
funktional eingerichtete Zimmer (drei Kategorien und 10 Suiten). Das Frühstücksbuffet
ist besser als in den meisten anderen römischen Hotels dieser Klasse. In der Nähe liegt
die Shopping-Meile Via Cola di Rienzo.
✢ 214 C4–5 ✉ Via Virgilio 1 ☎ 06 68 28 16 01
⊕ www.nh-hotels.com

Residenza Cellini €€–€€€
Feines Hotel alten Stils in einem Haus aus
dem 19. Jh. nahe dem Hauptbahnhof und
zahlreicher Sehenswürdigkeiten, mit geräumigen, gemütlichen Zimmern, deren Bäder
dank Whirlpool einen Hauch von Luxus verströmen. Reichhaltiges Frühstück.
✢ 216 4 ✉ Via Modena 5 ☎ 06 47 82 52 04
⊕ www.residenzacellini.it

Scalinata di Spagna €€–€€€
Hier handelt es sich auch im wörtlichen Sinn
um eine Top-Adresse: eine in Top-Lage
nämlich oberhalb der Spanischen Treppe
mit herrlichem Blick. Gemessen am Preis
erscheinen manche der 16 hübschen Zimmer etwas beengt, was die romantische Atmosphäre des Hauses jedoch wettmacht.
Dazu gehört auch eine kleine Dachterrasse,

auf der man sommers das Frühstück ein-
nimmt. All dies macht das Hotel sehr beliebt – unbedingt rechtzeitig reservieren.
✠ 216 A4 ✉ Piazza Trinità dei Monti 17
☎ 06 45 68 61 50 ⊕ www.hotelscalinata.com

Sofitel Villa Borghese €€€
Opulenter kann man nicht logieren in Rom
als in diesem traumhaft gelegenen Luxus-
Hotel im Park auf dem Monte Pincio oberhalb der Piazza di Spagna. Von den höchst
komfortablen 104 Zimmern und vier Suiten
hat man teils Blick auf die Dächer der
Stadt – und speist auf den Spuren eines
Genies: Im Frühstücksraum (einem ehemaligen Stall) nächtigte einst der Maler
Caravaggio.
✠ 216 A5 ✉ Via Lombardia 47
☎ 06 47 80 21 ⊕ www.sofitel.com

SuiteDreams €–€€
Ein stylishes Hotel nahe Santa Maria degli
Angeli und der Metrostation Repubblica, das
komfortable Unterkunft zu (für Rom) erstaunlich günstigem Preis bietet. Wände in
strahlendem Weiß mit markanten schwarzen
Buchstaben und Bilderschmuck leuchten
über spiegelndem Parkett. Die nicht allzu
großen, aber bequem eingerichteten Zimmer sind hell und funktional. Hinzu kommen
exzellent ausgestattete Bäder. Das Frühstück
ist nur bei Direktbuchung über die Website
des Hotels im Zimmerpreis enthalten; es gibt
aber umliegend genügend Cafés, in denen
man frühstücken kann.
✠ 216 B4 ✉ Via Modena 5 ☎ 06 48 91
39 07 ⊕ www.suitedreams.it

Teatro di Pompeo €€
An dem ruhigen kleinen Platz unweit des viel
frequentierten Campo de' Fiori schläft man
buchstäblich auf den Ruinen des antiken
Rom, genauer: des im 1. Jh. erbauten Pom-
peius-Theater. Reste der alten Mauern sind
noch sichtbar, etwa im Gewölbe des Früh-
stücksraums. Von den 13 Gastzimmern sind
die unter dem Dach (mit Holzdecken und
Terrakotta-Boden) besonders gemütlich.
✠ 215 D2 ✉ Largo del Pallaro 8
☎ 06 68 30 01 70
⊕ www.hotelteatrodipompeo.it

Wohin zum …
Essen und Trinken?

Preise für ein Essen (ohne Getränke):
€   unter 20 €
€€   20–50 €
€€€   über 50 €

Babington's €–€€
Gediegener alter Tea-Room nahe der Piazza
di Spagna, gegründet von zwei britischen
Ladies Ende des 19. Jh.s, wo man – zu stattli-
chen Preisen – mit erlesenen Tees, köstli-
chem Gebäck und kleinen Gerichten verwöhnt wird.
✠ 215 E4 ✉ Piazza di Spagna 23
☎ 06 6 78 60 27 ⊕ www.babingtons.com
🕐 tgl. 10–21 Uhr

La Canonica €€
Nur wenige Schritte von der pittoresken
Piazza Santa Maria di Trastevere entfernt
kann man sich in einer kleinen umgenutzten
Kirche typisch römische Gerichte schmecken lassen – urgemütlich unter dem Tonnengewölbe.
✠ 215 D1 ✉ Vicolo del Piede 13/A
☎ 06 580 38 45 ⊕ www.lacanonicaristorante.
it 🕐 mittgs u. abends, Di geschl.

Il Convivio Troiani €€€
Qualität hat ihren Preis – aber hier speist
man wirklich hervorragend und in einer
höchst angenehmen Atmosphäre. Mit saiso-
nal wechselnden Akzenten interpretiert der
Chef traditionelle römische Küche in kreativer Weise neu, etwa mit gefüllten Zucchini-
Blüten, Shrimps-Spargel-Risotto, Lamm-
braten. Verschiedene Degustationsmenüs.
✠ 215 D3 ✉ Vicolo dei Soldati 31 ☎ 06 6 86
94 32 ⊕ ww.ilconviviotroiani.com 🕐 Mo–Sa
19.30–23 Uhr, So. geschl.

Trattoria Da Enzo €€
Im beliebten Viertel Trastevere ist dieses
Lokal ein Klassiker. Die Küche weiß, wie man
die einfachen, typisch römischen Rezepte
zu Delikatessen macht – mit besten Zutaten!
Probieren Sie unbedingt *Pasta Cacio e Pepe*
– Nudeln mit Käse und Pfeffer.

✣ 215 E1 ✉ Via dei Vascellari 29 ☎ 06 581
22 60 ⊕ www.daenzoal29.com ◷ Mo–Sa mittags u. abends, So geschl.

Margutta RistorArte €–€€
Schon seit 1979 existiert dieses vegetarische
Restaurant. In stilvollem Ambiente genießt
man hier einfallsreich zubereitete biologi-
sche Kost; auch Wein, Bier und Erfri-
schungsgetränke stammen aus entsprechenden Quellen. Zum Mittagessen gibt es
Test-Menüs in Häppchenform. Tee und
Snacks gibt es in der Bar.
✣ 215 E5 ✉ Via Margutta 118 ☎ 06 32
65 05 77 ⊕ www.ilmargutta.it ◷ tgl. 12.30
bis 15.30, 19.30–23 Uhr

Il Mozzicone €€
Bei einem Vatikanbesuch bieten sich die
Lokale entlang der quirligen Fußgängermeile
Borgo Pio für eine kulinarische Pause an.
Im »Mazzicone« sind Sie auch willkommen,
wenn Sie nur eine Kleinigkeit verzehren
möchten – sehr zu empfehlen sind hier die
gemischten Antipasti.
✣ 214 B–C4 ✉ Borgo Pio 180 ☎ 06 68 61 5 00
◷ Mo–Sa 12–15, 19–23 Uhr, So geschl.

Nonna Betta – Cucina Kosher €€
Viel Stammkundschaft belebt das nach der
Großmutter des Inhabers benannte koschere
Restaurant im Herzen des alten jüdischen
Ghettos. Traditionell gibt es hier superfrischen
Fisch und Meeresfrüchte, leckere Pasta- oder
vegetarische Gerichte. Tipp: »Jüdische Artischocken« – *Carciofo alla Giudia*.
✣ 215 E2 ✉ Via del Portico d'Ottavia 16
☎ 06 68 80 62 63 ⊕ www.nonnabetta.it
◷ tgl. außer Di 12–22.30 Uhr

Otello alla Concordia €€
Wer sommers im Innenhof des hübschen
Restaurants einen Tisch ergattern will, muss
beizeiten reservieren – oder drinnen in der
gemütlichen Gaststube unter der prächtigen
alten Holzdecke speisen. Hier wird klassische römische Küche serviert wie *Spaghetti
all'Otello* mit Tomaten und Basilikum.
✣ 215 E4 ✉ Via della Croce 81 ☎ 06 6 79
11 78 ⊕ https://otelloallaconcordia.it ◷ Mo bis
Sa 12.30–15, 19.30–23 Uhr

La Pentolaccia €–€€
Wohlhabende Römer geben sich ein Stelldichein an den gestärkten Tischdecken des
alteingesessenen, preiswerten Restaurants
mit Klassikern der römischen Küche. Gute
Weinauswahl.
✣ 216 C4–5 ✉ Via Flavia 38 ☎ 06 48 57 77
⊕ www.lapentolaccia.eu ◷ tgl. 12–15, 17.30
bis 23 Uhr

Rinaldi al Quirinale €€
Ein Stern am kulinarischen Himmel der Stadt
ist diese Trattoria der gehobenen Art mit
mehreren geschmackvoll eingerichteten Räu-
men und einer schönen Terrasse. Neben
Küchenklassikern serviert man auch Ausge-
falleneres wie *Risotto con pavola affumica-
ta, pistacchi e noci* (Risotto mit Rauchkäse,
Pistazien und Walnüssen).
✣ 216 B3 ✉ Via Parma 11a
☎ 06 47 82 51 71 ⊕ www.rinaldialquirinale.
com ◷ tgl. 12–15, 17.30–23 Uhr

La Rosetta €€€
Roms beste Adresse für feinen Fisch, zentral
gelegen am Pantheon und nahe dem Parla-
ment, weshalb zur Kundschaft viele Politiker
zählen. Ausgezeichnetes Essen und ebensol-
cher Wein zu entsprechenden Preisen in ele-
gantem Ambiente und dementsprechendem
Dresscode. Unbedingt reservieren.
✣ 215 E3 ✉ Via della Rosetta 8
☎ 06 6 86 10 02 ⊕ www.larosetta.com
◷ tgl. 12–23 Uhr

Taverna Angelica €€
Auf der Südseite einer winzigen Piazza, gewissermaßen im Schatten von St. Peter, im
Herzen des alten Borgo, findet man dieses
vom Ambiente her schlichte, lukullisch inno-
vative Lokal. Fischgerichte sind die Spezialität des Hauses, und so stehen etwa Fettuci-
ne mit Venusmuscheln, Steinpilzen und
Rucola-Pesto oder Steinbutt mit Auberginen
und Garnelen auf der Karte. Gute Weinauswahl, auch offene Tropfen werden serviert.
Auf jeden Fall reservieren.
✣ 214 B4 ✉ Piazza Amerigo Capponi 6
☎ 06 6 87 45 1 ⊕ www.tavernaangelica.it
◷ tgl. 18–24 Uhr, Mi–So auch von 11.30
bis 16.30 geöffnet

Osteria delle Copelle €

Nur ein paar Schritte vom Pantheon entfernt liegt die ruhige Piazza delle Copelle, wo man in einer bei den Einheimischen sehr beliebten altrömischen Osteria ausgezeichnet speisen kann – bei schönem Wetter auch draußen an kleinen Tischen, die etwas wackelig auf dem Pflaster stehen. Für einen Absacker empfiehlt sich die separate Bar, die man durch einen als Schrank getarnten Eingang erreicht.

✚ 215 D3 ✉ Piazza delle Copelle 54–56 ☎ 06 45 50 28 26 ⊕ http://osteriadelle coppelle.com ◑ tgl. 12.30–16, 19–2 Uhr

Wohin zum …
Einkaufen?

Hinsichtlich attraktiver Einkaufsmöglichkeiten spielt die Ewige Stadt nicht in derselben Liga wie London, Paris oder New York und steht selbst in Italien nur an zweiter Stelle hinter Mailand. Viele Designerläden gibt es aber allemal (und hochkarätige Maßschneidereien rings um die Piazza di Spagna), dazu zahllose Spezialgeschäfte und eine ganze Reihe interessanter Märkte. Im August schließen viele Läden für zwei Wochen.
Die dichteste Konzentration an Geschäften für Mode, Accessoires und Luxusartikel findet man im Umkreis der Via dei Condotti (Roms Pendant zur Londoner Bond Street oder der New Yorker Fifth Avenue), wo Gucci (Nr. 8), Max Mara (Nr. 17), Armani (Nr. 77) und Prada (Nr. 89) vertreten sind. Wer nicht ganz so viel Geld ausgeben möchte für Kleidung und Schuhe, sollte sich umsehen auf der – samstags stets übervollen – Via del Corso sowie der Via del Tritone und der Via Nazionale. Reichlich Auswahl findet man an Lederwaren, Antiquitäten, Delikatessen, Luxusartikeln und Wein.
Viele Sträßchen stehen ganz im Zeichen eines Geschäftszweigs: So säumen Antiquitätenläden und Kunstgalerien die Via dei Coronari, Via Giulia, Via del Babuino, Via di Monserrato und Via Margutta, Papeterien und Korbflechter die Via Monterone.
Auf der Via dei Cestari kann man religiöse Devotionalien erstehen, während auf der

Abendstimmung am Campo de' Fiori.

Via del Governo Vecchio und der Via dei Banchi Nuovi Trödler, Juweliere und Kunsthandwerker das Bild beherrschen – ähnlich wie in Trastevere, das allerdings kein typisches Einkaufsviertel ist.
Größere Kaufhäuser gibt es nur zwei in der Innenstadt. Das empfehlenswertere ist das Rinascente in der Via del Tritone (Nr. 61 – einen zweiten Eingang gibt es in der Via Dei Due Macelli 23) und der Via del Corso. Neben Konfektion höherer Qualität, Accessoires und Lingerie hat es auch Haushaltswaren und Modeartikel im Sortiment.
Unter den schönen Märkten der Stadt ist der malerische Campo de' Fiori der bekannteste und touristischste. Authentischer sind Wochenmärkte außerhalb der historischen Altstadt oder auch der Mercato dell' Unità, eine Markthalle aus den 1920er-Jahren, in der man Lebensmittel und Haushaltswaren bekommt. Berühmt ist zudem der sonntägliche Flohmarkt an der Porta Portese, südwestlich des Zentrums in Trastevere – angeblich Europas größter, mit rund 4000 Ständen, an denen alles verhökert wird vom alten Stuhl bis hin zu Bio-

Lebensmitteln (keine Kreditkarten). Lebensmittel erwirbt man am besten in den allgegenwärtigen Alimentari-Lädchen, wo man von Olivenöl und Pasta bis zu Drogerieartikeln so gut wie alles bekommt, oft auch frisch zubereitete Sandwiches (*panini*) mit Schinken, Wurst oder Käse von der Delikatessen-Theke.

Das Verkaufspersonal in Rom ist, besonders in Nobelläden, für seine Reserviertheit bekannt – fühlen Sie sich »übersehen«, ignorieren Sie die Betreffenden Ihrerseits oder bitten freundlich um Hilfe: »*Mi può aiutare, per favore?*«

Wohin zum ...
Ausgehen?

Auch bezüglich klassischer Konzerte, Oper oder Ballett spielt die italienische Hauptstadt nicht in der ersten Liga, aber Liebhaber von Jazz oder Kirchenmusik kommen hier durchaus auf ihre Kosten; zudem gibt es in Rom gute Clubs und Musikbühnen.

INFORMATION

Über kulturelle Ereignisse kann man sich bei den Touristen-Informationen erkundigen oder auf den Internetseiten www.060608.it oder www.oggiroma.it, die detailliert über Musik, Tanz, Theater, Oper und Nachtclubs informieren. www.turismoroma.it (die Website des römischen Fremdenverkehrsamts) bietet unter »Was ist los in Rom« auf Deutsch Infos zu vielerlei Aktivitäten.

Eine empfehlenswerte Informationsquelle auf Englisch ist auch www.wantedinrome.com/whats-on.

Wer Italienisch spricht, sollte »Trovaroma« zu Rate ziehen (kostenlose Donnerstagsbeilage der Zeitung *La Repubblica*), die täglichen Infoseiten der Zeitung *Il Messaggero* (samt der donnerstags erscheinenden Programmbeilage »Metro«).

EINTRITTSKARTEN

Beim Erwerb von Eintrittskarten kann oft die Hotelrezeption behilflich sein – sonst wendet man sich an entsprechende Agenturen wie z.B. TicketOne (Tel. 98 21 01, www.ticketone.it) oder Hello Ticket (Tel. 8 00 90 70 80, www.helloticket.it).

Vorverkaufsstellen von Ticket One gibt es an allen Ecken der Stadt, z.B. am Largo Argentina, in der Buchhandlung Feltrinelli.

NACHTLEBEN

Verbreitet und beliebt sind Discobars – kleiner als Clubs und ähnlich konzipiert. Dazu zäht der etablierte Jazz-Club Gregory's (Via Gregoriana 54a, Tel. 06 6 79 63 86). Zu den besten Jazz-Clubs des Landes gehört ein Lokal mit Berliner Namen: Alexanderplatz (Via Ostia 9, www.alexanderplatz.it, Tel. 06 83 77 56 04). Mit Blues und Soul lockt das Big Mama in einer der lebhaftesten Straßen von Trastevere (Via San Francesco a Ripa, Tel. 06 58 12 55, www.bigmama.it).

Eine besondere Adresse ist das Auditorium Conciliazione, wo in erster Linie klassische Konzerte, aber auch Pop- und Tanzveranstaltungen auf dem Programm stehen (Via della Concillazione 4, Tel. 06 68 32 256, Konzertkasse Mo–Fr 10–17 Uhr). Für einen gepflegten Cocktail ist die Stravinskij Bar im Hotel de Russie (elegantes Outfit erforderlich) eine formidable Adresse (Via del Babuino 9, tgl. 19–1 Uhr, www.roccofortehotels.com).

Im Sommer bleiben viele Clubs geschlossen oder beziehen Ausweichadressen außerhalb der Stadt.

KLASSISCHE MUSIK & THEATER

Eine gute Adresse für Orchester- und Chormusik ist das Oratorio del Gonfalone (Via del Gonfalone 32, Tel. 066 87 59 52, www.oratoriogonfalone.com). Ganzjährig Opernsaison bietet das Teatro dell'Opera (Piazza Beniamino Gigli 7, Tel. 06 48 16 01, www.operaroma.it).

Im Sommer gibt es eine Reihe hervorragender Konzerte in der Stadt (Programm über die Touristen-Information, www.turismoroma.it), Shakespeare-Enthusiasten treffen sich im Globe Theatre (Tel. 06 06 08, www.globetheatreroma.com) in der Villa Borghese (Vorstellungen meist auf italienisch).

Blick über den Lago Maggiore: Rund 80 Prozent des
212,5 km² großen Sees gehören zu Italien (Piemont und
Lombardei), der Rest zur Schweiz (Tessin).

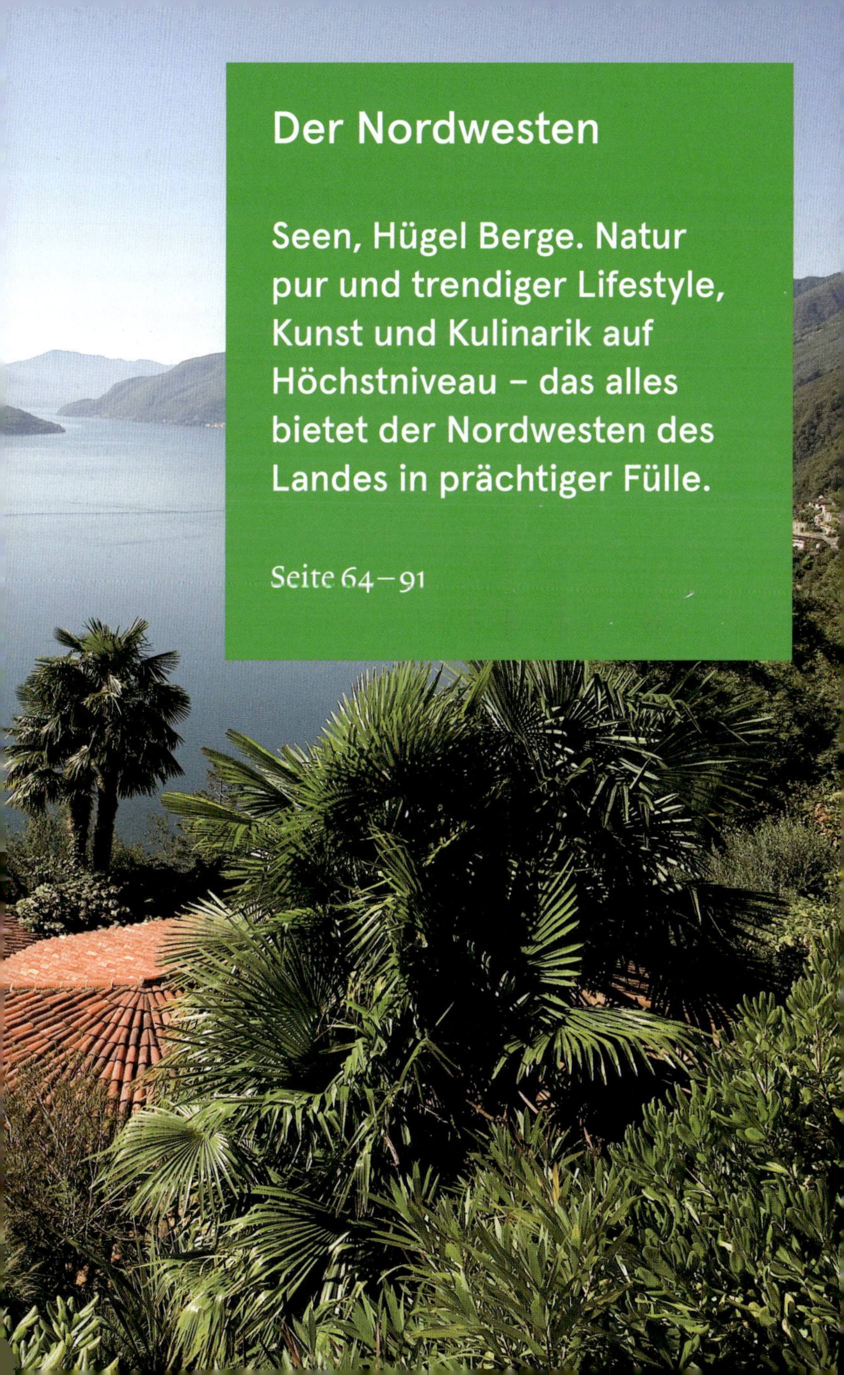

Der Nordwesten

Seen, Hügel Berge. Natur
pur und trendiger Lifestyle,
Kunst und Kulinarik auf
Höchstniveau – das alles
bietet der Nordwesten des
Landes in prächtiger Fülle.

Seite 64–91

Erste Orientierung

Eine Region von betörender Vielfalt – neben Hochgebirge und Seen in sanftem Hügelland erstrecken sich hübsche Küstenstreifen, grenzt Wildnis an Kulturlandschaft, durchsetzt mit lebendigen historischen Städtchen. Metropolen und kultivierte Kleinstädte wechseln sich ab mit umwerfend schöner Natur.

Drei bedeutende urbane Schwerpunkte prägen das westliche Oberitalien: die elegante Barockstadt Torino (Turin) im Nordwesten, das reiche, betriebsame Milano (Mailand) im Nordosten und im Süden Genova (Genua) mit Italiens wichtigstem Hafen sowie eindrucksvollen Palästen, Kirchen und Museen. Nördlich von Torino liegt mit dem Parco Nazionale del Gran Paradiso eines der schönsten Naturschutzgebiete des Landes. Südlich von Genova warten mit den Cinque Terre malerische Ortschaften an rebenbewachsenen Steilhängen, und die oberitalienischen Seen sind seit je Besuchermagnete, besonders der Lago di Garda (Gardasee) westlich von Verona. Landschaftliche Schönheit und mondänes Flair bietet der Lago di Como (Comer See), der teils zur Schweiz gehörende Lago Maggiore u. a. die idyllischen Isole Borromee.

Als attraktive historische Städte locken Bergamo, nördlich von Milano am Fuß der Alpen gelegen, und Mantova (Mantua), dessen Palazzo Ducale zu den herausragenden architektonischen Meisterwerken dieser schönen Region gehört.

<u>TOP 10</u>
8 ★★ Lago di Como
10 ★★ Parco Nazionale del Gran Paradiso

<u>Nicht verpassen!</u>
29 Milano
30 Mantova

<u>Nach Lust und Laune!</u>
31 Lago Maggiore
32 Bergamo
33 Lago di Garda
34 Cinque Terre
35 Genova
36 Torino

Bellinzona
Edolo
Lago Maggiore
31
Lugano
8
Lago di Como
Darfo
Riva
Aosta
Varese
Lecco
Pisogne
Lago d'Iseo
Bergamo
32
Lago di Garda
33
10
Parco Nazionale
del Gran Paradiso
Monza
Courgné
Novara
29 Milano
Brescia
Vercelli
Crema
Pavia
Cremona
Mantova
30
36 Torino
Casale
Piacenza
Pinerolo
Alessandria
Novi Lígure
Bóbbio
Cúneo
35
Genova
Pontrémoli
Rapallo
Chiavari
50 km
30 mi
Cinque Terre
34
La Spezia
Golfo di Génova
Ventimíglia

Mein Tag mit Mode und Design

Mailand ist immer einen Schritt voraus: Hier werden neue Looks kreiert, wird luxuriösester Lifestyle zelebriert, in coolen Trend-Locations wie in altehrwürdigen Bars und Cafés. Gehen Sie auf Tuchfühlung mit der Kapitale des guten Geschmacks.

9 Uhr: Dem Dom aufs Dach steigen

Der Dom von ❷❾ Mailand ist ein bauliches Meisterwerk. Geradezu magisch ist es, auf seiner Dachterrasse (tgl. 9–19 Uhr, Eintritt 10 €, mit Fahrstuhl 14 €) zu stehen. Dort oben wandeln Sie durch einen Wald aus tausenden filigran gearbeiteten Marmor-Statuen und Türmchen. Sensationell ist der Blick über die Dächer der Millionenstadt. Bei klarem Himmel reicht er bis zu den Alpen.

10.30 Uhr: Im Goldenen Viereck der Mode

Vieles unter einem Dach, auch etliche der angesagten Modelabels, vereint La Rinascente, das Traditionskaufhaus an der Piazza Duomo. Noch viel schicker wird es nördlich des Doms. Dort liegt das Quadrilatero d'oro, das Goldene Viereck: ein relativ kleines Areal, das aus den Straßen Via Manzoni, Via della Spiga, Via Monte Napoleone und Corso Venezia gebildet wird. Hier sind alle namhaften Designerlabel mit Flagshipstores vertreten und wetteifern darum, wer die extravaganten Kreationen am edelsten und originellsten in Szene setzt. Die Laufkundschaft trägt hier den »letzten Schrei« am Leibe. Spazieren Sie auf dem Weg ins Quadrilatero d'oro durch die Galleria Vittorio Emanuele II, die vornehme Einkaufspassage aus dem 19. Jh. Vielleicht haben Sie ja

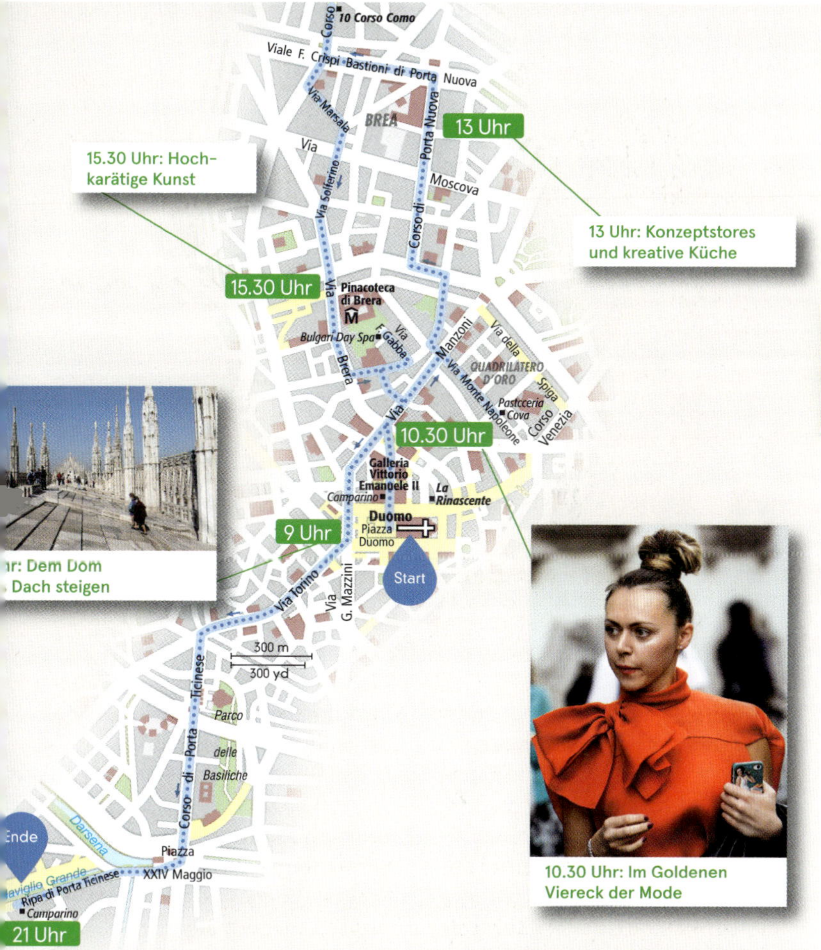

10.30 Uhr: Im Goldenen
Viereck der Mode

Lust, auf einen Cappuccino in der Traditionsbar »Camparino« einzukehren? Spätestens in der Via Napoleone ist die Kaffeepause ein Muss. Mit der Pasticceria Cova (Nr. 8) findet sich an dieser Adresse seit 1817 eines der stilvollsten Kaffeehäuser der Stadt – und bietet *dolci*, die eine himmlische Versuchung sind.

13 Uhr: Konzeptstores und kreative Küche

Nördlich der Via Monte Napoleone beginnt Brea. Bis heute schwebt ein Hauch von Bohème über diesem Stadtviertel mit seinen vielen kleinen Cafés und preiswerten Restaurants, Galerien und Kunsthandwerk-Ateliers. Eine Institution (mit

Oben und rechts: Vom Dom in die Galleria Vittoria Emanuele II und ins Bohèmeviertel Brea.

Ablegern in Shanghai, Seoul und New York) ist 10 Corso Como: An dieser Adresse finden sich hinter begrünter Altbaufassade auf mehreren Ebenen Konzeptstores, die Designer- Schnickschnack verkaufen, originelle Mode, Bücher, Accessoires. Restaurant und Café im kühlen Innenhof sind ideale Oasen für eine entspannte Mittagspause. Salat, Suppe, Pasta – aus der Küche kommen italienische Klassiker, manches mit asiatischer Note aufgepeppt.

15.30 Uhr Hochkarätige Kunst
»Il bacio«, der Kuss, 1859 von Francisco Hayez gemalt, ist nur eines von Dutzenden Meiserwerken in der Pinacoteca di Brea, einer der bedeutendsten Kunstsammlungen Italiens. Hier lohnt es sich, auf eine spannende Zeitreise durch die Kunstgeschichte zu gehen, die von der Antike bis ins 20. Jh. führt. Gleich nebenan bildet die Accademia Künstler von morgen aus.

18.30 Uhr: Lassen Sie sich verwöhnen
Mailand liebt Mode, Luxus, Körperkult. Wellnessoasen in Designer-Hotels sind genau die richtigen Orte, um dieser Leidenschaft zu frönen. Bulgaris Day Spa (Via Privata Fratelli Gabba 7b, www.bulgarihotels.com), nur ein paar Fußminuten von der

Am Naviglio Grande: Entlang der Mailand wie ein Netz durchziehenden künstlichen Wasserstraßen entwickelte sich eine lebendige Kneipenszene.

Pinakothek in Brea entfernt, zählt zum Feinsten, was Mailand diesbezüglich zu bieten hat. Gönnen Sie sich eine angenehme Gesichtsbehandlung oder eine entspannende Massage in einem exklusiven Ambiente. Die Badeklamotten sollten Sie schon morgens in die Handtasche gesteckt, den Wunschtermin ein paar Tage im Voraus (Tel. 02 805 805 200 oder über die Website) reserviert haben.

21 Uhr: Abendessen am Kanal

Navigli heißen die Kanäle, die einst die Lebensadern der Stadt waren. Als sich in der zweiten Hälfte des letzten Jahrhunderts die Warenströme mehr und mehr auf die Straße verlagerten, verwaiste das Areal an ihren Ufern. Längst aber boomt die Gegend wieder. In den Cafés, Bars und Restaurants mit hübschen Terrassen (Mückenschutz nicht vergessen!) tobt vor allem an Sommerabenden das Leben. Ausgezeichnet essen und trinken kann man im <u>Pont de Ferr</u> (Ripa di Porta Ticinese 55, Tel. 02 89 40 62 77, tgl. bis 23 Uhr, M2 bis Porta Genova). In der Küche gibt Ivan Milani regionalen Saisonzutaten das gewisse Etwas. Chefin Maida, ausgebildete Sommelierin, hält in ihrem gut sortierten Weinkeller die passenden Tropfen bereit (5-Gänge-Menü 55 €).

❽ ★★ Lago di Como

Was?	Drittgrößter See Oberitaliens
Warum?	Mildes Klima, mondäne Orte, malerische Bergkulisse
Wann?	Am schönsten zeigt sich die Landschaft im Herbst, dann sind auch die Temperaturen zum Wandern am angenehmsten
Was noch?	Villen, Parks, botanische Gärten
Was bleibt?	Wellness für alle Sinne

Überwältigend schön gelegen ist der von bewaldeten Bergen umgebene Comer See – hier errichteten sich schon in der Renaissance lombardische Adelsgeschlechter ihre Landsitze. Später suchten Persönlichkeiten wie Flaubert, Goethe, Rossini und Stendhal Erbauung, wo heute Film-Prominenz in mondänen Feriendomizilen residiert. Doch auch Normalsterblichen hat der See viel zu bieten.

Rechte Seite: Ein bisschen Luxus ist nie verkehrt. Erst recht nicht, wenn er sich wie hier in Bellagio (unten der Pool des Grand Hotel Villa Serbelloni) mit einer solch herrlichen Lage verbindet – direkt am See, inmitten einer ihrerseits nicht mit Reizen geizenden Natur.

Mit einer Fläche von 146 km² hat der Comer See dank seiner drei lang gestreckten Arme, die an ein auf dem Kopf stehendes »Y« erinnern, die größte Uferlänge der oberitalienischen Seen. Mit 410 m ist er der tiefste Binnensee Europas. Jeweils rund 25 km lang sind die drei Arme des Sees, die nach Orten benannt wurden: der östliche Lago di Lecco, der westliche Lago di Como sowie der Lago di Colico im Norden. An seinen Ufern gedeihen in mildem mediterranen Klima Palmen und Zitronen. Autofähren verbinden Menaggio, Varenna, Bellagio und Cadenabbia, daneben gibt es Ausflugsschiffe, von denen man einen atemberaubenden Blick auf die Umgebung hat – aus Perspektiven, die sich von den Uferstraßen nicht erschließen.

Ortschaften und Villen

Como am Westufer hat eine hübsche Altstadt zu bieten und Cafés am Hafen. Sehenswert sind der Dom aus dem 15. Jh., die Kirchen San Fedele und Sant'Abbondio im Stil der lombardischen Romanik sowie der alte Gerichts- und Amtssitz Broletto im spätromanisch-gotischen Stil.

Die nördlich von Como bei Tremezzo gelegene, von einem Mailänder Bankier im 18. Jh. erbaute Villa Carlotta ist

umgeben von einem herrlichen Park mit Orangenbäumen, Kamelien, Azaleen und Rhododendren, noch romantischer wirken die terrassierten Gärten der Villa Balbianello in Lenno (Halbinsel Lavedo).

Auch das hübsche mittelalterliche Bellagio an der Gabelung besitzt prächtige Landhäuser: die Villa Serbelloni (Park für Besucher zugänglich), die Villa Melzi d'Eryl und die Villa Giulia. Der wohl schönste Landsitz aber ist die Villa d'Este (heute Hotel) in Cernobbio, während man von Menaggio aus Ausflüge in die Berge unternehmen kann. Eine gute Alternative als Standquartier bietet Varenna mit mittelalterlichem Stadtkern und bester Seelage am Ostufer.

Unten links: Skulpturenschmuck auf der Terrasse der Villa Balbianello. Rechts: Blick über den Park der am Ortsende von Tremezzo gelegenen Villa Carlotta auf den See.

+ 219 D5

Touristen-Information
✉ Piazza Cavour 17, Como
☎ 03 1 26 97 12 ⊕ www.visitcomo.eu
🕐 Mo–Sa 9–13, 14.30–17 Uhr

Villa Carlotta
✉ Via Regina 2, Tremezzo
☎ 03 4 44 04 05
⊕ www.villacarlotta.it 🕐 Ende März bis Ende Sept. tgl. 9–19.30, Okt. bis Anf. Nov. 10–18.30, im Winter geschl.
💰 10 €

Villa d'Este
✉ Via Regina 40, Cernobbio
☎ 03 1 34 81 ⊕ www.villadeste.com
🕐 nur für Hotelgäste, geschl. Mitte Nov. bis Feb.

Villa Serbelloni
✉ Via Roma 1, Bellagio ☎ 03 1 95 15 55
⊕ www.villaserbelloni.com
🕐 Parkführungen Mitte März–Anfang Nov. Di–So 11 und 15.30, im Sommer 14.30 Uhr, beginnend am Ufficio Promobellagio (Piazza della Chiesa 14, Bellagio ☎ 03 1 95 02 04) 💰 9 €

Sonnenuntergang auf See

Es gibt viele schöne Plätze, um einen Sonnenuntergang über dem Comer See zu erleben. Der schönste von allen ist an Bord eines Bootes – die leichte Brise auf der Haut spüren und dem Abendrot entgegen schippern, herrlich! Einen Bootsführerschein muss man dafür nicht unbedingt haben. Einige Bootsverleiher haben Motorboote mit geringer Leistung in der Flotte. Alternativ dazu können Sie sich für die Abendstunde auch eine Segeljacht mit Skipper mieten.

Boote mit und ohne Skipper vermietet Nautic Planet in Menaggio, www.nauticplanet.com

⑩ ★★Parco Nazionale del Gran Paradiso

Was?	Nationalpark in den Regionen Aostatal und Piemont
Warum?	Faszinierende Flora und Fauna, tolles Wandergebiet
Wie lange?	Mindestens 2 Tage
Wann?	Juni bis September ist die beste Zeit zum Wandern
Was bleibt?	Macht Outdoor-Fans glücklich

Italiens ältester Nationalpark ist zugleich einer seiner schönsten. Das ehemalige königliche Jagdreservat um den einzigen Viertausender des Landes, den Gran Paradiso, ermöglicht Wanderungen mit herrlichem Panoramablick und Begegnungen mit rarer alpiner Flora und Fauna.

Im Jahr 1920 übereignete König Vittorio Emanuele III gut 2000 ha seines Jagdreviers dem italienischen Staat – zum Erhalt von Umwelt, Flora und Fauna sowie als Teil des künftigen, heute rund 700 km² großen Nationalparks, der 1922 eröffnet wurde. Dessen reizvolle Landschaftsszenerie – blumenübersäte Bergwiesen, Wasserfälle und Nadelwälder mit Lärchen, Fichten und Tannen unter schneebedeckten Gip-

Wandern im Nationalpark: talwärts vom Rifugio Vittorio Emanuele II in den Grajischen Alpen (im Hintergrund der Tresenta-Gipfel).

feln und Gletschern – erstreckt sich über das Valle d'Aosta und Piemont; westlich grenzt es an den französischen Nationalpark Vanoise.

Alpine Fauna

Hier hat vor knapp einem Jahrhundert eine der letzten Populationen des Alpensteinbocks *(Capra ibex)* überlebt: Von den rund 20 000 Exemplaren in ganz Europa findet man allein am Gran Paradiso inzwischen wieder 4000. Außerdem trifft man auf Gämsen und Murmeltiere, vor allem auf den Almen am Gran Piano di Noasca. Auf dem Weg von dort zum Nivolet hat man einen schönen Blick ins Valle Orco und erspäht vielleicht Bartgeier, Steinadler, Alpenschneehühner oder Fichtenkreuzschnäbel.

Zur Fauna des geschützten Areals gehört auch der Alpensteinbock.

Günstigsten Zugang zum Park hat man vom Aostatal aus und vom Norden, wobei Cogne, eine halbe Stunde von Aosta entfernt, sich als Standquartier anbietet. Auf dem Gebiet der Gemeinde liegt auch der botanische Alpengarten Paradisia (Villaggio Cogne Nr. 81, geöffnet Juni bis Anfang Sept., Eintritt 3 Euro) Von Valnontey aus führt eine der schönsten Wanderungen zu den Schutzhütten *(rifugi)* Vittorio Sella und Sella Herbetet (Ganztagestour). Valsavarenche, in dem gleichnamigen Tal südlich von Aosta gelegen, ist Ausgangspunkt für Sommerwanderungen. Über die vielfältigen Aktivitäten – vom gemütlichen Trekking über die anspruchsvolle Klettertour bis hin zum Wintersport – informieren die Website des Parks sowie rund ein Dutzend Besucherzentren. Etliche Möglichkeiten, die herrliche Landschaft bei geführten Touren zu erkunden, bieten Guides, die man über die Website des Parks kontaktieren und buchen kann.

Auch kulinarisch hat die Gegend einiges zu bieten. Probieren Sie die deftigen Gerichte mit Fontina-Käse.

✦ 218 B4
Touristen-Information
✉ Via Umberto 1, Noasca (beim Rat-

haus) ☎ 01 24 90 10 70 🌐 www.pngp.it
🕐 April–Okt. tgl. außer Mo 9–12.30 und 15–18.30 Uhr

 # Milano

Was?	Wirtschafts- und Modemetropole im Norden
Warum?	Hier werden Shoppingträume wahr
Wie lange?	Mindestens 1 Wochenende
Wann?	Frühling, Herbst und zum Weihnachtseinkauf
Was noch?	Große Stimmen (und Garderobe zum Staunen) in der Scala
Was bleibt?	Italien kann so cool sein

Quirlig, geschäftig, stil- und modebewusst – das ist die 1,3-Mio.-Einwohner-Metropole im italienischen Norden. Mit ihren Luxusboutiquen und Designer-Flagshipstores fühlt sie sich bisweilen als Welthauptstadt des guten Geschmacks. Die weltberühmte Scala macht sie zum Mekka für Opernfans. Darüber hinaus empfiehlt sich Milano mit erstklassiger Gastronomie, hochkarätigen Museen, spektakulärer Architektur und seiner attraktiven Umgebung: Comer See und Lago Maggiore, kunstsinnige Städtchen wie Cremona und Pavia sind alle nur einen Katzensprung entfernt ...

Herz der Stadt ist die Piazza del Duomo, beherrscht von einem der größten Kirchenbauten der Welt: dem bereits im Jahr 1386 begonnenen, aber erst 1965 ganz vollendeten gotischen Dom Santa Maria Nascente. Die gewaltige fünfteilige Marmorfassade des 174 m langen und 68 m breiten Bauwerks kontrastiert mit einem relativ kargen Innenraum, erleuchtet von wunderbaren Buntglasfenstern. Vom Dach kann man bis zu den Alpen sehen.

Gegenüber, auf der Südseite des Platzes, lockt das Museo del Novecento mit vorwiegend italienischer Kunst des 20. Jh.s, darunter Werke des (hier ab 1905 mit Filippo Marinetti und Umberto Boccioni heimischen) Futurismus.

Nördlich der Piazza liegt die Galleria Vittorio Emanuele II, im Jahr 1867 geschaffen als erste überdachte Einkaufspassage der Welt: Juwel der Belle-Époque und beliebter Treffpunkt der Mailänder, der heute neben

Im Teatro della Scala: »Die Musik drückt das aus, was nicht gesagt werden kann und worüber zu schweigen unmöglich ist« (Victor Hugo).

Im Uhrzeigersinn von ganz oben: Das Refektorium des Dominikanerklosters Santa Maria della Grazie birgt da Vincis weltberühmtes »Abendmahl«-Fresko, der Naviglio Grande ist der älteste Kanal der Stadt, und im Castello Sforzesco wird heutzutage die Städtische Kunstsammlung präsentiert.

Nobel-Boutiquen ein Luxushotel und namhafte Gastronomie aufweist, darunter die berühmte Bar Camparino. Durch die Galerie gelangt man zur Piazza della Scala mit dem illustren Opernhaus – im prächtigen Teatro alla Scala erlebten viele bekannte italienische Opern ihre Uraufführung.

Die Pinacoteca di Brera, Milanos bedeutendstes Kunstmuseum, vereint einige der spektakulärsten Werke der Kunstgeschichte unter ihrem Dach. Dazu gehört z. B. Andrea Mantegnas *Beweinung Christi* (um 1480) mit seiner schonungslos detailgenauen Darstellung des toten Christuskörpers.

Westlich des Brera-Viertels erhebt sich das trutzige Castello Sforzesco, erbaut im 15. Jh. von der einflussreichen Adelsfamilie Visconti und später von den Sforza erweitert.

Neben einer archäologischen Sammlung beherbergt es erlesene Kunstschätze, darunter Michelangelos unvollendete Skulptur der *Pietà Rondanini* (1564).

Die Herzöge von Sforza initiierten auch den Bau des Dominikanerklosters Santa Maria delle Grazie mit seiner monumentalen Kirche. Die weltberühmte Hauptattraktion hier ist Leonardo da Vincis Fresko *Das letzte Abendmahl* (1498) an der Nordwand des ehemaligen Refektoriums (Einlass: max. 25 Pers. für 15 Min.).

In Seccotechnik (auf den bereits trockenen Putz) malte da Vinci das Abendmahl.

KLEINE PAUSE

Ein kleiner Snack oder *aperitivo* mit viel Flair wartet bei **Zucca in Galleria** (Vittorio Emanuele II, Ecke Domplatz), wo schon Giuseppe Verdi gern einen Espresso trank.

✠ 219 D3–4

Touristen-Information
✉ Galleria Vittorio Emanuele II (Ecke Piazza della Scala) ☎ Tel. 02 88 45 55 55,
⊕ www.turismo.milano.it
🕐 Mo–Fr 9–19, Sa, So 10–17.30 Uhr

Duomo di Santa Maria Nascente
✉ Piazza del Duomo ☎ 02 72 02 33 75
⊕ www.duomomilano.it
🕐 Dom: tgl. 8–19 Uhr
⚡ Dom: 3 € (das Areal mit den archäologischen Ausgrabungen erreicht man durch das Dominnere; wer auch diesen Teil besichtigen möchte, kauft gleich am Eingang ein Ticket für 4 € Terrasse: 12 € (Aufzug), 7 € (Treppe); Kombi-Ticket mit Baptisterium und Schatzkammer: 13 €

Museo del Novecento
✉ Palazzo dell'Arengario, Via Marconi 1 ☎ 02 88 44 40 61
⊕ www.museodelnovecento.org
🕐 Mo 14.30–19.30, Di, Mi, Fr, So 9.30–19.30, Do, Sa 9.30–22.30 Uhr
⚡ 10 €

Teatro alla Scala
✉ Via Filodrammatica 2 ☎ 02 8 87 91 Kartenvorverkauf 02 86 18 27
⊕ www.teatroallascala.org
🕐 tgl. 9.30–17.30 Uhr ⚡ 9 €

Pinacoteca di Brera
✉ Via Brera 28 ☎ 027 22 63 26 42 29
⊕ www.brera.beniculturali.it
🕐 8.30–19.15 Uhr ⚡ 12 €

Castello Sforzesco
✉ Piazza Castello ☎ 02 88 46 37 00
⊕ www.milanocastello.it
🕐 Festung: tgl. 7–19.30 Uhr; Museen: Di–So 9–17.30 ⚡ Festung: 5 €, Museen: 5 €, jd. Di ab 14 Uhr und tgl. in der letzten Stunde der Öffnungszeit freier Eintritt

Santa Maria delle Grazie
✉ Piazza Santa Maria delle Grazie 2 ☎ 02 92 80 03 60 🕐 Mo–Sa 10–12.20, 15–17.30 Uhr, So 15.30–17.30 Uhr; Refektorium (*Das letzte Abendmahl*) Do–So 8.15–19 Uhr ⚡ 10 € (+ 2 Euro Vorverkaufsgebühr). Mind. 3 Monate im Voraus reservieren: www.polomuseale. lombardia.beniculturali.it

Mantova

Was?	Charmantes Städtchen in der Lombardei – Verbannungsort von Julias Romeo
Warum?	Großartige Barock- und Renaissancearchitektur
Wie lange?	Mindestens einen halben Tag
Wann?	Frühling oder Herbst

Die großen Touristenströme haben Mantua bisher noch nicht erreicht. So lässt sich die vom Mincio-Fluss umflossene Altstadt, ein charmantes Barock- und Renaissance-Ensemble aus anmutigen Plätzen, Kirchen und Palazzi, noch ganz entspannt entdecken.

Das Herz der Stadt bildet die lang gestreckte Piazza Sordello, gesäumt vom Dom und vom Gebäudekomplex des Palazzo Ducale (14.–17. Jh.), der überwiegend als Herrschaftssitz der Familie Gonzaga diente. Seine ältesten Teile, Palazzo del Capitano und Magna Domus (Großes Haus), gehen noch auf die Bonacolsi zurück, die Mantu von 1271 bis 1328 regierten. Die barocke Fassade und der Innenraum des Duomo (Cattedrale di San Pietro) wurden im 16. Jh. von Giulio Romano umgestaltet. Durch einen Bogen gelangt man von der Piazza Sordello zur Piazza Broletto mit der hohen Torre Civica und dem Palazzo del Podestà. Die Verlängerung der Piazza Bro-

An eine Insel erinnert die schöne Lage des bereits von den Etruskern gegründeten, von vier Seen umgebenen Mantua.

letto bildet die <u>Piazza delle Erbe</u>, der hübscheste der drei Plätze. Kunstausstellungen zeigt der <u>Palazzo della Ragione</u> aus dem 13. Jh. mit schmuckem Uhrenturm (<u>Torre dell'Orologio</u>). Östlich der Piazza Broletto präsentiert sich das prächtige <u>Teatro Bibiena</u> (eigtl. Teatro Scientifico dell'Accademia) von 1769 als Musterbeispiel effektvollen Theaterdekors.

Ein Meisterwerk lombardischer Renaissance ist die <u>Basilica di Sant'Andrea</u> von Leon Battista Alberti (1404–72) mit der Grabkapelle Andrea Mantegnas (1. Kapelle links).

Palazzo Te

Inspiriert zum Bau der äußerlich schlichten, von Giulio Romano opulent ausgestalteten Villa wurde Federico II Gonzaga durch seine langjährige Geliebte Isabella Boschetti. Der kunstliebende Herzog ließ seinen Sommerpalast 1525 bis 1535 auf der Insel Te erbauen. Bis zur Trockenlegung des Sees im 18. Jh. war die Insel nur über eine Brücke erreichbar. Die Fresken zeigen lebensgroße Pferde *(Sala dei Cavalli)* neben einem Bankett Amors und Psyches *(Sala di Psiche)*, in der *Sala dei Giganti* den Triumph des Zeus/Jupiter über die Titanen.

KLEINE PAUSE

An der **Piazza Sordello** drängen sich *gelaterie*, Cafés und Restaurants.

 ✝ 220 B2

Touristen-Information
✉ Piazza Mantegna 6 ☎ 03 76 43 24 32 ⊕ www.mantovatourism.it
🕐 So–Do 9–19. Fr, Sa 9–20 Uhr

Palazzo Ducale
✉ Piazza Sordello 40
⊕ www.ducalemantova.org 🕐 Di–So 8.15–19.15 Uhr 💶 13 €

Duomo (Cattedrale di San Pietro)
✉ Piazza Sordello ☎ 03 76 32 02 20
🕐 tgl. 7–12, 15–19 Uhr 💶 frei

Torre dell'Orologio e Museo del Tempo (Uhrenturm mit Museum der Zeitmessung)
✉ Piazza Concordia 19 🕐 Do–Fr 10–13, 15–18, Sa, So 10–18 Uhr 💶 3 €

Basilica di Sant'Andrea
✉ Piazza Mantegna
⊕ www.santandreainmantova.it
🕐 Mo–Fr 8–12, 15–19, Sa 10–12.30, 15–18, So 11.45–12.15, 15–17, Sommer bis 18 Uhr
💶 Basilika: frei, Krypta: 1 €

Teatro Bibiena (Teatro Scientifico dell'Accademia)
✉ Via dell'Accademia 47
☎ 03 76 32 76 53 🕐 Di–Fr 10–13, 15–18, Sa, So 10–18 Uhr 💶 2 €

Museo Civico di Palazzo Te
✉ Viale Tè 13 ☎ 03 76 32 32 66
⊕ www.palazzote.it 🕐 Mo 13–18, Di–So 9–18.30 Uhr 💶 12 €, montags Eintritt frei

Nach Lust und Laune!

31 Lago Maggiore

Der lange, schmale Lago Maggiore vereint Naturschönheit mit den Reizen einer alten Kulturlandschaft: An seinen Ufern, schon im 18. Jh. ein beliebtes Reiseziel, reihen sich schmucke Villen, Hotels und Parkanlagen. Im Borromäischen Golf locken – als Juwelen des Sees vor spektakulärer Bergkulisse – die fünf Isole Borromee. Die nächst dem Ufer vor Stresa gelegene Isola Bella wurde im 17. Jh. durch die Anlage eines großzügigen Palastes mit terrassiertem Park in ein barockes Kleinod verwandelt, in Auftrag gegeben von Conte Carlo III Borromeo zu Ehren seiner Gattin Isabella d'Adda. Auf der Isola dei Pescatori (auch Isola Superiore genannt) geht man noch dem Fischfang nach. Auf der größten, Verbania vorgelagerten Insel Isola Madre steht ebenfalls eine Villa der Borromeo.

Am Ufer des Lago Maggiore reihen sich teils mondäne alte Nobelkurorte wie Stresa mit seinen Belle-Époque-Villen, Arona mit der Kolossal-Statue von San Carlo Borromeo (1538–84) oder Pallanza (ein Ortsteil von Verbania) mit der Villa Taranto und einem sehenswerten botanischen Garten. Gegenüber von Stresa liegt am Ostufer des Sees in traumhafter Lage das Kloster Santa Caterina del Sasso. Malerisch an die Felsen geschmiegt präsentieren sich die Orte Baveno und Angera. Einen

Santa Caterina del Sasso am Lago Maggiore.

herrlichen Blick auf oberitalienische und Schweizer Alpenseen genießt man bei einer Fahrt mit dem Auto oder der Schwebebahn auf den 1491 m hohen Monte Mottarone bei Stresa.

✛ 219 D5 ✉ Piazza Marconi 16, beim Fähranleger ⊕ www.stresaturismo.it ☎ 03 23 30 15 03 13 08 ◕ Mitte März bis Anf. Nov. tgl. 10–12.30, 15–18.30 Uhr; Anf. Nov.–Mitte März Mo–Fr 10–12.30, 15–18.30, Sa 10–12.30 Uhr Fähren zu den Isole Borromee alle 30 Min. (Hochsaison), Verbindungen nach Angera, Stresa, Pallanza und Intra: www.navigazionelaghi.it

32 Bergamo

Eine Stunde Zugfahrt von Milano entfernt thront das von Etruskern gegründete Bergamo auf einem Hügel mit seiner in Mittelalter und Renaissance entstandenen Oberstadt (*Città Alta*). Schon von Weitem erblickt man deren markante Türme und die massive Stadtbefestigung. Von der moderneren Unterstadt (*Città Bassa*) gelangt man mit einer Standseilbahn hinauf zur Oberstadt. Das Herz der unter Denkmalschutz stehenden Altstadt ist die Piazza Vecchia mit Vicenzo Scamozzis marmorverkleideter Biblioteca Civica von 1594 und dem Palazzo della Ragione (12. Jh., barocke Umgestaltung), dessen Arkaden hinüberführen zur Piazza del Duomo. Der Dom wirkt bescheiden gegen die opulente Renaissance-Fassade der benachbarten Basilica di Santa Maria Maggiore und die angrenzende Cappella Colleoni als Meisterwerk lombardischer Renaissance. Über die Via Colleoni (oder mit der zweiten Standseilbahn San Vigilio) kommt man zur Rocca (Kastell, 14. Jh.), erbaut von Venezianern zum Schutz der Stadt und heute Heimstatt des Museo di Scienze Naturali und Museo Civico Archeologico. Sehenswert in der Unterstadt sind die Gemäldegalerie der Accademia Carrara sowie das Teatro Donizetti, benannt nach dem Komponisten Domenico Gaetano Donizetti aus Bergamo (1798–1848).

Unterwegs zur Punta di San Vigilio am Gardasee.

33 Lago di Garda

Schon die Römer zog es an Italiens größten See mit seinem milden Klima. Im 19. Jh. schossen Villen und Ferienorte aus dem Boden, um den Andrang betuchter Besucher zu bewältigen. Schön ist der Thermalkurort Sirmione mit seiner mächtigen Scaliger-Burg und der Grotte di Catullo, wichtigster Hafen Desenzano mit hübsch angelegter Promenade, seit je bei Künstlern beliebt das malerische Malcesine. Von dort führt eine Seilbahn auf das 2000 m hohe Monte Baldo-Massiv. Salò lohnt sich wegen seiner gotischen Kathedrale und der pastellfarbenen Häuser; Riva del Garda im Norden ist Treffpunkt der Windsurfer, aus Bardolino kommen namhafte Weine. Verona ist die nächstgelegene größere Stadt. Historisch gesehen hat besonders Garda starke Bezüge zu Venedig, wovon der Palazzo dei Capitani und die Villa Albertini zeugen.

34 Cinque Terre

Ein Besuchermagnet an der Steilküste der ligurischen Levante sind die »Fünf Länder« (ital. *cinque terre*), benannt nach den hiesigen Fischerorten. Der größte ist Monterosso, der attraktivste wohl Vernazza mit seinem Gewirr von Gässchen. Von hier ist es nicht weit zum Flecken Corniglia hoch auf dem Felsen. In Manarola führen steile Sträßchen hinab zum Wasser sowie am Fels entlang ein Via dell'Amore genannter Pfad nach Riomaggiore. Unten durch den Eisenbahntunnel verläuft ein Fußweg, der beide Ortsteile verbindet. Mit der Bahn ist man auch schnell im nahen La Spezia.

✛ 219 E1
Monterosso, Via Fegina 38 ☎ 01 87 81 75 06 ⊕ www.incinqueterre.com

Nationalpark und Wanderwege:
⊕ www. parconazionale5terre.it
Zwischen La Spezia und Monterosso verkehren Fähren, April–Okt. regelmäßige Schiffsverbindungen durch Navigazione Golfo dei Poeti (www.navigazionegolfodeipoeti.it) zwischen allen Orten außer Corniglia. Im Sommer verkehren auch Fähren und Katamarane zwischen Genova und Cinque Terre.

35 Genova

Die weltoffene Hauptstadt Liguriens, wo um 1451 Christoph Kolumbus geboren wurde, ist ein bedeutendes Industriezentrum und Italiens größter Hafen. Im Mittelalter war Genua eine bedeutende Seemacht, was der Stadt großen Wohlstand bescherte – davon zeugt neben der mächtigen Cattedrale di San Lorenzo auch die weitläufige

Malerisches UNESCO-Welterbe: Manarola (Cinque Terre) an der ligurischen Steilküste.

Piazza de Ferrari als stolzes Zentrum: Besonders eindrucksvoll ist hier der Palazzo Ducale, einstmals der Sitz der hiesigen Dogen. Schönstes Kunstmuseum ist der Palazzo Reale, das kunsthistorisch wichtigste die Galleria Nazionale im Palazzo Spinola.

Cattedrale di San Lorenzo
✉ Piazza San Lorenzo
⊕ www.museodiocesanogenova.it
🕐 Mo–Sa 9–12, 15–18, Juli–Sept. bis 19 Uhr ✦ Museo del Tesoro: 6 €

Galleria Nazionale
✉ Piazza Pellicceria 1 ⊕ www.palazzo spinola.beniculturali.it 🕐 Di–Sa 8.30 bis 19.30 Uhr (So, Mo geschl.) ✦ 6 € (Ticket gültig auch für Palazzo Reale)

Palazzo Reale
✉ Via Balbi 10 ⊕ www.visitgenoa.it/ palazzo-reale 🕐 Di–Fr 9–19, Sa, So 13.30–19 Uhr ✦ 3 € (oder mit Kombiticket Galleria Nazionale)

36 Torino

Die Hauptstadt des Piemont, eine der schönsten Städte Norditaliens, ist durch FIAT und Lancia ein Begriff, aber auch ein kulturelles Zentrum von Rang. Das Museo Egizio im barocken Palazzo dell'Accademia delle Scienze beherbergt die bedeutendste Sammlung ägyptischer Altertümer nach den Kairoer Museen, der Palazzo Reale die Galleria Sabauda mit einer hochkarätigen Gemäldesammlung.

Im Palazzo Carignano wurde im Jahr 1820 Vittorio Emanuele II von Savoyen- Piemont geboren, der 1861 bis 1878 als Italiens erster König herrschte. An Turins führende Rolle bei der Einigung des Landes erinnert dort das Museo Nazionale del Risorgimento. Ende des 19. Jh.s gegründet wurde die heutige, im Stadtpalast des Hauses Savoyen (Palazzo Madama) residierende Galleria Civica d'Arte Moderna e Contemporanea mit Werken von Canova bis Warhol. Ursprünglich als Synagoge geplant war die im Jahr 1889 vollendete Mole Antonelliana: Wahrzeichen Turins und mit 167 m Höhe lange Zeit eines der höchsten Bauwerke der Welt. Heute residiert hier das Museo Nazionale del Cinema.

Museo Egizio
✉ Via Accademia delle Scienze 6
⊕ www.museoegizio.it 🕐 Di–So 9–18.30 Uhr ✦ 13 €

Galleria Sabauda
✉ Piazetta Reale 1 ⊕ www.museireali. beniculturali.it 🕐 Di–So 8.30–19.30 Uhr ✦ 12 € (Kombiticket mit Palazzo Reale, Armeria Reale und Museo di Antichità)

Museo Nazionale del Risorgimento
✉ Via Accademia delle Scienze 5
⊕ www.museorisorgimentotorino.it
🕐 Di–So 10–18 Uhr ✦ 10 €

Galleria Civica d'Arte Moderna e Contemporanea (GAM)
✉ Via Magenta 31 ⊕ www.gamtorino.it
🕐 Di–So 10–18 Uhr ✦ 10 € (1. Di im Monat frei)

Wohin zum ...
Übernachten?

Preise für ein Doppelzimmer pro Nacht:
€   unter 140 €
€€   140–220 €
€€€   über 220 €

AOSTA (GRAN PARADISO)

Albergo Milleluci €€–€€€
Großes Hotel im Chalet-Stil, nahe dem Parco Nazionale del Gran Paradiso oberhalb von Aosta gelegen. Pool, Dampfbad und Sauna. Ganzjährig geöffnet.
♁ 218 B4 ✉ Loc. Porossan Roppoz 15
☎ 01 65 23 52 78 ⊕ www.hotelmilleluci.com

MILANO

Antica Locanda Leonardo €€
Zentral gelegenes Drei-Sterne-Haus mit 16 Zimmern, in einem Bau aus dem 19. Jh. nahe der Kirche Santa Maria delle Grazie. Hübsch eingerichtete Zimmer, manche mit Blick in den reizenden Innenhof.
♁ 219 D4 ✉ Corso Magenta 78 ☎ 02 48 01 41 97 ⊕ www.anticalocandaleonardo.com
🕐 Aug. und Jan. zeitweise geschl.

Carlyle Brera Hotel €–€€
4-Sterne-Haus in zentraler Lage. Stil: Moderne Leichtigkeit, viele Details wurden von Künstlern gestaltet.
♁ 219 D4 ✉ Corso Garibaldi 84 ☎ 02 29 00 38 88 ⊕ https://hotelcarlyle.com

Room Mate Giulia €€
Behagliches Hotel in bester Lage, durchgestylt und auf Vintage getrimmt, mit einer extra langen Frühstückszeit.
♁ 219 D4 ✉ Via Silvio Pellico 4 ☎ Tel. 02 80 88 89 00 ⊕ https://room-matehotels.com

BELLAGIO (LAGO DI COMO)

Hotel Du Lac €€
Traditionsreiches Haus, behaglich-plüschige Zimmer mit guter, zeitgemäßer Ausstattung; manche haben einen traumhaften Seeblick.
♁ 219 D4 ✉ Piazza Mazzini 32 ☎ 031 95 03 20 ⊕ www.bellagiohoteldulac.com

CERNOBBIO (LAGO DI COMO)

Hotel Miralago €€–€€€
Hotel mit historischer Patina, in hervorragender Lage direkt am See, sehr freundlicher Service.
♁ 219 D4 ✉ Piazza Risorgimento
☎ 031 51 01 25 ⊕ www.hotelmiralago.itl.

COMO (LAGO DI COMO)

Albergo Firenze €
Kleines modernes Hotel in der Altstadt (zwei Minuten vom See) mit leicht kosmopolitischem Flair und freundlichem Service. Barrierefreie Zimmer, Frühstücksbuffet mit Brot, Schinken und Käse.
♁ 219 D4 ✉ Piazza Volta 16 ☎ 03 1 30 03 33 ⊕ www.hotelfirenzecomo.it

MANTOVA

Hotel Casa Poli €–€€
Schlichtes, modernes Hotel im Herzen von Mantua, ideal als Basis zur Erkundung der Stadt. Frühstück ist im Zimmerpreis inbegriffen, und im Patio gibt es eine gemütliche Bar für den Abenddrink.
♁ 220 B2 ✉ Corso Garibaldi 32 ☎ 03 76 28 81 70 ⊕ www.hotelcasapoli.it

STRESA (LAGO MAGGIORE)

Grand Hotel des Iles Borromees €€€
Prunkvolles altes Luxushotel direkt am See in einem herrlichen Park, in dem sich schon Hemingway wohlfühlte, als er hier an seinem Roman *In einem anderen Land* (1929) schrieb. Die Zimmer verfügen über gigantische Betten, exquisite Bäder und Seeblick.
♁ 219 D4 ✉ Corso Umberto I 67 ☎ 03 23 93 89 38 ⊕ www.borromees.it

BERGAMO

Angolo del Poeta €
Geräumige Zimmer, Suiten und Appartements in einem historischen Gebäude in der

Unterstadt von Bergamo – einfacher
B&B-Standard.
✝ 219 E4 ✉ Via Borgo Palazzo 39
☎ Tel. 035 23 76 31

LEVANTO (CINQUE TERRE)

Villa Margherita €
Schön renovierte Villa von 1906 (ohne Lift)
mit lauschigem Park und Badebucht in Le-
vanto nördlich der Cinque Terre. Geräumige, hohe Zimmer mit Fliesenböden, ansprechend eingerichtet mit bequemen Betten
und hübschen Bädern, manche mit Balkon
oder Patio.
✝ 219 E1 ✉ Via Trento e Triese 31 ☎ 01 87
80 72 12 ⊕ www.villamargherita.net

GENOVA

NH Marina €€
Malerisch im historischen, von Renzo Piano
stilvoll umgestalteten Hafen liegt Genuas
luxuriösestes Hotel (140 Zimmer, 7 Suiten) –
eine Symphonie von Holz, Stahl und Glas.
Die wichtigsten Sehenswürdigkeiten sind nur
wenige Gehminuten entfernt. Holztribüne
mit Hafenblick, wo bei schönem Wetter
Frühstück und Abendessen serviert werden.
Moderne Zimmer mit allem erwartbarem
Komfort (Satelliten-TV, WLAN).
✝ 219 D2 ✉ Molo Ponte Calvi 5, Porto Antico
☎ 01 02 53 91 ⊕ www.nh-hotels.com

TORINO

Starhotel Majestic €€–€€€
Modernes Haus der internationalen Hotel-
kette, nahe dem Hauptbahnhof Porta Nuova
und der Altstadt gelegen, mit Fitness-Raum,
Babysitting-Angebot, Buchungsservice für
Air-and-Rail-Tickets sowie internationalen
Zeitungen. Erstklassiges, ebenso zeitgemäßes
Restaurant und Bar im Haus.
✝ 218 B3 ✉ Corse Vittorio Emanuele II 54
☎ 01 15 39 15 3 ⊕ www.starhotels.com

Victoria €€
Drei-Sterne-Hotel in Altstadtnähe mit dem
Flair eines Privathauses, geschmackvoll
möbliert mit Antiquitäten, floralen Stoffen

und Kuschelsofas. Beheizter Pool und Spa
(Sauna, Hamam). Zu Fuß erreichbar sind
Theater, Läden und einige der besten Restaurants der Stadt.
✝ 218 B3 ✉ Via Nino Costa 4 ☎ 01 15 61 19 09
⊕ www.hotelvictoria-torino.com

Wohin zum …
Essen und Trinken?

Preise für ein Drei-Gänge-Menü ohne
Getränke:
€	unter 30 €
€€	30–60 €
€€€	über 60 €

AOSTA (GRAN PARADISO)

Vecchio Ristoro €€–€€€
Kleine Trattoria mit kreativer regionaler
Küche (gebackene Zucchiniblüten, frische
Wildpilze, Wildkaninchen …).
✝ 218 B4 ✉ Via Tourneuve 4 ☎ 01 6 53 32 38 ⊕
www.ristorantevecchioristoro.it ◷ Mo 19.30
bis 22, Di–Sa 12.30–14.30, 19.30–22 Uhr, Juni
und Anf. Nov. geschl.

MILANO

Cantina della Vetra €€
Unprätenziöses Restaurant mit typisch italienischer Küche auf Spitzenniveau und fri-
schesten Zutaten: von den *antipasti* bis zu
den *dolci*; eine Auswahl offener Weine kann
man gleich hinter der Glastüre probieren.
✝ 219 D4 ✉ Via Pio IV 3, Ecke Piazza Vetra
☎ 02 89 40 38 43 ⊕ www.cantinadellavetra.it
◷ Mo nur abends, sonst mittags u. abends;
geschl. 2 Wochen im Aug.

Da Gaspare €€
Bestes Fischrestaurant der Stadt, mit er-
freulich zivilen Preisen. Klein, laut und voll
mit Stammgästen, die sich an (marktabhän-
gig) täglich wechselnden Gerichten delek-
tieren. *Antipasto misto* bietet gegrillte
Calamari, Schellfisch in Öl und Tintenfisch.
Empfehlenswert als Hauptgerichte sind zum
Beispiel das Lachs-Carpaccio oder der
Schwertfisch vom Grill.

✠ 219 D4 ✉ Via Carlo Ravizza 19 ☎ 02 48 00 64 09 ⊕ www.ristorantedagaspare.com ⏱ tgl. mittags u. abends

Innocenti Evasioni €€–€€€
Lokal mit schönem Garten, wo zwei Welten-bummler am Herd stehen und »unschuldige kleine Fluchten« auftischen: italienische Kost mit asiatischen Einflüssen, subtil abge-schmeckt und so appetitlich wie ansehnlich angerichtet.
✠ 219 D4 ✉ Via Priv della Bindellina ☎ 02 33 00 18 82 ⊕ http://innocentievasioni. com ⏱ Mo–Sa 19–0.30 Uhr, So geschl.

Il Luogo di Aimo e Nadia €€€
Schmackhafte, preisgekrönte italienische Küche auf entsprechendem Preisniveau ser-vieren hier Signor Aimo und seine Gattin Nadia, mit Schwerpunkt auf Gerichten Mittelitaliens und frischen Kräutern. Exzel-lent sind z.B. die hausgemachten Eiernudeln mit Trüffeln als Einstimmung etwa zu getrüf-feltem Kalbfleisch, Schwertfisch vom Blitz-grill oder dem Rinder-Tatar.
✠ 219 D4 ✉ Via Montecuccoli 6 ☎ 02 41 68 86 ⊕ www.aimoenadia.com ⏱ Mo–Fr 12.30–14, 19.30–22, Sa 19.30–22 Uhr; im Aug. geschl.

Trattoria Ottimofiore €€
Kleiner sizilianischer Familienbetrieb im Herzen von Milanos (zunehmend angesagter) Chinatown. Aparte *antipasti* mit knusprigen Fischchen, Sardellen in Olivenöl, Ziegenkäse und sonnengetrockneten Tomaten. Zu den Hauptgerichten (viel Fisch) gibt es eine klei-ne Auswahl von Hausweinen aus Sizilien.
✠ 219 D4 ✉ Via Bramante 2 ☎ 02 33 10 12 24 ⏱ Di–Sa mittags u. abends, So geschl., Mo nur abends

MANTOVA

Osteria da Bice la Gallina Felice €–€€
An weiß gedeckten Tischen genießt man in dieser gemütlichen Osteria durchweg exzel-lente Regionalküche – Hecht mit grüner Sauce etwa oder Ravioli mit Kürbisfüllung.
✠ 220 B2 ✉ Via Carbonati 4/6 ☎ 03 76 28 83 68 ⏱ Mo geschl, So nur mittags, Di–Sa mittags u. abends

BERGAMO

Al Donizetti €–€€
Bestes Restaurant in der historischen Oberstadt, benannt nach dem berühmten Opern-Komponisten aus Bergamo. Auf den Tisch kommen typisch norditalienische Gerichte: Wurst/Schinken- und Käse-spezialitäten (auch als Probierteller), Pasta (*Casoncelli alle bergamasca* – Ravioli mit Fleisch-Käse-Füllung), Trüffel-Risotto, Wild oder markante Käse (Taleggio, Robiola), serviert im rustikalen Innenraum oder dem hübschen Innenhof. Gute Weinkarte.
✠ 219 E4 ✉ Via Gombito 17a ☎ 035 24 26 61 ⊕ www.donizetti.it ⏱ Mi–Mo 11–23 Uhr (Di geschl.)

MONTEROSSO (CINQUE TERRE)

L'Ancora della Tortuga €–€€
Küche und Speisesaal dieses Lokals sind untergebracht in einem ehemaligen Welt-kriegsbunker, wovon man als Gast auf der Aussichtsterrasse aber wenig merkt. Die Karte ist typisch ligurisch, mit Schwerpunkt auf Fisch und Meeresfrüchten – gekocht wird hier ausgezeichnet: Während der italie-nischen Ferien ist allerdings eine Reservie-rung dringend erforderlich.
✠ 219 E1 ✉ Salita Cappuccini 6 ☎ 01 87 80 00 65 ⏱ Di–So mittags und abends

GENOVA

Vivarelli €€
Wenn es um Fisch und Meeresfrüchte geht, gehört das elegant-behagliche Restaurant zu den besten Adressen der Stadt. Auch die Desserts (herrlich die *millefoglie*!) sind ein Gaumenschmaus.
✠ 219 D2 ✉ Via Francesco Pozzo 50 ☎ 01 03 62 93 92 ⏱ Di–So mittags u. abends, Mo geschl.

TORINO

Caffè al Bicerin €–€€
Eines jener kleinen, feinen Cafés (gegründet im Jahr 1763), das im Lauf seiner Geschichte berühmte Persönlichkeiten anzog – Alexandre Dumas etwa oder Italo Calvino. Das Namen-

gebende Traditionsgetränk aus dem Piemont, eine Espresso-Variation, bei der sich die verschiedenen Schichten aus Trinkschoko-lade und Sahne nicht vermischen dürfen, er-setzt eine kleine Mahlzeit und lässt sich drin-nen im winzigen Raum mit der alles beherrschenden Theke oder draußen auf dem kleinen Platz stimmungsvoll genießen.
⚓ 218 B3 ✉ Piazza della Consolata 5
☎ 01 14 36 93 25 ⊕ www.bicerin.it
🕐 Do–Di 8–19.30 Uhr; geschl. im Aug.

Tre Galline €€

Seit Jahrhunderten bewirtet man im Res-taurant »Drei Hennen« schon Gäste – im Barock-Palais nahe der Piazza Giulio werden Piemonteser Spezialitäten gereicht, neben den obligatorischen *agnolotti* (gefüllte Teig-taschen) Eintöpfe wie *Bollito misto* (mit Fleisch) und *Finanziera* (mit Innereien) oder *Bagna cauda* (Gemüse im Sardellen-Knoblauch-Dip); auch die Käse-Auswahl ist vom Feinsten.
⚓ 218 B3 ✉ Via Bellezia 37 ☎ 01 14 36 65 53
⊕ www.3galline.it 🕐 Mo–Fr 19.30–23, Sa 12.30–14.30, 19.30–23 Uhr; im Juli geschl.

Wohin zum … Einkaufen?

Manche Einkaufsmeilen im wohlhabenden Nordwesten zählen sicherlich zu den attraktivsten Europas – vor allem in Milano und Torino, doch findet man auch in kleine-ren Städtchen hinreißende Läden für an-spruchsvolle Mode oder Kunstgewerbe. Stets einen Besuch wert sind wie überall in Italien die großen Wochenmärkte mit um-fangreichem Sortiment – von Lebensmitteln über Haushaltswaren bis hin zu modischen Textilien, Taschen und Schuhen.
Milanos magisches Quadrat zum Einkaufen von Designermode ist der Quadrilatero d'Oro um die Via Monte Napoleone. Alle Modemarken von Rang geben sich dort ein Stelldichein, dazu Antiquitätenläden, Juwe-liere und Kunstgalerien. Etwas günstiger sind die Geschäfte am Corso Buenos Aires. Für preisbewusste Mode-Fans lohnt sich ein Streifzug durch die *blochisti*, große Kon-fektions-Warenhäuser, die Artikel der letzten Saison zum halben Preis verkaufen. Heruntergesetzte Designerware lässt sich zudem auf dem Samstagsmarkt am Viale Papiniano erstehen. Auch was Kaufhäuser und Edelmarkenketten angeht, sind die oberitalienischen Großstädte verwöhnt: Etagenweise Damen- und Herrenkonfektion neben Haushaltsartikeln und Accessoires bieten La Rinascente und Coin.
In Mailand bieten etliche Edel-Second-Hand-Adressen Designerware aus dem letzten Jahr, Regale und Kleiderstangen sind meist erstaunlich gut bestückt – die gut betuchten Mailänderinnen, darunter viele Fotomodelle, halten ihren Kleiderschrank eben immer up to date.
Ein gutes Mitbringsel sind auch Lederwaren wie Schuhe, Taschen, Gürtel und Reisege-päck. Soll es etwas Ausgefallenes sein, das den Geldbeutel nicht zu sehr schmälert, empfiehlt sich die Marke Mandarina Duck. In kleineren Städten findet sich meist eine ganze Reihe guter Kunstgewerbeläden, die zum Beispiel vergoldete Bilderrahmen und Spiegel führen, außerdem schönes Geschirr und typisch italienische Decken sowie Kissen in Samt und Brokat.
Größter Buchhändler und zugleich einer der bedeutendsten Verlage Italiens ist La Fel-trinelli mit großem, auch fremdsprachigem Angebot und einer immensen Auswahl prächtiger Kalender (www.lafeltrinelli.it). Synonym für Schokolade ist Turin, dessen Läden oft wahre Kunstwerke darstellen – die verführerisch-süßen Kostbarkeiten wie *gianduia* oder *gianduiotti* kann sich man dort auch schön verpacken lassen.
Für Badesachen und lässige Freizeitmode sind die Boutiquen der Cinque Terre eine gute Anlaufstelle. In den Fischerörtchen bekommt man auch Angel- und Tauchaus-rüstung, Kinderspielzeug sowie handgefer-tigte Keramik. Mehr oder minder das Glei-che erwartet einen in den Städten am Lago di Como, Maggiore und Garda – nur ent-sprechend regional gefärbt. Spezialität von Como ist Seide, die man als Meterware, Schal und in anderer Form erhält.
Schnäpchenjäger (und -jägerinnen) durch-forsten gern das riesige Warenangebot der Outletcenter – wo man Textiles für jede

Die Berglandschaft rund um Arco am Lago di Garda ist ein idealer Klettergarten.

Gelegenheit (auch für Sport und Outdooraktivitäten) bekommt: **Mantova Outlet Village** und **Franciacorta Outlet Village** (bei Brescia) gehören zu den führenden Adressen.

Wohin zum …
Ausgehen?

Mailand, die reichste und schnelllebigste Stadt im Norden Italiens, hat auch bei der Unterhaltung die Nase vorn. Allein aus diesem Grund kommen zahlreiche Besucher jedes Jahr hierher – besonders gern zu einer Opern-Aufführung in der berühmten **Scala** (Spielzeit jeweils von Dezember bis Juli, rechtzeitige Buchung unbedingt erforderlich), wo außerhalb der Opernsaison auch Konzerte stattfinden. Auch Cineasten hat Milano einiges zu bieten: mit diversen **Kinos**, die Autorenfilme oder Filme in Originalsprache zeigen. Interessante **Clubs** und **Musikbühnen** finden sich vorwiegend in den Vierteln **Brera**, **Navigli** und **Ticinese** (Näheres bei der Touristen-Information).
Torino gibt sich zwar etwas weniger quirlig als Milano, ist hinsichtlich Live-Musik aber auch nicht von gestern, was vor allem für das **Murazzi-Viertel** am Fluss gilt. Ein großes Ereignis ist jedes Jahr das Festival **Settembre Musica** (www.mitosettembremusica.it) mit klassischem und modernem Angebot, Jazz und Weltmusik. In Turin beheimatet ist ferner das **RAI National Symphony Orchestra** (www.orchestrasinfonica.rai.it), mit Auftritten im Centro Lingotto, einer von Renzo Piano spektakulär umgestalteten einstigen FIAT-Fabrik. Das hiesige Opernhaus **Teatro Regio** (www.teatroregio.torino.it) zählt zu den besten des Landes. Sehenswert in der Adventszeit ist die **Illuminazione** (Weihnachtsbeleuchtung) an den Einkaufsstraßen und Plätzen am Po.

In **Genova** steht an der Piazza de Ferrari mit ihren vielen Bars und Cafés das Opernhaus **Teatro Carlo Felice** (www.carlofelice.it). Über Live-Musik und Clubs orientiert man sich am besten in der lokalen Tagespresse *Il Secolo XIX* (www.ilsecoloxix.it). Ansonsten geht es hier in puncto Abendunterhaltung nicht eben aufregend zu, abgesehen von Sommer-Konzerten sowie verstreuten Nachtlokalen und Hotel-Bars – am besten fragt man in der Touristen-Information.
Sportlern bieten sich vielfältige Möglichkeiten: **Skilaufen** im Gebiet um den **Parco Nazionale del Gran Paradiso** nordwestlich von Aosta, besonders bei Courmayeur; im Park selbst werden lange Loipen gespurt. Hinzu kommen im nordwestitalienischen Alpengebiet mehrere kleine Wintersportorte, in denen man auch snowboarden kann. Vielfältige Gelegenheit zu **Wassersport** wie Schwimmen, Rudern und Segeln findet man an der Küste wie an den meisten Seen (**Lago di Como**, **Lago di Garda** oder **Lago Maggiore**). Im umliegenden Hügelland werden auch schöne **Reit-Ausflüge** angeboten. Zudem gibt es fast überall gut markierte **Wanderwege** mit fantastischen Ausblicken (oft mit lokalen Bussen gut erreichbar) oder anspruchsvolle **Klettersteige** im Gebirge (Informations- und Kartenmaterial für Freizeitwanderer und Kletterprofis überall in den Besucherzentren). Ein richtiges Wassersport-Paradies sind die **Cinque Terre** – hier kann man sehr gut schwimmen, schnorcheln, tauchen und auch mit dem Boot fahren.

Ob per Gondel oder mit dem Vaporetto – in Venedig
kommt man auf dem Wasser oft am besten voran.

Der Nordosten

Von den Dolomitengipfeln bis zum Delta des Po – der Nordosten überzeugt mit landschaftlichen Kontrasten und charmanten Städten.

Seite 92–117

Erste Orientierung

Flach und fruchtbar erstreckt sich die Po-Ebene im Nordosten Oberitaliens – vorwiegend landwirtschaftlich genutztes Gebiet, dessen Reichtümer die Gründung ansehnlicher Städte begünstigten. Im Norden wird die Landschaft hügelig, mit üppigen Weingärten, geht über ins alpine Südtirol (Alto Adige), wo auch Deutsch gesprochen wird. Ganz im Osten, in Friuli-Venezia Giulia (Friaul-Julisch Venetien), grenzt Italien an Slowenien.

Venedig fasziniert durch seine einmalige Lage in der Lagune, westlich davon auf dem Festland birgt die Universitätsstadt Padova herrliche Fresken von Giotto. Noch weiter westlich davon wartet das geschäftige Verona mit stimmungsvollen Opern-Festspielen in seiner römischen Arena auf, während Vicenza die Heimat des genialen Renaissance-Architekten Andrea Palladio war, dessen berühmte Villen von der UNESCO zum Weltkulturerbe ernannt wurden. Im Süden thront das stolze, historisch bedeutende und zugleich ganz heutige Bologna als Hauptstadt der Emilia-Romagna. Das ein wenig nördlich davon gelegene Parma ist die Namengeberin berühmter Käse und Schinken. Schon an der Adria im Osten sonnt sich Ravenna, ehemals Sitz des weströmischen Kaiserhofs und Hort schönster byzantinischer Mosaiken. Und ganz im Norden prangt die bizarre Felslandschaft der Dolomiten, ein Eldorado für Wanderer und Wintersportler.

TOP 10
1 ★★ Venezia
6 ★★ Verona

Nicht verpassen!
37 Dolomiti

Nach Lust und Laune!
38 Vizenza
39 Padova
40 Ravenna
41 Bologna
42 Parma

Brixen/
Bressanone
Meran/
Merano
37
Bozen/
Bolzano
Cortina d'Ampezzo
Tolmezzo
Dolomiti
A23
Ponte n. Alpi
Trento
Feltre
Vittorio
Véneto
Pordenone
Udine
A28
A27
Treviso
A4
A4
San Dona
di Piave
Bibione
Trieste
A22
Vicenza
38
Mestre
A4
Verona
6
A4
Padova
39
1
Venezia
50 km
30 mi
Chióggia
Rovigo
Delta
del Po
A22
Parma
42
Ferrara
15
A1
A13
Comácchio
41 Bologna
40 Ravenna
A1
Imola
A14
Forlì
Rimini
San Marino

Mein Tag mit Inselhopping

Zur Lagune von Venedig gehören Dutzende von Inseln – jede davon ist anders, jede hat ihren ganz eigenen Charme. Gehen Sie auf eine Entdeckungsreise!

9.30 Uhr: San Zaccaria – Auftakt mit Gondel

Die schwarzen langen Boote und ihre Steuermänner mit Strohhut und Ringelhemd haben das romantische Bild von ❶ ★★ Venedig geprägt. Jahrhundertelang waren die »Gondole« Fortbewegungsmittel Nummer eins in der Lagunenstadt, weil sie sich selbst bei geringem Wasserstand und unter niedrigsten Brücken hindurch manövrieren lassen. Mag es noch so touristisch sein – gönnen Sie sich eine Gondelfahrt. Den vornehmen Fassaden und den bröckelnden, bemoosten Fundamenten so nah erleben Sie Venedig aus einer ganz eigenen, melancholisch-morbiden Perspektive. Ab der Anlegestelle San Zaccaria vor dem Hotel Danieli, nahe der Piazza San Marco, führen 35-minütige Touren durch das Herz der Altstadt und unter der Seufzerbrücke hindurch. Das Vergnügen kostet 80 Euro, egal wie viele Passagiere mitfahren, maximal sechs Personen haben in einer Gondel Platz. (Spartipp: Holen Sie sich am Anleger Gleichgesinnte ins Boot).

10.30 Uhr: Murano – im Reich der Glasbläser

Vaporetto Linie 12 Richtung Punta Sabbioni

Folgen Sie den Wegweisern von San Marco zu den Fondamente Nuove. Mehrmals pro Stunde legt dort ein Vaporetto der Linie 12 ab, das Sie in wenigen Minuten nach Murano bringt. So ziemlich alles über die Glasbläser, die diese Insel weltberühmt gemacht haben, erfährt man im Museo del Vetro (Glasmuseum, https://museovetro.visitmuve.it,

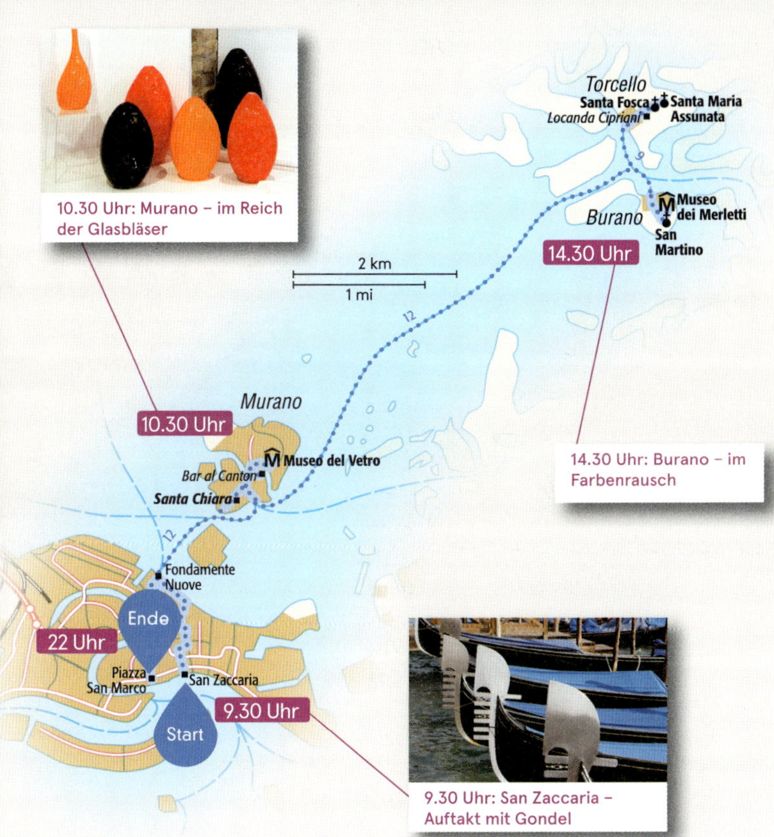

April–Okt. tgl. 10.30–18, übrige Monate nur bis 16.30 Uhr, Eintritt 10 €, Kombiticket mit Spitzenmuseum Burano 13 €). Mittags machen Sie es wie die Einheimischen – kehren Sie in der Bar al Canton an der Piazza San Donato ein und stärken Sie sich mit kulinarischen Kleinigkeiten (*cichetti*, sprich tschiketti), z. B. mit *Sarde in saor* (eingelegte Sardinen), appetitlich belegte Häppchen, Oliven und Zwiebelchen. Eine *Ombra*, ein Gläschen Wein, rundet die Sache ab. Anschließend ist dann immer noch genügend Zeit, um sich in den Verkaufsräumen der Glashersteller umzusehen oder den Glasbläsern zuzuschauen, die in der umgewidmeten Kirche Santa Chiara (Fondamenta Manin, tgl. 10– 17.30 Uhr, 5 €) ihrer so faszinierenden wie traditionsreichen Kunst nachgehen.

14.30: Burano – im Farbenrausch

Linie 12, Abfahrt 14.39 / 14.59 Uhr, ca. 25 Minuten Überfahrt

Safrangelb, Kirschrot, Lila, Grasgrün, Himmelblau – einst boten die bunten Häuser von Burano den heimischen Fischern Orientierung im Nebel der Lagune, heute sind sie formidable Fotomotive. Lassen Sie sich über die hübsche Insel treiben: Sie können sich nicht verlaufen – den Weg zum Hauptplatz weist der schiefe Campanile. Der Turm gehört zur Chiesa San Martino (unbedingt reinschauen!), für die Tintoretto ein Meisterwerk geschaffen hat. Das Museo dei Merletti (Spitzenmuseum, https://museomerletto.visitmuve.it, April–Okt. Di–So 10.30–17, übrige Monate bis 16.30 Uhr, 6 € bzw. Kombi-ticket mit Glasmuseum Murano 13 €), ebenfalls an der Piazza, erinnert an die Zeiten, als geschickte Frauen auf der Insel Nadelspitzen fertigten; ein in ganz Europa begehrtes Luxusgut. Was heute in den Souvenirshops verkauft wird, ist Importware aus Asien. Nehmen Sie lieber aus einer Bäckerei Burano-Kekse (*Buranelli*) als süßes Andenken mit.

16.45 Uhr: Torcello – einsam und geheimnisvoll

Linie 9 verkehrt alle 15 Min., ca. 5 Minuten Überfahrt

Teufelsbrücke und Thron von Hunnenkönig Attila – um einige der Inselsehenswürdigkeiten ranken sich Legenden. Das eigentlich Spektakuläre aber ist die beschauliche Ruhe. Gerade mal 20 Menschen leben heute

Los geht's erst mal ganz klassisch mit einer Gondelfahrt durch Venedigs Altstadt (linke Seite), dann mit dem Vaporetto nach Murano (oben), Burano (unten) und Torcello (rechts oben/unten).

noch auf Torcello, bis zu 20 000 sollen es vor 1000 Jahren gewesen sein. Damals war die kleine vorgelagerte Laguneninsel dichter besiedelt als Venedig. Einst flüchte man vor der Malaria aufs Festland, die Insel versank in Bedeutungslosigkeit. Aber die Basilica Santa Maria Assunta mit ihrem grandiosen byzantinischen Mosaik und die Chiesa Santa Fosca (7. Jh.) legen bis heute Zeugnis von der verflossenen Blütezeit ab.

19 Uhr: Abendessen in der Locanda Cipriani

Vorab reservieren: www.locanda cipriani.com
Schon Hemingway war bezaubert vom Charme des Inselgasthauses, das Giuseppe Cipriani, Gründer der legendären Harry's Bar (an der Piaz-

za San Marco) 1934 auf Torcello eröffnete. Seit den 50er-Jahren geben sich hier Promis die Klinke in die Hand – Al Pacino, Julia Roberts, Charlotte Rampling … Ob Pasta oder Risotto: Hier speisen Sie erstklassig – besonders schön im romantischen Garten.

22 Uhr: Bella Venezia – die Lagune bei Nacht

Linie 12, Richtung Fondamente Nuove an 22.01, 22.41 und 23.16 Uhr
Die Linie 12 bringt Sie wieder in die Stadt. Lassen Sie sich den Fahrtwind um die Nase wehen, nach 40 Minuten Überfahrt sind Sie zurück am Anleger Fondamente Nuove und nach kurzem Fußweg auf der Piazza San Marco, die nachts ganz besonders stimmungsvoll ist.

❶ ★★Venezia

Was?	Weltbekannte Lagunenstadt
Warum?	Kanäle statt Straßen, Gondeln statt Autos – Venedig ist einzigartig
Wann?	Abends, wenn die Touristenbusse weg sind, und in den frühen Morgenstunden entfaltet Venedig seinen wahren Charme
Wie lange?	Mindestens einmal spätabends über den Markusplatz, mindestens einmal übernachten
Was noch?	Mit dem Boot durch die Lagune: Ein lohnendes Ziel ist z.B. auch Chioggia, Venedigs »kleine Schwester«

Einmalig auf der Welt ist diese stolze, malerische Stadt im Wasser, erbaut auf Inseln der Lagune und durchzogen von zahllosen Kanälen, an denen sich Bauten aus acht Jahrhunderten reihen.

Rund um die Piazza San Marco

Die Piazza San Marco (Markusplatz), gesäumt von glanzvollen Arkadenbauten (16./17. Jh.), überragt von der Basilica di San Marco (Markusdom), ist das Herz Venedigs. Vom Campanile (Glockenturm, Rekonstruktion des Originals von 1514) genießt man einen herrlichen Blick über Stadt und Lagune. Der 1063 bis 1094 erbaute Dom mit seinen fünf Kuppeln beherbergt angeblich die sterblichen Überreste des hl. Markus, des Schutzheiligen der Stadt. Zu den Highlights gehören prunkvolle Mosaiken und die Pferde von San Marco, ein aus Konstantinopel geraubter vergoldeter römischer Vierspänner, sowie die Pala d'Oro (Goldaufsatz des Hochaltars).

Der südlich gelegene Palazzo Ducale (Dogenpalast) mit opulenten Repräsentationsgemächern, Raumfluchten und Innenhöfen, war zur Blütezeit Venedigs Regierungssitz. Bemerkenswert: die Scala d'Oro (Goldene Treppe), die in die Privaträume der Dogen führt, die von Jacopo Tintoretto ausgestaltete Sala del Maggior Consiglio (Ratssaal) und die Seufzerbrücke hinüber ins Staatsgefängnis.

Mit dem Vaporetto ist man in Venedig immer gut unterwegs.

Das Herz der Stadt ist der Markusplatz mit der Basilica di San Marco, an dessen mittlerem Portal eine Engelstreppe hinauf zur Statue des heiligen Marcus führt (ganz oben und rechts). Oben: Die Rialtobrücke verbindet die Stadtteile *(Sestieri)* San Polo und San Marco.

Am Canal Grande

Am besten mit einem Vaporetto Nr. 1 erkundet man das Panorama des Canal Grande mit seinen ehrwürdigen Palazzi wie der Ca' Pesaro (1652) von Baldassare Longhena. Bedeutendstes gotisches Palais ist die Ca' d'Oro (Goldenes Haus) mit einer exzellenten Gemäldesammlung (Schwerpunkt ital. u. flämische Renaissancemalerei). Venedigs berühmteste Brücke, Ponte di Rialto (16. Jh.), ist nach dem alten Handelsviertel mit lebendigem Markt für Fisch, Obst und Gemüse benannt. Nahebei kann man die schmucken Fassaden der Ca' Rezzonico (Museum des 18. Jh.s) und des Palazzo Grassi bewundern. In den Gallerie dell'Accademia ist venezianische Malerei von Gotik bis Rokoko ausgestellt, darunter Werke von Bellini, Tintoretto, Veronese, Giorgione, Carpaccio, Tizian

und Tiepolo. Eine hochkarätige Sammlung moderner Kunst,
die Collezione Peggy Guggenheim, lockt Besucher ins ehemalige Domizil der exzentrischen Millionärin. Nicht weit
von hier dominiert der riesige barocke Kuppelbau der Kirche
Santa Maria della Salute (1631) von Baldassare Longhena den
Übergang vom Canal Grande zum Bacino di San Marco.

Viele Meisterwerke venezianischer Kunst ...

... findet man in Kirchen. In der gotischen Franziskaner-Kirche
Santa Maria Gloriosa dei Frari, kurz Frari (im venezianischen
Dialekt »Brüder«, vollendet 1443), im Dorsoduro-Viertel
etwa beeindrucken Tizians monumentales Hochaltargemäl-
de *Himmelfahrt Mariä* (1518) und dessen *Madonna Pesaro* (1526)
neben einer heiteren *Madonna mit Kind und Heiligen* (»Pesa-
ro-Triptychon«) von Giovanni Bellini. Die Scuola Grande di
San Rocco ganz in der Nähe, einst Sitz einer karitativen Bru-
derschaft *(scuola)*, schmücken 56 alt- und neutestamentliche
Szenen ihres einstigen Mitglieds Tintoretto. Die Dominika-
ner-Ordenskirche Basilica di Santi Giovanni e Paolo in
Castello (1246–1430) glänzt mit Glasfenstern und prächtigen
Dogen-Grabmalen. Weitere Gemälde Tintorettos (der hier
begraben liegt) birgt Madonna dell'Orto im Viertel Cannaregio. Hier liegt auch das älteste Ghetto der Welt, Campo del
Ghetto Nuovo, in das im Jahr 1516 die 700 in Venedig leben-

Karneval in
der Lagunen-
stadt: »Wenn
ich nicht König
von Frankreich
wäre, wollte
ich Bürger von
Venedig sein!«
Henri III

DER NORDOSTEN

den Juden umsiedeln mussten. Zentren öffentlichen Lebens im jeweiligen Quartier sind Plätze wie der Campo Santa Margherita, Santo Stefano, Santa Maria Formosa, San Polo oder San Giacomo dell'Orio). Nehmen Sie sich Zeit für einen Bummel entlang der Kais an der Lagune – den Sonnenuntergang genießt man am besten von der Uferpromenade Zattere.

So machen es die Venezianer: Wenn der kleine Hunger kommt, gehen sie in die **Cantina Do Mori** (Calle dei Do Mori, S. Polo 429, Tel. 041 52 25 40, Mo–Sa 8–20 Uhr), eines der ältesten Lokale der Stadt, und lässt sich eine *Ombretta* (Schoppen Wein) zu *Cichetti* (Tapas auf venezianisch) schmecken.

✣ 221 D2

Touristen-Information
✉ Piazza San Marco 71f 🕐 tgl. 9–15.30 Uhr ⚓ Vallaresso, San Zaccaria ⊕ www.veniceconnected.com/de www.visit muve.it; www.chorusvenezia.org

Basilica di San Marco
✉ Piazza San Marco ⊕ www.basilica sanmarco.it 🕐 Basilica, Pala d'Oro: Mo–Sa 9.30–17, So 14–16, Mitte April bis Ende Okt. bis 17 Uhr ✦ Basilica: frei; Museo di San Marco: 5 €, Pala d'Oro: 2 €, Schatzkammer: 3 €

Campanile
✉ Piazza San Marco 🕐 Juli–Sept. tgl. 9–21; Ostern–Juni, Okt. 9–19; Nov. bis Ostern 9.30–15.45 Uhr ✦ 8 €

Palazzo Ducale
✉ Piazza San Marco 1 ⊕ https://palazzo ducale.visitmuve.it 🕐 April–Okt. 8.30 bis 19, Nov.–März 8.30–17.30 Uhr ✦ 20 €

Ca' d'Oro (Galleria Giorgio Franchetti)
✉ Cannaregio 3932 🕐 www.cadoro.org 🕐 Mo 8.15–14, Di–Sa 8.15–19, So 9–19 Uhr ⚓ Ca' d'Oro ✦ 11 €

Ca' Rezzonico
✉ Dorsoduro 3136 ⊕ https://carezzo nico.visitmuve.it 🕐 April–Okt. Mi bis Mo 10–18, Nov.–März 10–17 Uhr ⚓ Ca' Rezzonico ✦ 11 €

Gallerie dell'Accademia
✉ Campo della Carità, Dorsoduro 1050 ⊕ www.gallerieaccademia.org 🕐 Mo 8.15 bis 14, Di–So 8.15–19.15 Uhr ⚓ Accademia ✦ 12 € (+1,50 € Vorverkaufsgebühr)

Collezione Peggy Guggenheim
✉ Palazzo Venier dei Leoni, Dorsoduro 701 ⊕ www.guggenheim-venice.it 🕐 Mi–Mo 10–18 Uhr ⚓ Accademia, Salute ✦ 15 €

Basilica di Santa Maria della Salute
✉ Campo della Salute ⊕ www.seminario venezia.it 🕐 tgl. 9–12, 15–17.30 Uhr ⚓ Salute ✦ Basilica: frei. Sakristei: 4 €

Basilica di Santa Maria Gloriosa dei Frari
✉ Campo dei Frari 3072 ⊕ www.basilica deifrari.it 🕐 Mo–Sa 9–18, So 13–18 Uhr ⚓ San Tomà ✦ 3 €

Scuola Grande di San Rocco
✉ San Polo 3052 ⊕ www.scuola grandesanrocco.it 🕐 tgl. 9.30–17 Uhr ⚓ San Tomà ⊕ ✦ 10 €

Basilica dei Santi Giovanni e Paolo
✉ Castello 6363 ⊕ www.basilicasanti giovanniepaolo.it 🕐 Mo–Sa 9–18, So 12–18 Uhr ⚓ Ospedale ✦ 2,50 €

Madonna dell'Orto
✉ Cannaregio 3512 ⊕ www.madonna dellorto.org 🕐 Mo–Sa 10–17 Uhr ⚓ Orto ✦ 3,50 €

Palazzo Ducale

Anfang des 9. Jhs. wurde der Verwaltungssitz Venedigs vom Lido an den heute so genannten Canal Grande verlegt und ein erster Dogensitz errichtet, wo seit der Mitte des 14. Jh.s der Palazzo Ducale steht – bis zum Ende der Republik Venedig im Jahr 1797 Domizil und Regierungssitz des venezianischen Staatsoberhauptes sowie zugleich Gericht und Haftanstalt.

❶ Balkon zur Piazetta: Der Balkon der Westfassade wurde im 15. Jh. ergänzt. Von hier aus nahm der Doge an Hinrichtungen teil, die auf der Piazzetta stattfanden.

❷ Südfassade: Ältester Teil und Schauseite des Dogenpalasts. Die beiden Gebäudeecken akzentuieren Figurengruppen aus dem 14. Jh.

❸ Cortile: Betrat man früher den Komplex durch die Porta della Carta, so gelangt man heute durch die Porta del Frumento (auf der der Lagune zugewandten Seite) direkt in den Innenhof mit seinen beiden Bronzebrunnen.

❹ Arco Foscari: Gegenüber der Scala dei Giganti, auf der einst die Krönungszeremonien für den Dogen stattfanden, öffnet sich mit dem Arco Foscari ein reich mit Skulpturen dekorierter Bogengang.

❺ Sala del Maggior Consiglio: Im eindrucksvollsten Raum des Palazzo Ducale fanden die Versammlungen des Großen Rates statt, wurden Dogen gewählt, Regierungsmitglieder und hohe Staatsbeamte in ihre Ämter eingeführt. Die Ausmalung entstand 1577 nach einem Brand. Ein Fries unterhalb der Decke zeigt Porträts der ersten 76

Dogen. Ein schwarzer Vorhang verdeckt die Stelle, wo das Bildnis des Marino Falier hängen sollte, der im Jahr 1355 als Verräter hingerichtet wurde. Die Thronwand schmückt Tintorettos 7 m hohes und 22 m breites *Paradies*, das größte Ölgemälde seiner Zeit, auf dem der Künstler Christus als himmlischen Dogen zeigt und den vom Großen Rat auf Lebenszeit gewählten obersten Amtsträger der Republik als seinen Stellvertreter auf Erden.

Dogen, die sie beim Einzug mit ihren eigenen Möbeln austatteten.

7 Sala dello Scrutinio: Hier fanden die öffentlichen Wahlen statt.

8 Museo dell'Opera: Im Museum zur Dokumentation der Baugeschichte des monumentalen Palazzos sind Kapitelle (14. Jh.) ausgestellt, die einst die Palastfassaden schmückten (dort durch Kopien ersetzt).

9 Ponte della Paglia: Von der »Strohbrücke« über den Rio di Palazzo – eine der ältesten Brücken Venedigs (Mitte 14. Jh.) – blickt man auf die »Seufzerbrücke«. Über sie gelang-

ten die Häftlinge vom Palast hinüber in das Staatsgefängnis.

10 Betrunkener Noah: Die prächtige Skulpturengruppe an der Südostecke (14. Jh.) als Symbol menschlicher Schwäche ist nur eines von vielen interessanten Fassadendetails des Dogenpalastes.

6 Appartamento Ducale: Im Ostflügel lagen die Wohnräume der

❻ ★★ Verona

Was?	Norditalienische Stadt mit römischem Erbe und Heimat von »Romeo und Julia«
Warum?	Atmosphärische Altstadt, UNESCO-Welterbe
Wann?	Am besten im Sommer, wenn die antike Arena zur stimmungsvollen Opernbühne wird
Wie lange?	1–2 Tage

Weltbekannt wurde die malerisch am Flüsschen Adige gelegene norditalienische Stadt als Handlungsort von Shakespeares Liebestragödie »Romeo & Julia«. Aus Römerzeiten stammt die Arena, das riesige Amphitheater, eine spektakuläre Kulisse für die sommerlichen Opernaufführungen unter freiem Himmel.

Größter Platz im schmucken Häuserensemble der historischen Altstadt ist die turbulente Piazza Bra, dominiert vom römischen Amphitheater der Arena (1. Jh.). Mit seinen 44 Stufenreihen bietet es 22 000 Zuschauern Platz. Über die Via Mazzini gelangt man zur lang gestreckten Piazza delle Erbe, wo vor der Kulisse malerischer Palazzi aus unterschiedlichen Epochen wochentags ein Markt stattfindet. Nicht weit, die Via Cappello hinunter, wartet als Attraktion die Casa di Giulietta (Julias Haus) – fiktiver Schauplatz von *Romeo und Julia* um die verliebten Kinder verfeindeter Familien. Die östlich gelegene Piazza dei Signori war das weltliche Machtzentrum mit dem 1194 erbauten Palazzo del Comune. Er wird von der 83 m hohen Torre dei Lamberti (schöne Aussicht) überragt. Die (die Ostseite des Platzes abschließenden) gotischen Loggienbauten der Arche Scaligere beherbergen Grabstätten der einst in Verona herrschenden Scaliger-Familie.

Ein Ort für Liebesschwüre: die Casa di Giulietta.

Von Ufer zu Ufer

Nördlich erhebt sich der Dom Santa Maria Matricolare (12. Jh.). Als Rekonstruktion einer römischen Brücke führt der Ponte della Pietra zum Römischen Theater am anderen Ufer, Aufführungsort sommerlicher Veranstaltungen. Auf die Scaliger gehen auch das trutzige <u>Castelvecchio</u> (heute Kunstmuseum) und der von markanten Zinnen gekrönte <u>Ponte Scaligero</u> zurück.

Unterwegs von der Piazza Bra und an der Arena vorbei in die Via Giuseppe Mazzini, die größte Fußgängerzone und Einkaufsmeile der Stadt.

✛ 220 C2

Touristen-Information
✉ Via degli Alpini 9 (Piazza Bra) ☎ 045 80 68 68 ⊕ www.turism.verona.it/de ◑ Mo–Sa 9–18/19, So 10–18 Uhr

Arena
✉ Piazza Bra ☎ Kartenvorverkauf 04 58 00 51 51 ⊕ www.arena.it ◑ Mo 13.30–19.30, Di–So 8.30–19.30 Uhr, an Tagen mit Vorstellung bis 17 Uhr 🎟 10 €, Okt.–Mai jd. 1. So im Monat 1 €

Casa di Giulietta
✉ Via Cappello 23 ☎ 04 58 03 43 03 ◑ Mo 13.30–19.30, Di–So 8.30–19.30 Uhr 🎟 6 €; Okt.–Mai jd. 1. So im Monat 1 €

Torre dei Lamberti
✉ Via della Costa 1 ☎ 04 59 27 30 27 ◑ Mo–Fr 10–18, Sa, So 11–19 Uhr 🎟 8 € (Mo 5 €)

Duomo
✉ Piazza del Duomo ⊕ www.chieseverona.it ◑ März–Okt. Mo–Sa 10–17.30, So 13.30–17.30, Nov.–Febr. Mo–Sa 10–13, 13.30–17, So 13–17 Uhr 🎟 3 €

Museo di Castelvecchio
✉ Corso Castelvecchio 2 ⊕ https://museodicastelvecchio.comune.verona.it ◑ Mo 13.30–19.30, Di–So 8.30–19.30 Uhr 🎟 6 €

㊲ Dolomiti

Was?	Gebirgszug der südlichen Alpen – Landschaft mit UNESCO-Welterbestatus
Warum?	Bleiche Berge, blumenübersäte Bergwiesen, malerische Alpendörfer
Wann?	Zum Wandern am besten von Juni bis September
Wie lange?	Mindestens 2–5 Tage, um richtig aktiv zu werden und schön zu entspannen

Die faszinierend zerklüfteten Gipfel der Dolomiten haben kaum ihresgleichen in den Alpen – als Landschaft von markanter Schönheit, aber auch als Paradies für Wanderer, Bergsteiger und Skiläufer.

Was wir heute als »Dolomiten« bezeichnen, war einst der Grund eines Meeres. Vulkanausbrüche, Erdbeben und tektonische Verschiebungen formten ihre Gestalt, Wind und Wetter arbeiteten an den Gipfeln, die sich nach und nach aus dem Meer erhoben.

Im Nordwesten von Trentino-Alto Adige (Trient-Südtirol) und Veneto (Venetien) formten tektonische Kräfte, Eis, Wind und Wetter die unverwechselbaren Felsnadeln der Dolomiten, unterfangen von Almen, wo sommers die Kühe grasen, und Bergwäldern über fruchtbaren Tälern, in denen Weinreben und Apfelbäume gedeihen. Im Lauf des 20. Jh.s entwickelte sich hier ein ausgedehntes Feriengebiet mit zahlreichen Wintersportorten, die neben Pisten aller Schwierigkeitsgrade auch Langlaufloipen und Rodelhänge bieten. Im Sommer lädt ein ausgedehntes Netz von Wanderpfaden ein, wobei viele Hochgebirgsregionen durch Hütten, Seilbahnen und Sessellifte erschlossen sind. In den (italienischsprachigen) Dolomiten um das Cadore-Tal nördlich von Belluno liegt Cortina d'Ampezzo, 1956 Ausrichter der Olympischen Winterspiele, umgeben von herrlichen Gipfeln und besten Ski-Hängen. Die bedeutendsten Städte in den westlichen Dolomiten sind Trento (Trient) und Bozen (Bolzano), dessen Archäologisches Museum die im Gletschereis aufgefundene Mumie des berühmten Ötzi präsentiert. Bester Ausgangspunkt für Wanderungen in den Dolomiti di Brenta (Brentner Dolomiten) westlich von Trento ist der Wintersportort Madonna di Campiglio.

Das Herz der alten ladinischen Kultur Südtirols …

… ist das Val di Fassa östlich von Bolzano. Deren Tradition und Erhalt widmet sich das Museum Ladin Ciastel de Tor

(San Martino in Badia). Ladinische Sprache und Brauchtum werden hier vielerorts gepflegt. Landschaftlicher Höhepunkt ist das Rosengarten-Massiv (Catinaccio), und in der fruchtbaren Valsugana recken sich Burgen über schmucke Dörfchen mit Kirschbäumen.

Mensch und Natur: Die Drei Zinnen (hier im Blick auf die Nordwände) sind ein markanter Gebirgsstock in den Sextner Dolomiten.

KLEINE PAUSE

Wie wär's mit einem Drink in der Bar des familiengeführten **Hotel de la Poste** (Piazza Roma 14, Cortina d'Ampezzo, Tel. 04 36 42 71, tgl. 11–2 Uhr)? Wo einst die Postkutschen halt machten, dann Urlauber samt Promis und Jetset kamen, gibt es heute zum Beispiel Puccini – Champagner mit Mandarinensaft.

✝ 221 D4

Touristen-Informationen
✉ Dorso Italia 81, Cortina d'Ampezzo
☎ 04 36 869 086 ⊕ www.dolomiti.it,
www.infodolomiti.it ⏱ Hochsaison (Winter und April–Sept.) tgl. 8.30–20, sonst Mo–Sa 9–13, 14–19, So 10–13-Uhr

✉ Piazza Marconi 5, Molveno
⊕ www.visitdolomitipaganella.it
⏱ Mo–Sa 9–12, 15–18.30 Uhr

✉ Strada Rezia 10, Vigo di Fassa
⊕ www.fassa.com ⏱ Mo–Sa 8.30–12.30, 14.30–18.30 Uhr, So. geschl.

Nach Lust und Laune!

Grünflächen und elegante Architektur, entworfen von dem Renaissance-Baumeister Andrea Palladio bestimmen das Bild der Provinzhauptstadt. Seine Basilica und Loggia del Capitaniato dominieren die zentrale Piazza dei Signori, sein Meisterwerk ist das Teatro Olimpico – die freie Adaption eines antiken Theaters mit raffiniertem Bühnenraum (von Vincenzo Scamozzi). Sehenswert ist auch Palladios Palazzo Chiericati mit Pinacoteca (bedeutende Gemäldesammlung). Einige der legendären Palladio-Villen in der Umgebung kann man besichtigen.

✛ 220 C3 ✉ Piazza Matteotti 12
☎ 04 44 32 08 54 ⊕ www.vicenzae.org
🕐 tgl. 9–17.30, im Sommer bis 18 Uhr

Pinacoteca di Palazzo Chiericati
✉ Piazza Matteotti 37/39 ⊕ www.
museicivicivicenza.it 🎫 7 €

Teatro Olimpico
✉ Piazza Matteotti 11 ⊕ www.teatrolim
picovicenza.it 🕐 Juli, Aug. Di–So 10–18,
sonst 9–17 Uhr 🎫 11 €

Palladios Teatro Olimpico in Vicenza

Padua am Rande der Po-Ebene steht im Schatten der übermächtigen Nachbarin Venedig. Dabei lohnt es, sich durch die schöne Altstadt treiben zu lassen – Kanäle, Brücken, und der Prato della Valle, einer der größten Plätze Europas, verleihen ihr Flair. Unbedingt sehenswert sind die altehrwürdige Universität, Wirkungsstätte des Galileo Galilei, sowie die gewaltige Basilica di Sant' Antonio, eines der wichtigsten Heiligtümer Italiens und Ziel von Pilgern aus aller Welt. Giottos Fresken in der Cappella degli Scrovegni (Arenakapelle) gelten als Geburtsstunde der Renaissance-Kunst.

✛ 220 D2 ✉ Stazione Ferroviaria
☎ 04 98 75 20 77 ⊕ www.turismopadova.
it 🕐 Mo–Sa 9–19, So 9.15–12.30 Uhr

**Cappella degli Scrovegni
und Musei Civici**
✉ Piazza Eremitani 8 ⊕ www.cappella
degliscrovegni.it 🎫 10 € inkl. Vorverkaufsgebühr. Nur Vorausbuchung
(3 Tage, 1 Tag mit Kreditkarte online
oder per Telefon)

Palazzo della Ragione
✉ Piazza delle Erbe ⊕ padovacultura.
padovanet.it 🎫 4 €

Basilica di Sant'Antonio
✉ Piazza del Santo ⊕ www.basilica
delsanto.org 🎫 frei

Ab dem Jahr 401 war das damals an der Adria liegende Ravenna Sitz des weströmischen Kaiserhofs. Daran erinnern Bauten wie die Basiliken San Vitale und Sant'Apollinare

Palladios Zauber-Villa

Zwischen Padua und Venedig verläuft der Brenta-Kanal. An seinen Ufern haben berühmte Architekten, allen voran Andrea Palladio, Landsitze für venezianische Patrizierfamilien angelegt. Die vornehmste von allen ist die Villa Pisani in Stra mit über 100 Zimmern und riesigem Park. Nebeltage stehen dem Anwesen besonders gut. Wie verzaubert wirkt dann die Villa, vor allem, wenn man sich ihr von der Parkseite nähert, dann spiegelt sie sich, in zarte Schleier gehüllt, im Wasserbecken.

Villa Pisani, Via Doge Pisani 7, 30039 Stra (Venezia), www.villapisani.beniculturali.it

Mosaik in der Basilica San Vitale in Ravenna.

Nuovo oder das Mausoleo di Galla Placidia – einmalig durch ihren kostbaren, wundervoll erhaltenen Mosaikschmuck.

Basilica di San Vitale/Mausoleo di Galla Placidia
✉ Via Fiandrini Benedetto ⊕ www. ravennamosaici.it ✦ 9,50 €

Basilica di Sant'Apollinare Nuovo
✉ Via di Roma ⊕ www.ravennamosaici.it ✦ 9,50 €

41 Bologna

Bologna rühmt sich einer der ältesten Universitäten der Welt und stattlicher historischer Bauten. Zentrale Plätze sind die Piazza del Nettuno und die Piazza Maggiore mit der Basilica di San Petronio. Die Silhouette der Stadt wurde im Mittelalter dominiert von rund 180 Geschlechtertürmen (*torri pendenti*), von denen die »sich neigenden« L'Asinelli und La Garisenda erhalten sind. Durch die Via Zamboni gelangt man an San Giacomo Maggiore vorbei zur Pina-coteca Nazionale, ebenso einen Besuch wert wie das Museo Civico Archeologico.

Basilica di San Petronio
✉ Piazza Maggiore ⊕ www.basilica disanpetronio.it ✦ frei

Museo Civico Archeologico
✉ Via dell'Archiginnasio 2 ⊕ www. comune.bologna.it/museoarcheolo gico ◷ Mo, Mi bis Fr 9–18 Uhr ✦ 5 €

Pinacoteca Nazionale
✉ Via delle Belle Arti 56 ⊕ www.pinaco tecabologna.beniculturali.it ◷ Di–So 8.30–19.30 Uhr ✦ 6 €

42 Parma

Neben Kunstgalerien und Designer-Läden hat Parma den Duomo Santa Maria Assunta (11. Jh.) mit Antonio Allegri Correggios Fresko *Himmelfahrt Mariä* (1534) zu bieten, den Palazzo della Pilotta mit Teatro Farnese und Galleria Nazionale sowie das Museo Archeologico Nazionale gegenüber. Zum Flanieren lädt der Parco Ducale ein, zu lukullischem Genuss die berühmten Schinken und Käse (*Parmigiano*).

Galleria Nazionale di Parma
✉ Piazza della Pilotta 9/A ⊕ www. archeobo.arti.beniculturali.it/parma ◷ Di–Sa 8.30–19, So 8.30–14 Uhr ✦ 10 € (Kombiticket auch für Museo Archeologico Nazionale, Biblioteca Palatin u. Museo Bodoniano)

Wohin zum …
Übernachten?

Preise für ein Doppelzimmer pro Nacht:
€   unter 140 €
€€   140–220 €
€€€   über 220 €

DOLOMITI

Hotel Cortina €€
Eines der alteingesessenen Hotels (seit 1870) von Cortina d'Ampezzo, im typisch rustikalen Design der Gegend mit Holzdecken und Wandpaneelen. Der Vier-Sterne-Bau liegt zentral im Herzen des lebendigen Urlaubsortes, sodass man hier viele Lokale und Geschäfte gleich um die Ecke hat.
✠ 221 D4 ✉ Corso Italia 92, Cortina d'Ampezzo ☎ 04 36 42 21 ⊕ www.hotelcortina.com

Schlosshotel Korb €€
Traumhaft schön in den Weinbergen um Bozen gelegenes Luxushotel mit teils besonderen (Turmzimmer), teils traditionell-opulent eingerichteten Zimmern. Zwei Swimmingpools, Türkisches Bad und Sauna sowie Tennisplätze und eine herrliche Terrasse.
✠ 221 D4 ✉ Missiano, Via Castel d'Appiano 5, Missiano/Appiano ☎ 047 16 36 0 00 ⊕ www.schloss-hotel-korb.com ◑ geschl. Jan.–März

VERONA

Hotel Torcolo €
Nicht weit von der Piazza Bra an einem ruhigen Platz gelegenes kleines Hotel mit entspannt freundlicher Atmosphäre. Gut ausgestattete Zimmer, im Sommer schöne Frühstücksterrasse.
✠ 220 C2 ✉ Vicolo Listone 3 ☎ 04 58 00 75 12 ⊕ www.hoteltorcolo.it ◑ geschl. 3. Dez.-Woche, Mitte Jan.–Anf. Feb.

VENEZIA

Agli Alboretti €€
Ruhig und beschaulich in schöner Umgebung der Accademia in einer kleinen Allee gelegen, bietet das Hotel 19 eher kleinere, nett eingerichtete Zimmer zur Straße oder zum Garten. Besonders beliebt bei englischen und amerikanischen Touristen.
✠ 221 D2 ✉ Rio Terra Foscarini ☎ 04 15 23 00 58 ⊕ www.aglialboretti.com ♨ Accademia

Ai Cavalieri di Venezia €€–€€€
Luxushotel (4 Sterne) im venezianischen Stil, nur einen Katzensprung von der Rialtobrücke entfernt. In der Nebensaison ist sogar die Royal Suite für Normalsterbliche erschwinglich. Panoramablick von der Hotelterrasse.
✠ 221 D2 ✉ Calle de Borgoloco 6108 ☎ 041 241 10 64 ⊕ www.hotelaicavalieri.com ♨ Rialto

Locanda San Barnaba €–€€
Fernab der Touristenströme, zwischen den Vaporetto-Anlegestellen Campo San Barnaba und Ca' Rezzonico, findet man in einem historischen Palazzo (16. Jh.) dieses Kleinod mit Antiquitäten, Fresken und Parkettböden.
✠ 221 D2 ✉ Calle del Traghetto 2785–6 ☎ 04 12 41 12 33 ⊕ www.locanda-sanbarnaba.com ♨ Ca' Rezzonico

Hotel Al Ponte Mocenigo €€
Außergewöhnliches kleines Hotel in einem traditionellen venezianischen Anwesen nahe der Vaporetto-Anlegestelle San Stae. Mit Antiquitäten eingerichtete Zimmer, teils mit Balkendecke und Bodenfliesen. Schöner Innenhof, in dem auch das Frühstück gereicht wird und wo man sich gut entspannen kann.
✠ 221 D2 ✉ Santa Croce 2063 ☎ 04 15 24 47 97 ⊕ www.alpontemocenigo.com ♨ San Stae

Splendid Venice €€€
Komfortables modernes Hotel zentral bei der Rialto-Brücke, mit großen, ansprechend möblierten Zimmern (teils mit herrlichem Blick auf Stadt und Kanal).
✠ 221 D2 ✉ San Marco Mercerie 760 ☎ 04 15 20 07 55 ⊕ www.starhotelscollezione.com ♨ Rialto

VICENZA

Cristina €
Zentral gelegene Familienpension mit gut ausgestatteten Zimmern (unterschiedlicher Größe) und Parkmöglichkeit (gegen Gebühr).

Das Frühstücksbuffet ist im Preis inbegriffen, und man kann Fahrräder ausleihen.
✢ 220 C3 ✉ Corso SS Felice e Fortunato 32 ☎ 04 44 32 37 51 ⊕ www.hotelcristinavicenza.com

PADOVA

Majestic Toscanelli €–€€
Familiengeführtes Hotel im Zentrum mit gut ausgestatteten Gastzimmern und Extras wie privaten Stadtführungen. Im Preis inbegriffen sind Parkservice und Frühstücksbuffet.
✢ 221 D2 ✉ Via dell'Arco 2 ☎ 04 9 66 32 44 ⊕ www.toscanelli.com

Sant'Antonio €
Preiswerte Unterkunft nahe der Steinbrücke am Nordrand der Stadt. Geräumige, freundliche (mitunter etwas abgewohnte) Zimmer.
✢ 221 D2 ✉ Via San Fermo 118 ☎ 04 98 75 13 93 ⊕ www.hotelsantantonio.it

BOLOGNA

Hotel Porta San Mamolo €–€€
Schönes Haus in der Altstadt, nicht weit von den wichtigsten Sehenswürdigkeiten. Die Zimmer sind hübsch eingerichtet mit gemusterten Tapeten und bedruckten Stoffen. Zur Verfügung stehen auch Bar und Garten, außerdem gibt es ein Fitness-Center und eine Garage.
✢ 222 C4 ✉ Vicolo del Falcone 6/8 ☎ 05 158 30 56 ⊕ www.hotel-portasanmamolo.it

PARMA

Verdi €€
Elegante rosa Villa am Rand des Parco Ducale, gediegen eingerichtet mit Antiquitäten, Orientteppichen, feinem Porzellan und schönen Leuchtern. Großzügige, schön ausgestattete Zimmer mit Marmor- Bädern. Kostenlose Parkplätze. Angrenzend das empfehlenswerte Restaurant »Santa Croce«, wo man auch im glasüberdachten Innenhof serviert.
✢ 222 B5 ✉ Via Pasini 18 ☎ 05 21 29 35 39 ⊕ www.hotelverdi.it

Wohin zum … Essen und Trinken?

Preise für ein Drei-Gänge-Menü ohne Getränke:
€ unter 30 €
€€ 30–60 €
€€€ über 60 €

DOLOMITI

Wirtshaus Vögele €
Seit den 1870er-Jahren wird in den teils rustikal, teils biedermeierlich eingerichteten Stuben des Bozener Traditionswirtshauses am Obstmarkt exzellente Südtiroler Küche mit heimischen Bioprodukten veredelt, ob »Erdäpfelblattln« oder »Zwetschgen Röster«. Es gibt auch Gastzimmer.
✢ 220 C4 ✉ Via Goethe 3, Bolzano ☎ 04 71 97 39 38 ⊕ www.voegele.it ⏰ Mo–Sa 11–16, 18–23 Uhr

VERONA

Osteria Sottoriva €€
Im Herzen Veronas gelegen, bringt die Osteria venezianische und Veroneser Spezialitäten auf den Tisch – z.B. Polenta, *baccala* (Stockfisch) und die beliebten *Sardine in saor* (marinierte Sardinen).
✢ 220 C2 ✉ Via Sottiriva 9 ☎ 045 80 14 3 23 ⏰ tgl. 11–15 u. 18.30–22.30

VENEZIA

Enoteca Ai Artisti €€–€€€
Gemütlich einkehren und lecker speisen nahe der Accademia im Stadtteil Dorsoduro – die Auswahl der Weine und die Kreationen der Küche (vor allem Meeresfrüchte und Fisch) künden von der Leidenschaft, mit der Chefin Francesca Ciancio ihr Lokal betreibt. Bei schönem Wetter werden ein paar Tische draußen, direkt am Kanal, gedeckt.
✢ 221 D2 ✉ Fondamenta della Toletta 1169/A ⊕ www.enotecaartisti.com ☎ 041 52 38 944 ⏰ Di–Sa 12.45–14.30, 19–22 Uhr (telefonische Reservierung unbedingt empfehlenswert) ⚓ Accademia

Algiubagiò €€

Restaurant am Wasser, wo man neben Pasta, Rind und Fisch auch *tramezzini* bekommt, neben einer Auswahl feiner *dolci*. Eine ausgefallene Delikatesse sind die *Ravioli di mare*, gefüllt mit Meeresfrüchten und Kohl.
✛ 221 D2 ✉ Cannaregio 5039, Fondamenta Nuove ☎ 04 15 23 60 84 ⊕ www.algiubagio. net ❶ tgl. 7–24 Uhr ⚓ Fondamenta Nuove

Caffè Florian €€

Stil und Charme vergangener Tage prägen Italiens ältestes Café (gegr. 1720), dessen opulentes Dekor – Fresken, Spiegel, poliertes Holz – teils aus dem 19. Jh. stammt. Marmortische und Polsterstühle beleben auch Arkaden und Piazza, zur Cocktail-Stunde spielt ein kleines Orchester auf. Zum Besten (und Nahrhaftesten) auf der Karte gehört heiße Schokolade mit Sahne (*Cioccolata calda con panna*).
✛ 221 D2 ✉ Piazza San Marco 56/59 ☎ 04 15 20 56 41 ⊕ www.caffeflorian.com ❶ tgl. 9–24 Uhr ⚓ San Marco

Harry's Bar €€€

Unweit der Piazza San Marco findet man eine der wohl berühmtesten Bars der Welt, die nach der Eröffnung im Jahr 1931 Prominente wie Charlie Chaplin oder Orson Welles zu ihren Gästen zählte. Nach wie vor geben sich hier Größen aus Film und Gesellschaft die Klinke in die Hand, obwohl es keine Terrasse gibt und der Service manchmal zu wünschen übrig lässt. Erfunden wurde hier der legendäre Bellini-Cocktail (Pfirsichsaft mit Prosecco).
✛ 221 D2 ✉ Calle Vallaresso 1323 ☎ 04 15 28 57 77 ⊕ www.harrysbarvenezia. com ❶ tgl. 10.30–23 Uhr ⚓ San Marco

VICENZA

I Monelli €–€€

An schlichten Holztischen kann man sich hier köstliche regionale Spezialitäten munden lassen. Egal ob Tintenfisch-Tortellini, Schweinshaxe oder die deftige Gemüsesuppe: Alles kommt sehr fein komponiert aus der Küche. Probieren Sie auch mal die hausgemachten Desserts – sehr, sehr lecker!
✛ 220 C3 ✉ Contra Ponte San Paolo 13 ☎ 04 44 04 18 33 ⊕ http://osteriamonelli.com ❶ Mo-Fr 18-1, Sa, Sa auch 12-15 Uhr, 3 Wochen in Aug. geschl.

PADOVA

Belle Parti €€–€€€

Im Palazzo Prosdocimi, im Herzen der Altstadt von Padua, speist man in ehrwürdigen Mauern, umgeben von Spiegeln und Gemälden, ganz modern: Auf den Tisch kommen kreative Variationen alter Rezepte der regionalen Küche wie Safran-Risotto mit Jakobsmuscheln und Erbsen oder Kalbfleisch mit Spargel, Ei und Parmesan.
✛ 221 D2 ✉ Via Belle Parti 11 ☎ 04 98 75 18 22 ⊕ www.ristorantebelleparti.it ❶ Mo-Sa 12.30 bis 14.30, 19–22.30 Uhr; im Aug. geschl.

BOLOGNA

Cesari €–€€

Traditionsreicher Familienbetrieb im Zentrum, der in rustikalem Ambiente typische Bologneser Speisen wie mit Kaninchenfleisch gefüllte Ravioli (*Ravioli di coniglio*) bereitet. Dazu gibt es bevorzugt Weine der Umgebung. Reservierung nötig.
✛ 222 C4 ✉ Via de' Carbonesi 8 ☎ 05 1 23 77 10 ⊕ www.da-cesari.it ❶ Mo-Sa 12.30 bis 14.30, 19.30–23 Uhr. 3 Wochen im Aug., 1. Woche im Jan. geschl.

Trattoria Leonida €

Familiengeführtes Lokal im Osten der Altstadt von Bologna, nahe dem Palazzo della Mercanzia, spezialisiert auf lokale Küche: Pasta wie *Tortellacci ai porcini* (mit Steinpilz-Farce gefüllte Teigtaschen) oder deftige Fleischgerichte (*Bollito misto*).
✛ 222 C4 ✉ Vicolo Alemagna 2 ☎ 05 1 23 97 42 ⊕ www.trattorialeonida.com ❶ Mo–Sa 12.30 bis 14.30, 19–22.30 Uhr. 3 Wochen im Aug. geschl.

PARMA

Restaurant Leon d'Oro €–€€

In der 1917 gegründeten Trattoria wird köstlicher Parmaschinken am Tisch aufgeschnitten – als Vorspeise etwa zu einem exzellenten Grillgericht. Die drei traditionell eingerichteten Speisesäle sind meist gut besucht, ohne dass man sich eingeengt fühlt. Das dazugehörige Hotel bietet 16 Zimmer. ✠ 222 B5 ✉ Viale Antonio Fratti 4A ☎ 05 21 77 31 82 ⊕ www.leondoroparma.com ◗ tgl. 12.30–15, 19.30–23 Uhr. Wechselnde Urlaubszeiten zwischen Juni und Aug.

Wohin zum ...
Einkaufen?

Ob in größeren Städten oder kleineren Ortschaften: Der Nordosten Italiens ist ein Einkaufsparadies. So findet man in Venedigs Geschäften alles, was das Herz begehrt, vom üblichen Mainstreamangebot bis zu regionalen Spezialitäten. Auch die bekannten Modedesigner des Landes wie Armani, Missoni, Prada, Gucci, Bottega Veneto sind um die Calle Vallaresso westlich des Markusplatzes vertreten. Etwas preiswerter sind die Läden links und rechts der Rialto-Brücke, interessanter allerdings die Adressen mit typisch venezianischem Angebot wie Murano-Glas, Buntpapier und Karnevalsmasken alter Art. Bei den Masken muss man sich aber vorsehen, keine billige Importware (also letztlich Fälschungen) zu erwerben – am besten kauft man sie dort, wo die Masken nebenan im Atelier hergestellt werden, z.B. bei Ca' Macana Atelier (Cannaregio, 1374/75, oder Sogno Veneziano Atelier (Giudecca, Calle delle Erbe 6432). Ähnliches gilt für Glas – soll es authentisch sein, hat es seinen Preis, etwa bei Venini (www.venini.it). Überall in Venedig kann man zudem handgeschöpftes Papier in verschiedenster Form und Verwendung erstehen. Gängig sind auch Accessoires wie Schlüsselanhänger mit Quasten, Schreibunterlagen, Kissen und Decken. Groß ist zudem die Auswahl an schönen Stoffen, darunter plissierte Seide im Fortuny-Stil, Samt oder Brokat. Für den Hobby-Gondoliere gibt es Hüte, gestreifte Hemden (und handgefertigte Rudergabeln). Bolognas Shopping-Meile erstreckt sich entlang und nahe der Via dell'Indipendenza, doch auch anderswo in der Stadt findet man mit die besten Geschäfte mit Delikatessen Italiens. Letzteres gilt auch für Padua, das als Universitätsstadt zudem über flotte Läden für Mode und Accessoires sowie über exzellente Buchhandlungen verfügt.

Delikatesse der Region: Parmaschinken, frisch angeschnitten und – sehr! – lecker.

Ein breit gefächertes Angebot bietet Verona dem Besucher besonders auf der Via Mazzini zwischen der Arena und der Piazza delle Erbe, wo sich teils teure Geschäfte mit gutem Sortiment reihen und man zudem auf dem Platz einen lebendigen, attraktiven Markt vorfindet. In Parma wiederum hat man Gelegenheit, Delikatessen wie *prosciutto di Parma* (Parmaschinken) und *parmigiano* (Parmesan) an ihrem Ursprungsort zu kaufen.
In den Dolomiten und Südtirol ist man in einer ganz anderen Welt, auch was das Einkaufen angeht. So bringt man sich aus Bolzano oder Merano vielleicht Trachtenjanker und einen Lodenmantel mit oder schöne Strickjacken sowie Dirndl und Spitzengeklöppeltes für die Damen sowie für beide Geschlechter Hausschuhe aus Filz mit dicker Korksohle für kalte Winterabende. Hervorragend wärmt an solchen Abenden auch ein Bergkräuterlikör, zu dem ein luftgetrockneter Schinken oder Speck bestens schmeckt; Süßmäuler streichen sich Bergblütenhonig aufs Brot.

Wohin zum …
Ausgehen?

Mit Städten wie Bologna, Verona und Venedig ist der Nordosten von Oberitalien auch kulturell ein lohnendes Reiseziel, vor allem für Opern- und Musikfreunde. Wichtigstes Ereignis der Sommersaison sind alljährlich von Juni bis August die Opern-Festspiele von Verona, im stimmungsvollen Ambiente einer zweitausend Jahre alten Freilichtbühne. Reservierung dringend empfohlen (www.arena.it)!
In Venedig ist rund ums Jahr viel geboten, angefangen mit dem weltberühmten Carnevale di Venezia (www.carnevale.venezia.it). Er beginnt jeweils zwei Wochen vor Aschermittwoch mit ausgelassenem Maskentreiben in der ganzen Stadt und endet am Faschingsdienstag. Wer sich für Kostüme interesssiert: Berühmt ist das Atelier von Stefano Nicolao (Nicolao-Atelier, Cannaregio 2590, Tel. 04 15 20 70 51, www.nicolao.com), der auch schon für Stars wie Kate Blanchet (in ihrer Rolle als Elisabeth I.) oder Schauspieler der Verfilmung von Tolkiens »Herr der Ringe« gearbeitet hat. Zehntausende Roben und Reifröcke, Masken und Mäntel drängen sich in seinem Fundus – für 200 bis 800 Euro können Sie sich auch etwas ausleihen.
Lebhaft zu geht es im Juli beim Festival Il Redentore (www.redentorevenezia.it), mit einer Pontonbrücke über die Giudecca und spektakulärem Feuerwerk. Im September zieht die Regata Storica (www.regatastorica venezia.it) mit ihren Prunkbarken und Ruderwettkämpfen viele Gäste an, und alle zwei Jahre stellt die Biennale Internazionale d'Arte ganz aktuelle Kunst vor. Ein Event von Weltgeltung sind auch die Internationalen Film-Festspiele (www.labiennale.org) zwei Wochen im September. Während der Wintermonate lohnt ein Opernbesuch in Venedigs exzellent renoviertem Teatro La Fenice (www.teatrolafenice.it). Klassische Konzerte finden in der Lagunenstadt das ganze Jahr über statt, oft in einer der schönen Kirchen, viel Musik haben auch Orte wie Padua, Ravenna, Parma und Vicenza zu bieten.
Für Nachtschwärmer ist Rimini die beste Adresse der Gegend – ein italienisches Pendant zu Ibiza mit endlosen Stränden, coolen Café-Bars und quirligen Clubs (www.rimini fiera.it oder www.riminiturismo.it).
Abseits ausgetretener Touristenpfade ist oft wenig los, dafür kann man umso besser die typische Atmosphäre italienischer Abende auf sich wirken lassen – bei einem Bummel durch schmale Gässchen und einem Glas Wein an der Piazza oder mit Blick aufs Wasser.
Frische Bergluft genießt man in den Dolomiten im Sommer beim Wandern und im Winter beim Skilaufen – die größeren Urlaubsorte haben hier das ganze Jahr über Saison und sind touristisch bestens erschlossen, von markierten Wanderwegen bis zu Skiliften, Seilbahnen und Schutzhütten. Im Tal warten u.a. Pferde zum Reiten. An der Küste finden Sportbegeisterte neben Tennisplätzen mit Flutlicht auch Golfplätze. Zudem werden Reitausflüge durch Pinienwälder und Wassersportmöglichkeiten angeboten. Windsurfing ist sehr beliebt – in den meisten größeren Badeorten kann man dazu Kurse buchen und Ausrüstung mieten.

Der Neptunbrunnen auf der
Piazza della Signoria in Florenz
ist ein Werk von Bartolomeo
Ammannati (1511–1592).

Mittelitalien

Hier, meint man, wurde die Harmonie geboren. Natur, Architektur und Lebensart verbinden sich in Italiens Mitte zum Gesamtkunstwerk.

Seite 118–143

Erste Orientierung

Sanfte Hügel, Bauernhöfe und Villen, Bergdörfer, Weingärten, Olivenhaine und Zypressen – wie ein Traum von Italien wirkt die typische Landschaft der Toskana im Zentrum von Italien. Einst war sie Geburtsort der Renaissance, deren Kunstschätze diese liebliche Gegend einzigartig machen.

Lebendiges Zentrum der Toskana ist die Hauptstadt Firenze (Florenz), deren Architektur und Kunst alljährlich viele Besucher anzieht. Wer etwas mehr Zeit hat, besucht gern auch Pisa (mit Schiefem Turm) und Lucca (mit mittelalterlicher Altstadt). Im Süden beeindruckt San Gimignano mit seinen markanten Geschlechtertürmen und den blumengeschmückten schmalen Gassen, lockt Siena in reizvoller Landschaft mit dem vielleicht schönsten Platz in ganz Italien, der Piazza del Campo. Malerische Bergdörfer krönen die Hügel der südlichen Toskana, während der östliche Nachbar Umbrien, mit Hauptstadt Perugia, als grünes Herz Italiens gilt: Über Weingärten und Sonnenblumenfeldern erhebt sich etwa Assisi, die Heimat des hl. Franziskus. Berühmt für seinen edlen, auf vulkanischem Boden gedeihenden Rebensaft ist

auch Orvieto. Spoleto bildet das Eingangstor zum zentralen Apennin. Über Gubbio im Nordosten gelangt man in die Marche (Marken) mit der Hauptstadt Urbino und ihrem herrlichen Renaissance-Palast.

TOP 10
4 ★★ Firenze
7 ★★ Siena

Nicht verpassen!
43 Pisa

Nach Lust und Laune!
44 Urbino
45 Gubbio
46 Perugia
47 Assisi
48 Spoleto
49 Orvieto
50 San Gimignano
51 Lucca

Lucca
51
43 Pisa
orno
San Gimignano
50
Volterra
4 Firenze
Arezzo
Cortona
Siena
7
Massa Marittima
Montepulciano
Castiglione
Lago Trasimeno
Perugia
46
Urbino 44
Gubbio
45
Gualdo Tadino
47 Assisi
Foligno
Pesaro
Fano
Senigallia
Ancona
Tolentino
San Benedetto
Ascoli Piceno
Piombino
erráio
d'Elba
Orvieto 49
Lago di Bolsena
Todi
48 Spoleto
Terni
Orebetello
Viterbo
50 km
30 mi
L'Aquila
Avezzano

Mein Tag voller Ein- und Aussichten

Die Hügel, der Fluss, die Brücken und der Dom mit seiner prachtvollen Kuppel – harmonischer hätte kein Maler die Ansicht von Florenz entwerfen können. Dieser Tag bringt atemberaubende Panoramen, dazu gibt es spannende Einblicke in Kunst, Geschichte und Gastronomie der Stadt.

10 Uhr: Cappuccino mit Kuppelblick

Die von Arkaden umgebene Piazza Santissima Annunziata ist das Paradebeispiel für harmonische Renaissancearchitektur in ❹ ★★ Firenze. Die namensgebende Kirche am Platz (schräg gegenüber das Istituto degli Innocenti, einst die »Babyklappe« der Stadt) ist heute ein Renaissancemuseum. Auch ohne Eintritt zu zahlen gelangen Sie über die Treppe neben dem Eingang zum Dachterrassencafé. Der Ausblick ist malerisch: Im Hintergrund die grüne Kuppel der Synagoge, zum Greifen nah die rote Kuppel des Doms; ein Meisterwerk Brunelleschis – jenes Architekten, der auch das Findelhaus entworfen hat. Dort, wo Sie jetzt ihren Kaffee trinken, hängten die Nonnen einst die Kinderwäsche zum Trocknen auf (Piazza della Santissima Annunziata 12, Museum und Café tgl. 10–19 Uhr).

10.30 Uhr: Das Meisterwerk des malenden Mönchs

Piazza San Marco mit dem gleichnamigen Klosterkomplex: Im 15. Jh.

wirkte hier Bruder Angelikus, ein künstlerisches Ausnahmetalent. Er schmückte die Klostergebäude – auch die Zellen seiner Mitbrüder – mit Fresken aus. Besondere Beachtung fand seine »Verkündigung« am Treppenaufgang zum Dormitorium. Hier zeigte der Mönch, dass er die Technik der Zentralperspektive, an der sich die großen Künstler seiner Zeit versuchten, bereits meisterlich beherrschte.

12.30 Uhr: Schauen, schnuppern, schlemmen

Die Florentiner Markthalle – errichtet 1874 aus Gusseisen und Glas –

Schöner als dieser Blick vom Turm des Palazzo Vecchio über die Dächer der Stadt ist nur die Aussicht vom Dom – aber dort fehlt dann halt Brunelleschis grandiose Kuppel im Florentiner Panorama.

bietet nicht nur architektonischen Genuss. Ob Suppenhuhn, Gemüse, Käse oder Fisch – im Mercato Centrale kaufen die Florentiner seit über 140 Jahren Lebensmittel ein. Oder sie essen gleich an Ort und Stelle eine Kleinigkeit. Eine Institution ist Da Nerbone im Erdgeschoss. Hier steht man an für ein Brötchen mit *Lampredotto*, zart geschmortem Rindermagen. Unbedingt probieren, sofern Sie nicht zur Veggie-Fraktion gehören. Pasta und Salate gibt's auf dem (touristischeren) Street Food-Markt im Obergeschoss.

14 Uhr: Ganz hoch hinaus

Wuchtig dominiert der Palazzo Vecchio, einst Residenz der mächtigen Medici-Familie, die Piazza della Signoria. Vor dem Eingang wacht Michelangelos David (inzwischen eine Kopie). Besteigen Sie den Turm und lassen Sie ihren Blick aus rund 90 m Höhe über die Dächer schweifen.

15.30 Uhr: Und jetzt was Süßes!

Am Mercato Nuovo lässt sich Porcellino, das Bronzewildschwein, die Schnauze reiben – das soll Glück bringen. In der Nachbarschaft bietet Venchi Gourmetschokolade und Gelati an. Ein Eis auf die Hand, und weiter geht's. Über den Ponte Vecchio erreichen Sie Oltrarno – die beschaulichere Seite von Florenz.

16.30 Uhr: Was Schickes, handgemacht

Oltrarno ist bekannt für Werkstätten und Ateliers, in denen Lederwa-

Links: Zwischendurch was Süßes muss sein!
Oben: auf der Piazzale Michelangelo

ren, Schmuck und andere Dinge traditionell gefertigt werden. Nahe der Brücke bietet Madova (Via de Guicciardini 1r, www.madova.it, So geschl.) feine Lederhandschuhe für Frauen und Männer – mit Cashmere- oder Seidenfutter. Lust auf extravagante Damenmode? Dann schauen Sie bei Tiziana Alemanni vorbei (Sdrucciolo de' Pitti, 2or, www.tizia naalemanni.it, So, Mo geschl.).

18 Uhr: Relaxen im Rosengarten

Zurück am Fluss steigen Sie an der Piazza Santa Maria Soprano in den Bus (C4 Direzione Ferrucci) und an der Haltestelle Ferrucci (8 Min. Fahrzeit) wieder aus. Über die Via dei Bastioni gelangen Sie in den Giardino delle Rose, einen histori-schen Rosengarten, der – erst unlängst wiedereröffnet – noch Geheimtippstatus hat. Mindestens so betörend wie der Duft der Blumen ist der Blick auf die Stadt.

19.30 Uhr: Romantik zum Sonnenuntergang

Über die Scalea dei Monte alle Croci geht es nun ziemlich steil hinauf zur 1000 Jahre alten Kirche San Miniato in Monte. Gleich daneben ist die Piazzale Michelangelo die Aussichtsterrasse der Stadt. Es gibt keinen schöneren Ort, um die Sonne hinter den Hügeln versinken zu sehen. Für einen stilvollen Sundowner bietet sich La Loggia (Piazzale Michelangelo 1) an. Zurück ins Zentrum bringen Sie dann schließlich die Buslinien C1 oder C3.

❹ ★★Firenze

Was?	Hauptstadt der Toskana, Wiege der Renaissance
Warum?	Großartige Architektur, herausragende Kunstwerke in einer atemberaubend schönen Landschaft
Wann?	Oktober, April und Mai sind klimatisch ideal; wer vor allem wegen der Kunstschätze in den Kirchen und Museen kommt, kann sie im Winter ohne Warteschlangen genießen
Wie lange?	Mindestens 3 Tage – besser länger

Beiderseits des Arno in anmutigem Hügelland gelegen, erlebten Kunst und Kultur in Florenz unter der Herrschaft der Medici im 14. und 15. Jh. eine unvergleichliche Blüte – mit eindrucksvollen Bauten auf engstem Raum, dicht gefüllt mit den berühmtesten italienischen Kunstwerken der Zeit.

Im Jahr 1436 vollendete Filippo Brunelleschi mit der gewaltigen Kuppel den Neubau des Duomo (Basilica di Santa Maria del Fiore). Zur Ausstattung gehören zwei gemalte Reiterstandbilder berühmter *Condottieri* (Söldner) von Andrea del Castagno und Paolo Uccello – andere Schätze aus Dom und Baptisterium sind ausgelagert in das Museo dell'Opera del Duomo an der Rückseite des Gebäudes. Auch die frei stehende (wohl auf Vorgängerbauten des 5./6. Jh. errichtete) achteckige Taufkirche Battistero (11. Jh.) ist mit farbigem Marmor verkleidet. Die Bronzeportale (Originale im Dommuseum) stammen von Andrea Pisano (1330er-Jahre) und Lorenzo Ghiberti (1452, von Michelangelo *Porta del Paradiso*, »Paradiespforte«, genannt). In der Kuppel leuchtet die einzig erhaltene Folge von Florentiner Mosaiken (1225). Gegenüber erhebt sich der Campanile (1334) nach einem Entwurf Giottos, 1337 umgestaltet mit rotem, grünem und weißem Marmor, sowie Skulpturen und Reliefs. Einen schönen Blick auf die Stadt genießt man von seiner Galerie (414 Stufen geht es dort hinauf).

Zentrum der Macht: der um 1330 errichtete »alte Palast« (Palazzo Vecchio), das ehemalige Rathaus der Stadt auf der Piazza della Signoria.

Meisterwerke der Renaissance

Die <u>Galleria dell'Accademia</u> beherbergt Michelangelos weltberühmte Skulptur des sich zum Kampf gegen Goliath rüs-
tenden *David*. 1504 geschaffen als Symbol der freiheitlichen
Republik Florenz für die Piazza della Signoria, bedeutete sie
für den damals 26-Jährigen den künstlerischen Durchbruch.
Sechs weitere hochrangige Werke von ihm sind hier ausgestellt, andere Säle zeigen Gemälde des 13. und 14. Jh.s sowie
historische Musikinstrumente.

Ein Museum hatte der Medici-Fürst Cosimo I. nicht
im Sinn, als er den Architekten Giorgio Vasari 1559 mit dem
Projekt beauftragte: Der Herrscher über den Stadtstaat Florenz wünschte sich einen Gebäudekomplex, in dem die
wichtigsten Ministerien und Verwaltungsämter (*uffizi*) vereint waren. Vasari löste die Aufgabe meisterlich, in dem er
zwischen Palazzo Vecchio und dem Fluss Arno eine symmet-
rische, von Arkaden gesäumte Anlage schuf, in die er bereits
bestehende Gebäude – darunter eine Kirche und eine Münz-
prägewerkstatt – integrierte. Während der Verwaltungs-
apparat unten seinen Aufgaben nachging, bestückten die
Medici die hellen Räume im Obergeschoss mit ihrer Sammlung antiker Skulpturen. Im Lauf der Zeit sammelten die
Medici auch Gemälde von den herausragenden Künstlern

ihrer Zeit. Heute verfügt kein anderes Museum der Welt über einen vergleichbaren Bestand an künstlerisch hochrangigen Gemälden wie die Galleria degli Uffizi.

Geschichte und Geschichten

Das trutzige Bauwerk des Museo Nazionale del Bargello hat eine bewegte Historie: Im Jahr 1255 erbaut als Sitz des »Capitano del Popolo«, des damaligen Oberhauptes der Stadtregierung, fungierte es später als *Domizil des podestà* – als Sitz des obersten Ratsherrn. Vom 16. Jh. an ließen die Medici hier den Polizeihauptmann *(bargello)* residieren, Gefängnis und Folterkammer waren angeschlossen.

Die drei Stockwerke des Museums umfassen einen Innenhof mit Portikus und eleganter Außentreppe, die mit Terrakotta und Wappenschilden verziert ist. Bis 1786 fanden hier Exekutionen statt. Die Verurteilten verbrachten ihre letzte Nacht in der Kapelle im ersten Stock. Nach der Vollstreckung hängte man die leblosen Körper demonstrativ ans Fenster – zur Abschreckung. Nach der Einigung Italiens wurde das ehemalige Polizeiquartier renoviert, und das erste Nationalmuseum des frischgebackenen Staates zog ein. Heutigen Besuchern bietet sich gleich im ersten Saal, der Michelangelo und seinen Zeitgenossen gewidmet ist, ein Highlight – Michelangelos *Trunkener Bacchus* (1496/97).

Die Piazza della Signoria ist gesäumt von eindrucksvollen Bauten wie dem Palazzo Vecchio als ehemaligem Regierungssitz, vor dem eine Kopie von Michelangelos *David* steht. Einen Besuch wert sind die große mosaikengeschmückte Versammlungshalle im Turm, der Salone dei Cinquecento, sowie die Privatgemächer der Medici.

Die Loggia dei Lanzi (1382), eine ehemalige Zeremonienhalle an der Südseite, ist geschmückt mit erstrangigen Renaissance-Skulpturen (Originale und Kopien) wie Cellinis *Perseus* (1545) mit triumphierend erhobenem Medusenhaupt und Giambolognas *Raub der Sabinerinnen.*

An der schmalsten Stelle des Arno überwand man wohl schon in etruskischer Zeit den Fluss. Die älteste steinerne Brücke der Stadt, Ponte Vecchio, wurde aber erst im 14. Jh. errichtet.

Südlich des Arno

Zum Oltrarno, dem Bezirk »jenseits des Flusses«, gelangt man am besten über den Ponte Santa Trinità, der zudem die schönste Sicht auf den Ponte Vecchio von 1345 bietet. Der weiträumige Palazzo Pitti mit dem Giardino di Boboli war vormals eine Medici-Residenz. Heute ist hier die Galleria Palatina untergebracht, die Gemälde aus Renaissance und Barock zeigt. Von der Porta San Niccolò am Arno-Ufer geht es hinauf zum Piazzale Michelangelo, von wo man einen herrlichen Blick auf die Stadt genießt.

KLEINE PAUSE

Ein Glas Wein, ein leichtes Mittagessen – das **FishingLab Alle Murate** (Via del Proconsolo, 16r, 20–24 Uhr) gehört zu den Favoriten der Florentiner.

✝ 224 B5

Touristen-Information
✉ Piazza Stazione 4 ⊕ www.firenze turismo.it, www.imuseidifirenze.it, www.firenzecard.il

Duomo, Museo dell'Opera del Duomo, Battistero, Campanile
✉ Piazza del Duomo ⊕ www.ilgrande museodelduomo.it ◷ Dom: Mo–Mi und Fr 10–17, Do 10–16.30, Sa 10–16.45, So 13.30–16.45; Kuppel: Mo–Fr 8.30–20, Sa 8.30–17.40, So 13–16; Domkrypta: Mo–Mi und Fr 10–17, Do 10–16.30, Sa 10–16.45; Campanile: tgl. 8.30–20 Baptisterium: Mo–Sa 8.15–10.15 und 11.15–20, So 8.30–1, 1. Sa des Monats 8.30–14 Uhr ✦ 18 € (Kombiticket gilt für Dom, Campanile, Krytpa, Baptisterium und Dommuseum, jeweils ein Eintritt innerhalb von 72 Std., für die Domkuppel muss der Eintritt zu einer bestimmten Uhrzeit reserviert werden)

Galleria dell'Accademia
✉ Via Ricasoli 58–60 ⊕ www.imusei difirenze.it (Vorausbuchung unter 05 5 29 48 83) ◷ Di–So 8.15–18.50 Uhr ✦ 12 €, bei Sonderausstellungen mehr

Galleria degli Uffizi
✉ Piazzale degli Uffizi 6 ⊕ www.uffizi.it (für Vorausbuchungen empfiehlt sich

die Website www.b-ticket.com – für das Onlineticket fällt ein Aufschlag von 4 € an, in Anbetracht der Zeitersparnıs ist das allerdings gut investiertes Geld) ◷ Di–So 8.15–18.50, Juni–Sept. Di/Mi bis 21.50 Uhr ✦ März–Okt. 20 €, Nov. bis Feb. 12 € (Ticket gilt auch für das Archäologische Museum/Museo Archeologico Nazionale)

Museo Nazionale del Bargello
✉ Via del Proconsolo 4 ⊕ www.imusei difirenze.it ◷ tgl. 8.15–14 Uhr, 1., 3. und 5. Mo, 2. und 4. So des Monats geschl. ✦ 8 €

Palazzo Vecchio
✉ Piazza della Signoria ⊕ www. imuseidifirenze.it ◷ Fr–Mi 9–19, Do 9–14 Uhr ✦ 10 €, Kombiticket Museum und Turm 14 €

Palazzo Pitti
✉ Piazza Pitti 1 ⊕ www.uffizi.it/en/ pitti-palace ◷ Di–So 8.15–18.50 Uhr ✦ Kombiticket für alle Museen im Palazzo März–Okt. 16 €, Nov.–Feb. 10 €; Giardino Boboli tgl. Nov.–Feb. 8.15–16.30, März 8.15–17.30, April/Mai, Sept./Okt. 8.15–18.30, Juni–Aug. 8.15–19.30 Uhr, 1. und letzter Mo im Monat geschl. März–Okt. 10 € , Nov. bis Feb. 6 € (Ticket gilt auch für Museo delle Porcellane im Park)

❹ ★★Siena

Im Mittelalter waren Siena und Florenz erbitterte Konkurrenten – schließlich triumphierte Florenz und glänzte als Wiege einer neuen Epoche, als Zentrum der Renaissance. Siena aber hat sich seine mittelalterliche Kulisse bewahrt und prunkt mit einem der schönsten Plätze Italiens.

Hereinspaziert: Sienas Plätze sind eine Bühne des Lebens – und die Piazza del Campo ist vielleicht die schönste davon.

Das Zentrum der Stadt lässt sich angenehm zu Fuß erkunden, aber wer mit der Bahn ankommt, ist gut beraten, vom Vorplatz den Bus zu nehmen, um einen anstrengenden Marsch bergauf zu vermeiden. Die weiträumige Piazza del Campo wird beherrscht vom gotischen Rathaus Palazzo Pubblico, in dem das Museo Civico logiert: Ambrogio Lorenzettis Freskenzyklus in der Sala della Pace zeigt die Auswirkungen der *Guten und Schlechten Regierung* (1338). Ein Aufstieg auf die Torre del Mangia belohnt mit herrlichem Ausblick. Im Juli und August ist die Piazza del Campo Schauplatz des legendären Palio-Rennens.

Den Domplatz schmücken drei der schönsten Gebäude Sienas, allen voran der imposante Duomo Santa Maria Assunta mit schwarz-weißer Marmorfassade und intarsiertem Marmorfußboden im Innern. Am Eingang zur Biblioteca Piccolomini im Seitenschiff finden sich Fresken Pinturicchios zum Leben Papst Pius' II.

Gegenüber erhebt sich das Krankenhaus Santa Maria della Scala mit Fresken von Vecchietta, Domenico di Bartolo und anderen zur bald tausendjährigen Geschichte des Hauses. Zu den Attraktionen

Siena wurde auf drei Hügeln zwischen den Flüssen Elsa und Arbia erbaut. Hier ein Blick auf den marmorverkleideten Dom von der Via Camporegio aus gesehen.

des Museo dell'Opera del Duomo zählen Donatellos Marmortondo *Madonna mit Kind* (1456–59) und Duccios monumentale *Maestà* (1308–11).

Die Pinacoteca Nazionale besitzt hochkarätige Beispiele der Sieneser Schule, von Guido da Siena, Duccio und Simone Martini, Sassetta, Vecchietta oder Giovanni di Paolo.

KLEINE PAUSE

Zur genüsslichen Abkühlung lädt die **Bar-Gelateria La Costarella** (kein Schild) in der Via di Città 33, Ecke Costa dei Barbieri/Via di Fontebranda.

✝ 224 B4

Touristen-Information
✉ Complesso Santa Maria della Scala, Piazza Duomo 1 ☎ 05 77 28 05 51
🌐 www.enjoysiena.it ⏱ im Sommer tgl. 9–18 Uhr

Museo Civico, Torre del Mangia
✉ Piazza del Campo 1 ☎ 057 729 26 15
⏱ Museum: Nov.–Mitte März 10–18, Mitte März–Okt. 10–19 Uhr; Turm: Mitte Okt.–Feb. 10–16, März–Mitte Okt. 10–19 Uhr 💰 Museo Civico, Santa Maria della Scala und Turm 20 €

Dom, Baptisterium, Krypta, Museo dell'Opera del Duomo, Libreria Piccolomini
✉ Piazza Duomo
🌐 www.operaduomo.siena.it
⏱ Domkomplex (inkl. Baptisterium, Krypta), Libreria Piccolomini und Porta di Cielo: März–Okt. Mo–Fr 10.30 bis 19, Sa 10.30–18, So 13.30–18, Nov. bis Feb. Mo–Sa 10.30–17.30, So 13.30 bis 17.30 Uhr, Museo dell'Opera (Dommuseum) März–Okt. tgl. 10.30–19, Nov. bis Feb. 10.30–17.30 Uhr 💰 Domkomplex, Libreria und Museum Juli–Okt. 15 €, Nov.–Jan. € 8, April–Juni 13 €, inkl. Porta di Cielo 20 €

Surreale Badewanne

Nahe Saturnia stürzt Thermalwasser von einem Felsen in die Tiefe und sammelt sich in stufenförmigen Naturbecken, bevor es rauschend und dampfend weiterfließt. Rund ums Jahr kann man sich hier in den 37 Grad warmen Fluten aalen. An Feiertagen und Wochenenden sind die Becken oft überfüllt. Kommen Sie frühmorgens, oder am späten Abend – auch Wintertage sind perfekt: Dann hat der Ort etwas Mystisches. Eintauchen, entspannen und der Natur danken für dieses Geschenk!

Anreisedetails und Tipps unter www.discovertuscany.com/maremma/thermal-baths-of-saturnia.html

Was?	Im Mittelalter Seemacht, heute quirlige Studentenstadt mit weltberühmter Architektur-Ikone
Warum?	Weil diese Ikone – der schiefe Turm von Pisa – nach langer Restaurierung wieder bestiegen werden kann
Wann?	Spätabends, vor dem Nachthimmel, sieht der berühmteste Turm der Welt noch schiefer und unwirklicher aus
Wie lange?	Mindestens einen halben Tag

Von einstigem Reichtum zeugen die Altstadt (mit schönen Kirchen und in Pisaner Gelb getünchten Fassaden) sowie die Piazza dei Miracoli mit dem legendären Glockenturm.

Den »Platz der Wunder« (Piazza dei Miracoli) beherrscht ein mittelalterliches Marmorensemble: der Dom mit dem schiefen – und dadurch weltberühmt gewordenen – Glockenturm, das Baptisterium und der Monumentalfriedhof Camposanto in Form eines lang gestreckten Kreuzgangs mit Rundbogenarkaden. Schon beim Bau 1173 geriet der Campanile (Glockenturm) in Schieflage und wurde in den 1990er-

»La torre pendente« heißt der Schiefe Turm von Pisa im Italienischen – hier mit der Fontana dei Putti im Vordergrund.

Jahren grundlegend renoviert. Der im 11. Jh. begonnene Duomo Santa Maria Assunta galt lange als gewaltigster Kirchenbau der Christenheit, seine gestreifte Marmorfassade diente in ganz Italien als Vorbild. Im Jahr 1595 wurden bei einem Brand viele Kunstschätze zerstört, erhalten blieben das Apsismosaik *Christus als Pantokrator* von Cimabue und die reich verzierte Kanzel von Giovanni Pisano. Bauplastik u. a. präsentiert heute das Museo dell'Opera del Duomo.

Blick ins Innere des ab dem 13. Jh. errichteten Doms.

KLEINE PAUSE

Eine alteingesessene noble Adresse für Kaffee und Gebäck ist **Salza** (Borgo Stretto 46) in der Altstadt (www.salza.it).

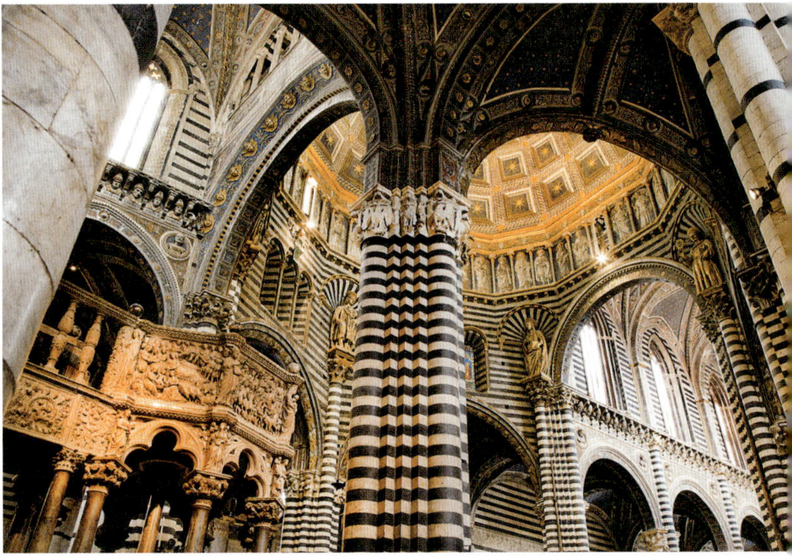

224 A5

Touristen-Information
Piazza Vittorio Emanuele II 16
05 04 22 91 www.pisaunicaterra.it
Mo–Sa 9–19, So nur bis 16 Uhr

Piazza dei Miracoli
Piazza dei Miracoli; www.opapisa.it
Dom: frei; Schiefer Turm: 18 € (um Schlange stehen zu vermeiden, lohnt es sich, vorab online Tickets zu kaufen; möglich ist das max. 20 Tage, min. 1 Tag vor dem geplanten Besuch: www.opapisa.it/en/tickets/buy); Baptisterium, Camposanto, Museo dell'Opera del Duomo, Museo delle Sinopie: einzeln 5 €, Kombiticket für zwei Museen: 7 €; für drei Museen: 8 €; alle vier Museen: 9 €

Nach Lust und Laune!

44 Urbino

Das malerische Urbino wird geprägt von Renaissance-Architektur (einem der besterhaltenen Ensembles Italiens), mit dem zweitürmigen Palazzo Ducale des Herzogs Federico da Montefeltro als markantestem Gebäude. Es beherbergt die Galleria Nazionale delle Marche mit meisterlichen Gemälden. Eine der Hauptsehenswürdigkeiten im Duomo Santa Maria Assunta ist das *Letzte Abendmahl* des Urbiner Meisters Federico Barocci. In Raffaels Geburtshaus Casa di Raffaello werden Reproduktionen seiner Gemälde gezeigt sowie Werke des Vaters Giovanni Santi und befreundeter Künstler wie Timoteo Viti and Giulio Romano. Das Oratorio di San Giovanni Battista schmücken Fresken zum Leben Johannes' des Täufers (1416) von Jacopo und Lorenzo Salimbeni.

☩ 223 E3 ✉ Piazza Rinascimento 1 ☎ 07 22 26 13 ⊕ www.turismo.pesaro urbino.it ◕ Mo–Fr 9–13, Di u. Fr auch 15–17.45 Uhr

Galleria Nazionale delle Marche
✉ Piazza Duca Federico 107 ⊕ www. galleriaborghese.it ◕ Mo 8.30–14, Di–So 8.30–19.15 Uhr ⊙ 8 €

Casa di Raffaello
✉ Via Raffaello Sanzio 57 ☎ 07 22 32 01 05 ⊕ www.accademiaraffaello.it ◕ März–Okt. Mo–Sa 9–13, 15–19, So 10–13; Nov.–Feb. Mo–Sa 9–14, So 10–13 Uhr ⊙ 3,50 Euro

45 Gubbio

Auf Terrassen vor der Kulisse des Monte Ingino (auf den eine Seilbahn führt) winden sich die schmalen mittelalterlichen Gassen von Gubbio, dessen zentrale Piazza della Signoria vom Palazzo dei Consoli (14. Jh.) dominiert wird. Stolz des dortigen Museo Civico sind die bronzenen Tavole eugubine (Eugubinische Tafeln): Im 15. Jh. entdeckt, vermitteln ihre religiös-liturgischen Texte einen Eindruck des alten umbrischen Dialekts.

Seit Jahrhunderten feiert man in Gubbio am 15. Mai, dem Tag des hl. Ubaldo, die Corsa dei Ceri (Kerzenrennen): In einem Wettlauf werden drei 200 kg schwere »Kerzen« auf hölzernen Haltern die Via Sant' Ubaldo hinauf zur Basilica di Sant' Ubaldo nahe dem Gipfel des Monte Ingino getragen (wo die Gebeine des Heiligen ruhen).

☩ 223 E2 ✉ Via della Repubblica 15 ☎ 07 59 22 06 93 ◕ tgl. 9–13, 15–18 Uhr

Museo Civico
✉ Palazzo dei Consoli, Piazza Grande ◕ tgl. 10–13, 15–18 Uhr ⊙ 7 €

46 Perugia

Studenten der hiesigen Universität beleben das Straßenbild der umbrischen Hauptstadt – sie treffen sich gern bei der alten Fontana Maggiore (13. Jh.) am Corso Vannucci zwischen Piazza Italia und Piazza IV Novembre: Einst wurde der Brunnen gespeist mit Wasser aus dem Monte-

Pacciano-Aquädukt. Zu den Schätzen des Duomo di San Lorenzo zählt die Reliquie des Verlobungsrings der Jungfrau Maria, aufbewahrt in einer Schatulle in der Cappella del Sant'Anello. Der mächtige gotische Palazzo dei Priori beherbergt die Galleria Nazionale dell' Umbria mit Werken von Malern wie Fra Angelico, Piero della Francesca und Perugino sowie dem Bildhauer Arnolfo di Cambio aus dem 12. bis 16. Jh. Perugias ehemalige Hauptkirche, die Chiesa di San Pietro, geht ins 10. Jh. zurück. Heil- und Kräuterpflanzen und Kräuter kann man im hübschen Klostergarten, Orto Botanico Medievale, anschauen.

✛ 222 D2 ✉ Loggia dei Lanari, Piazza Matteotti 18 ☎ 07 55 73 64 58 ⊕ turismo.comune.perugia.it ◑ 9–19 Uhr

Galleria Nazionale dell'Umbria
✉ Corso Vannucci 19 ⊕ www.galleria nazionaleumbria.it ◑ Nov.–März Di–So 8.30–19.30, April–Okt. auch Mo 12–19.30 ⚑ 8 €

[47] Assisi

Assisi ist verbunden mit dem Namen des hl. Franziskus (1182–1226), der hier in der Basilica di San Francesco begraben liegt. Das Gotteshaus (13. Jh.) überragt die Altstadt an den Hängen des Monte Subiaso. Allegorien über dem Hauptaltar der Unterkirche zeigen die Regeln des Franziskanerordens: Keuschheit, Armut und Gehorsam, im rechten Querschiff findet sich Cimabues Porträt des Ordensgründers. Die Oberkirche schmückt Giottos 28-teiliger Freskenzyklus zum Leben des Heiligen (1300). Die gotische Basilica di Santa Chiara (1257–1265) ist einer einheimischen Vertrauten des Franziskus gewidmet, der hl. Clara (1194–1253).

✛ 223 E1 ✉ Piazza del Comune 22 ☎ 07 58 13 86 80 ⊕ www.visit-assisi.it ◑ tgl. 9–21 Uhr

Basilica di San Francesco
✉ Piazza San Francesco ⊕ www.sanfrancescoassisi.org ◑ Unterkirche: April–Okt. Mo–Sa 6–18.45; Nov.–März 6–17.45 Uhr; Oberkirche: April–Okt. Mo–Sa 8.30–18.45; Nov. bis März 8.30–17.45 Uhr ⚑ frei

Basilica di Santa Chiara
✉ Piazza Santa Chiara ⊕ www.assisi santachiara.it ⚑ frei

[48] Spoleto

Ihren kulturellen Ruf verdankt die umbrische Stadt dem Festival dei Due Mondi (Juni/Juli) und ihren antiken Bauwerken wie dem Arco di Druso und der Casa Romana (beide 1. Jh.), mutmaßliches Domizil der Mutter Kaiser Vespasians, Vespasia Polla. Eindrucksvoll ist auch der Aquädukt Ponte delle Torri (14. Jh.), der 230 m lang in 80 m Höhe zwischen Spoleto und Monteluco die Schlucht des Tessino überspannt. Der Duomo Santa Maria Assunta mit schönem Renaissance-Portikus und acht Fensterrosen birgt Fresken Filippo Lippis (1406–69, der hier begraben ist). Das Archäologische Museum im ehem. Kloster Sant'Agata in der Oberstadt zeigt Funde der Bronzezeit aus der Rocca, der 1355 erbauten päpstlichen Burg, wo einst Lucrezia und Cesare Borgia, die unehelichen Kinder von Papst Alexander VI., lebten. In der Unterstadt lohnen die Pinacoteca sowie die Kirchen San Salvatore und San Ponziano einen Besuch.

✝ 223 E1 ✉ Largo Ferrer 6 ☎ 07 43 21 86 20 ⊕ http://guide.umbriaonline.com ◷ April–Okt. Mo–Sa 9–13.30, 15–19, So 10–13, 15–17.70, Nov–März Mo–Sa 9 bis 13.30, 14.30–18.15, So 9.30–13, 15–17 Uhr

49 Orvieto

Auf einem Tuffstein-Hochplateau liegt die von Weinbergen umgebene Stadt. Der Bau des gotischen Duomo Santa Maria mit prächtiger schwarzweiß gebänderter Fassade wurde im 13. Jh. begonnen. Im Inneren birgt die Cappella di San Brizio (Cappella Nuova) einen bedeutenden Freskenzyklus (1447 begonnen von Fra Angelico und Benozzo Gozzoli, 1504 vollendet von Luca Signorelli). Die Darstellung des *Jüngsten Gerichts* beeinflusste Michelangelos Arbeit in der Sixtinischen Kapelle. Im sorgsam restaurierten Palazzo Faina gegenüber dem Dom findet man eine sehenswerte etruskische Sammlung mit Grabbeigaben aus der Umgebung der Stadt. Ein außergewöhnliches Relikt kriegerischer Zeiten ist der von Papst Clemens VII. 1527 angelegte Pozzo di San Patrizio, ein 60 m tiefer Brunnen mit raffiniertem Zugangssystem, der im Belage-

Von den einst über 50 Geschlechtertürmen San Gimignanos sind noch 15 erhalten.

rungsfall Orvietos Wasserversorgung sicherstellen sollte (Zugang über die Piazza Cahen).

✝ 222 D1 ✉ Piazza del Duomo 24 ⊕ www.inorvieto.it ◷ Mo–Do 8–14, 16–19, Sa, So 10–13, 15–18 Uhr

50 San Gimignano

Das Bild des mittelalterlichen Stadtkerns wird beherrscht von Geschlechtertürmen, die auch die Collegiata (Domkirche Santa Maria Assunta, um 1300) an der Piazza del Duomo überragen. An deren reichem Freskenschmuck besticht vor allem das *Jüngste Gericht* (1410) von Taddeo di Bartolo. Im Palazzo del Popolo (1288) nebenan (mit Museo Civico und Torre Grossa) kann man in der Sala del Consiglio (auch Sala di Dante) Lippo Memmis Monumentalbild der *Thronenden Madonna* (1317) bewundern. Die romanischgotische Kirche Sant'Agostino ziert ein Freskenzyklus zum *Leben des hl. Augustinus* von Benozzo Gozzoli, den Hauptaltar eine *Krönung der hl. Jungfrau* von Piero del Pollaiuolo. Die

Cappella di San Bartolo (Bartholomäus-Kapelle) birgt sterbliche Überreste des Heiligen (1228–1300) und einen schönen Altar von Benedetto da Maiano. San Gimignano ist auch die Heimat eines hochgeschätzten Weißweins – Vernaccia di San Gimignano. Kennenlernen kann man ihn bei einer Verkostung im Weinmuseum (Via della Rocca 1, Tel. 05 77 94 12 67, www.sangimignano museovernaccia.com)

✛ 222 C2 ✉ Piazza del Duomo 1 ⊕ www.comune.sangimignano.si.it ◷ März–Okt. 9–13, 15–19, Nov.–Feb. 9–13, 14–18 Uhr

Pinacoteca und Torre Grossa
✉ Palazzo del Popolo, Piazza del Duomo 2 ⊕ www.sangimignano.com ◷ April–Okt. 10–19.30, Okt.–März 11–17.30 Uhr ⚑ Kombiticket (mit Palazzo Comunale, Museo Archeologico, Spezieria di Santa Fina, Galleria d'Arte Moderna e Contemporanea, Museo Ornitologico): 9 €

51 Lucca

Zentrum der toskanischen Provinzhauptstadt ist die Piazza San Michele mit der romanischen Kirche San Michele in Foro, deren Name an das einstige römische Forum erinnert. Das Hauptportal des Duomo di San Martino zieren Hauptwerke romanischer Reliefkunst von Nicola Pisano. Interessant im Innern ist das achteckige Sakramentshäuschen (*Tempietto*) mit dem *Volto Santo* (Heiligen Antlitz), einem Kruzifix aus Zedernholz – angeblich mit den wahren Gesichtszügen Christi von Nicodemus geschaffen. Das Chorgestühl ist geschmückt mit Ansichten der Stadt.

✛ 222 B3 ✉ Piazzale Verdi ⊕ www.luccaturismo.it ◷ April–Okt. tgl. 9.30 bis 18.30, Nov.–März 9.30–16.30 Uhr

San Michele in Foro
✉ Piazza San Michele ☎ 05 83 41 96 89 ◷ tgl. 7.40–12, 15–18 Uhr (außer bei Gottesdiensten) ⚑ frei

Duomo di San Martino
✉ Piazza San Martino ◷ März–Okt. tgl. 10–18, Nov.–Feb. Mo–Fr 10–14, Sa, So 10–17 Uhr ⚑ 4 €, Kombiticket: Dommuseum und Schatzkammer 6 €

Die ovale Piazza del Anfiteatro in Lucca erinnert an ein im 2. Jh. errichtetes Amphitheater.

Wohin zum ...
Übernachten?

Preise für ein Doppelzimmer pro Nacht:
€ unter 140 €
€€ 140–220 €
€€€ über 220 €

FIRENZE

Antica Torre Tornabuoni €€–€€€
In der vornehmen Via Tornabuoni, zwischen Designerboutiquen und dem Arno-Ufer, ragt ein mittelalterlicher Wohnturm auf, der heute auf einigen Etagen als Hotel fungiert. Von manchen Zimmern kann man auf den Ponte Vecchio sehen – eleganter möbliert sind aber die Zimmer mit Domblick. Es gibt eine unfassbar schöne Dachterrasse mit Barservice und Restaurant.
✣ 222 C3 ✉ Via Tornabuoni 1 ☎ 05 52 65 81 61 ⊕ www.tornabuoni1.com

Glance €€
Schickes modernes City-Hotel mit gut ausgestatteten Zimmern und sehr freundlichem Service. Vor dem Haus liegt die belebte Via Nazionale. Vorn gibt es Lärmschutzfenster, nach hinten raus ist es auch bei geöffnetem Fenster ruhig. Auf der Terrasse im obersten Stock genießt man einen traumhaften Florenz-Blick, egal ob vom Pool, vom Liegestuhl oder von der Bar.
✣ 222 C3 ✉ Via Nazionale 23 ☎ 05 529 00 82 ⊕ www.glancehotelflorence.com

Guelfo Bianco €€
Herrlich zentral liegt dieser Palazzo aus dem 15. Jh., nur ein paar Schritte sind es zum Dom. Innen versprüht das Boutiquehotel mit seinen verwinkelten Räumlichkeiten, Balken und Treppchen historischen Charme.
✣ 222 C3 ✉ Via Camillo Cavour 29 ☎ 055 28 83 30 ⊕ www.ilguelfobianco.it

Palazzo Castri €€–€€€
Elegantes Boutiquehotel an der grünen Piazza Indipendenza – zentral, aber ruhig. Die Zimmer sind stylish eingerichtet, Designfreunde haben an der raffinierten Beleuchtung von Bad und Dusche ihre Freude. Lauschig sitzt man im schönen Innenhof, wo man sich auch mal bei einer Siesta im Liegestuhl vom Besichtigungsprogramm erholen kann. Nachmittags werden Gäste zum High Tea mit kleinen Köstlichkeiten geladen.
✣ 222 C3 ✉ Piazza della Indipendenza 7 ☎ 055 47 21 18 ⊕ www.palazzocastri.com

PISA

Royal Victoria €
Seit 1839 in Familienbesitz, wirkt dieses Hotel wie ein Stück guter, alter Zeit und ist durch seine Lage zwischen Bahnhof und Piazza dei Miracoli (10 Min. Fußweg) ein idealer Ausgangspunkt für Besichtigungen und Einkaufsbummel. 48 sauber gepflegte Zimmer mit und ohne Bad (auch Drei- und Vierbettzimmer). Parken gegen Gebühr.
✣ 222 B3 ✉ Lungarno Pacinotti 12 ☎ 05 0 94 01 11 ⊕ www.royalvictoria.it

SIENA

Antica Torre €
In einem alten Turm aus dem 16. Jh. unweit der Piazza del Campo und der Kirche Santa Maria dei Servi wohnt man in hübschen Zimmerchen; in den nach hinten gelegenen der oberen Stockwerke hat man den schönsten Blick. Das Frühstück wird stilvoll im mittelalterlichen Kellergewölbe serviert.
✣ 222 C2 ✉ Via di Fiera Vecchia 7 ☎ 05 77 22 22 55 ⊕ www.anticatorresiena.it

Hotel Santa Caterina €€
Ein Stück außerhalb der Stadtmauern (rund 15 Min. von der Piazza del Campo) erwarten den Gast in einem ehemaligen Patrizier-Palais 22 komfortable kleine Zimmer mit altem Gebälk, Fliesenböden, Klimaanlage. Frühstück bei schönem Wetter im ruhigen Gärtchen.
✣ 222 C2 ✉ Via E.S. Piccolomini 7 ☎ 05 77 22 11 05 ⊕ www.hotelsantacaterinasiena.com

URBINO

Albergo Italia €
Moderne Pension nahe dem Dom mit eher schlicht wirkenden, aber komfortablen

Zimmern. Das Frühstück wird auch im schönen Garten serviert. In der Umgebung findet man zahlreiche Bars und Restaurants.
✛ 223 E3 ✉ Corso Garibaldi 32 ☎ 07 22 27 01 ⊕ www.albergo-italia-urbino.it

PERUGIA

Hotel Fortuna €–€€
Stolzes Palais im Herzen der Altstadt, dessen historischer Charakter in den Zimmern indes weniger spürbar ist – dafür umso mehr beim Frühstück in der Halle aus dem 14. Jh. Draußen lockt eine sonnige Terrasse, in der Umgebung findet man jede Menge Cafés und Bars, wo man vom Sightseeing pausieren und Leute beobachten kann.
✛ 223 D2 ✉ Via Luigi Bonazzi 19 ☎ 07 55 72 28 45 ⊕ www.hotelfortunaperugia.com

ASSISI

Hotel Berti €
Im Herzen von Assisi und in fußläufiger Entfernung zu allen Sehenswürdigkeiten wohnt man hier eher schlicht, aber bequem. Sommers wird das Frühstück in der blumengeschmückten Vorhalle aufgetragen. Die von denselben Inhabern betriebene Trattoria »Da Cecco« in der Nähe bietet in mittelalterlichem Ambiente traditionelle umbrische Küche (Spezialität des Hauses: *cannelloni*).
✛ 223 B2 ✉ Piazza San Pietro 24 ☎ 07 5 81 34 66 ⊕ www.hotelberti.it

SAN GIMIGNANO

La Cisterna €–€€
Das 1918 gegründete Hotel in einem historischen Haus am gleichnamigen Platz zählt im Ort zu den besten seiner Kategorie und hat mit dem »Le Terrazze« ein exzellentes Restaurant zu bieten.
✛ 222 C2 ✉ Piazza della Cisterna 23 ☎ 05 77 94 03 28 ⊕ www.hotelcisterna.it

LUCCA

Palazzo Alexander €€–€€€
Elegante, charmante Residenz (und ehemaliges Mädchen-Internat) im Herzen der Stadt, mit den Sehenswürdigkeiten und mehreren guten Restaurants in unmittelbarer Nähe. Das Haus stammt aus dem 12. Jh. und wurde später opulent barock umgestaltet, mit viel Gold und Gelb. Großzügige Zimmer mit glänzendem Parkett, vergoldeten Spiegeln, bequemen Sitzmöbeln und Marmorbädern.
✛ 222 B3 ✉ Via Santa Giustina 48 ☎ 05 83 58 35 71 ⊕ www.hotelpalazzoalexander.it

Wohin zum … Essen und Trinken?

Preise für ein Drei-Gänge-Menü ohne Getränke:
€   unter 30 €
€€   30–60 €
€€€   über 60 €

Brot, Wein, Pasta: fertig ist die (toskanische) Küche.

FIRENZE

Cantinetta Antinori €–€€€
Das »Weinkellerchen« im renommierten Palazzo Antinori gehört einem der bedeutendsten Weinproduzenten Italiens, der auch Olivenöl und andere eigene

Agrarerzeugnisse vertreibt (www.antinori.it).
Mit seinem Namen verbindet sich die neue
Generation der Supertuscans (Supertoska-
ner), einer inoffiziellen Kategorie toskanischer Weine. Unter den kleinen Mahlzeiten
und köstlichen Snacks, die im großzügig-
eleganten Speiseraum im familieneigenen
Palazzo serviert werden, findet man toskanische Klassiker wie *Pappa al pomodoro*
(Tomaten-Brot-Suppe) oder *Ribollita* (Gemüsesuppe). Wahlweise sitzt man an der Bar
im Erdgeschoss oder blickt von der Galerie
auf die anderen Gäste herab. Trotz der eher
lässigen Atmosphäre sollte man zum exquisi-
ten Ambiente passend gekleidet erscheinen.
✛ 222 C3 ✉ Piazza Antinori 3 ☎ 055 29 22 34
⊕ www.cantinetta-antinori.com ⏱ Mo–Sa
12–14.30 und 19–22.30 Uhr; im Aug. geschl.

Casalinga €€
Traditionelle Trattoria mit ordentlicher
toskanischer Basisküche, freundlicher Be-
dienung und lebendiger Atmosphäre, wie
man es bei einem seit Generationen von derselben Familie geführten Restaurant erwartet.
✛ 222 C3 ✉ Via del Michelozzi 9r, nahe Piazza
di Santo Spirito ☎ 055 21 86 24 ⊕ www.tratto
rialacasalinga.it ⏱ Mo–Sa 12–14.30, 19–22 Uhr

Obicà Mozzarella Bar €€
Im Innenhof des vornehmen Palazzo Tornabuoni dreht sich alles um Mozzarella. Man
kann alle in Italien vertretenen Sorten in ihren vielfältigen Zubereitungsarten genießen.
Der Name der Kette stammt aus dem Neapolitanischen und bedeutet »Hier ist es!«.
✛ 222 C3 ✉ Via Tornabuoni 16 ☎ 055 27
35 26 ⊕ http://obica.com ⏱ Mo–Fr 12–16 und
18.30–23, Sa/So 12–23 Uhr

Osteria del Cinghiale Bianco €
Das »Weiße Wildschwein« ist eine Trattoria
alten Stils in einem ruhigen Sträßchen am
Arno, seit einem halben Jahrhundert in
Familienbesitz und mit verlässlich guter
toskanischer Küche, von der *Ribollita* bis
zum zarten Wildschwein aus der Maremma.
✛ 222 C3 ✉ Borgo San Jacopo 43r,
Oltrarno ☎ 055 21 57 06 ⊕ www.cinghiale
bianco.com ⏱ tgl. 18.30–22.30, Sa, So
auch 12–14.30 Uhr

Vivoli €
Seit drei Generationen unbestritten die beste
Eisdiele von Florenz, in einem Seitensträßchen
der Via Ghibellina bei Santa Croce. Beste
Zutaten und handwerkliche Zubereitung –
was man als Kunde schmeckt.
✛ 222 C3 ✉ Via dell'Isola delle Stinche 7r
☎ 055 29 23 34 ⊕ www.vivoli.it ⏱ Di–Sa 7.30
bis 21/24, So 9–21/24 Uhr

PISA

Osteria dei Cavalieri €€
Traditionsreiches Lokal in der Altstadt nahe
der Piazza dei Cavalieri mit klassisch toskanischer Küche wie *Pasta fritta* (gebratene
Nudeln), *Ossobucco con fagioli* (Ossobuco
mit Bohnen) oder *Trippa alla pisana* (Kutteln
mit Speck, Karotten, Zwiebeln und Kräutern).
Preiswerter Mittagstisch mit Einzelgerichten
und Festpreis-Menüs.
✛ 222 B3 ✉ Via San Frediano 16 ☎ 05 0 58
08 58 ⊕ www.osteriacavalieri.pisa.it ⏱ Mo–Fr
12.30–14, 19.45–22, Sa 19.45–22 Uhr

SIENA

Sotto le Fonti €–€€
Beste Adresse für authentische Gerichte
und Weine der Region ist diese Osteria mit
schlichtem Ambiente und profundem kulinarischen Anspruch. Sie hat sich dem Slow-
Food-Gedanken verschrieben, wo sie ausgezeichneten Ruf genießt. Kein Zufall also,
dass hier nur Hausgemachtes saisongerecht
auf den Tisch kommt! Unbedingt probieren
sollte man die hiesige Schinken-Spezialität
Cinta Senese und im Herbst die wahrlich
göttlich schmeckenden frischen Trüffel.
✛ 222 C2 ✉ Via Esterna Fontebranda 118
☎ 0577 22 64 46 ⊕ www.sottolefonti.it
⏱ Mo–Sa 12–15, 19–21.30 Uhr

PERUGIA

Osteria il Gufo €–€€
Kreativ bereitet man in diesem Lokal typische Gerichte der Gegend zu, mit täglich
wechselnder Speisekarte: Was der Markt
gerade Gutes hergibt, landet schmackhaft
zubereitet auf dem Teller. Schön ist es auch,

glasweise die Weinkarte zu erforschen und dazu ein paar Häppchen zu verzehren.
✠ 223 D2 ✉ Via della Viola 18 ☎ 07 55 73 41 26 ⊕ www.osteriailgufo.it ● Mi–So 19–24, Sa, So auch 12–15 Uhr

ORVIETO

Grotte del Funaro €–€€
Außergewöhnliches Restaurant in den Gewölben einer ehemaligen Seilerei (daher der Name). Die Küche ist teils deftig, mit Schweinefleisch vom Grill, versteht sich aber auch auf Feines wie Trüffel und Fleisch vom Chianina-Rind. Herrlicher Blick von der Terrasse.
✠ 224 C3 ✉ Via Ripa Serancia 41 ☎ 07 63 34 32 76 ⊕ www.grottedelfunaro.it ● Mi–So 19 bis 24, Sa, So auch 12–15 Uhr

SAN GIMIGNANO

Dorandò €€–€€€
In den kühlen Gewölben eines alten Palazzo speist man nach Rezepten des Mittelalters und der Etrusker – ein ausgefallenes, aber gelungenes Experiment zu (selbst für hiesige Verhältnisse) stolzen Preisen.
✠ 222 C2 ✉ Vicolo dell'Oro 2 ☎ 05 77 94 18 62 ⊕ www.ristorantedorando.it ● Ostern–Okt. tgl. 12–14.30, 19–21.30; Nov.–Ostern Mo geschl., Dez./Jan. ganz geschl.

LUCCA

Buca di Sant'Antonio €€–€€€
Eines der besten Restaurants im Zentrum mit traditioneller Küche und etwas steifem Ambiente.
✠ 222 B3 ✉ Via della Cervia 3 ☎ 05 8 35 58 81 ⊕ www.bucadisantantonio.com ● Di–So 12.30 bis 14.30, Di–Sa 19.30–22.30

Ristorante Giglio €–€€
In stilvoller Palazzo-Atmosphäre genießt man saisonale Gerichte aus heimischen Zutaten wie Lamm vom Rost mit knoblauchgewürzten Rübstielen oder gegrillten Dorsch mit Kichererbsen und rohem Schinken.
✠ 222 B3 ✉ Piazza del Giglio 2 ☎ 05 83 49 40 58 ⊕ www.ristorantegiglio.com ● Do–Mo 12–14, 19.30–22, Mi 19.30–22 Uhr

Wohin zum … Einkaufen?

Ein Einkaufsbummel in Mittelitalien – das ist der pure Genuss. Schöne Dinge finden sich allerorten – nicht nur in den Städten, auch in winzigen Ortschaften locken bunte Wochenmärkte, auf denen Händler von Lebensmitteln bis hin zu Haushaltswaren, Schuhen, Oberbekleidung und Dessous eine bemerkenswerte Produktpalette ausbreiten. Vieles wird regional produziert. Die Herstellung von Keramik, Mode, Schmuck und Lederwaren hat in Mittelitalien eine lange Tradition. Heute beleben viele junge Kreative altes Handwerk in ihren Ateliers und Werkstätten wieder neu. Als kleine Mitbringsel bieten sich Parfums aus Florenz an – oder, wenn es was Kulinarisches sein darf, die herrlichen Wein-, Käse- und Wurstspezialitäten der Region. Am interessantesten zum Einkaufen ist sicherlich das Zentrum der toskanischen Hauptstadt Florenz, mit zahlreichen Designer-Läden entlang der *Via Tornabuoni* sowie etwas preiswerteren Geschäften um die Piazza della Repubblica und an der Via dei Calzaiuoli. Unter den Märkten der Stadt sticht der quirlige von San Lorenzo hervor, wo man vom Ledergürtel bis zum Fußball-T-Shirt alles bekommt. In der Nähe befindet sich auch die riesige alte Markthalle, der Mercato Centrale, wo lukullische Genießer auf ihre Kosten kommen. Berühmt ist Florenz seit je her für seinen Schmuck und die seit 1593 auf dem Ponte Vecchio residierenden Juwelierläden. Schön ist ein Bummel durch die Kunstgewerbe-Lädchen des Altstadtviertels Oltrarno mit breit gefächertem Sortiment von Möbeln und Antiquitäten bis hin zu Marmorpapier und qualitätvollen Papeteriewaren. In der ältesten und schönsten Apotheke Europas bekommt man Naturkosmetik und edle Duftwässerchen (Officina Profumo Farmaceutica di Santa Maria Novella, Via della Scala 16). Erkundigen Sie sich bei der Tourist-Info nach Adressen für Traditionshandwerk.
Nicht ganz so groß ist das Angebot in Siena mit der *Via di Città* als Haupt-Shopping-Meile), wo man aber auch leicht fündig wird bei

Lederwaren, Schuhen und Mode, Keramik oder Papierwaren. Eine süße Spezialität ist das *Panforte di Siena*, ein lebkuchenartiges Mandelgebäck auf Oblaten mit kandierten Früchten – oft sehr hübsch verpackt und so ein ideales Souvenir.

In San Gimignano gibt es viele Töpferwaren, Artikel aus Olivenholz sowie Tisch- und Bettwäsche, während in Lucca Juweliere und Modegeschäfte das Bild prägen. Die umbrische Hauptstadt Perugia ist Einkaufszentrum für die gesamte Region, mit dem betriebsamen *Corso Vannucci* und schönen Geschäften in der Bahnhofsgegend. Ein gutes Mitbringsel von hier ist Schokolade.

In Spoleto ist vorwiegend die Unterstadt empfehlenswert zum Shopping, aber auch der tägliche Markt auf der Piazza del Mercato in der Altstadt sowie deren Boutiquen und Antiquitätenläden. In Assisi lassen sich gut Devotionalien und Keramik erwerben, Letztere auch in Orvieto sowie in Deruta, wo sie in großem Stil hergestellt wird. Wein und Öl aus der Toskana und Umbrien kann man auch direkt beim Erzeuger kaufen – zu Olivenbauern geht's auf der umbrischen Ölstraße www.stradaoliodopumbria.it, Weine kann man entlang etlicher Weinstraßen kennenlernen, z.B. entlang der Strada del Vino Chianti Colli Fiorentini oder der Strada del Vino Vernaccia di San Gimignano. Ein Verzeichnis findet sich auf der Website www.stradevinoditoscana.it.

Wohin zum ... Ausgehen?

Was Besucher an Mittelitalien besonders schätzen, sind die vielen historischen und kulturellen Feste. Musikalisch – von Klassik bis Jazz – gehts vor allem im Sommer hoch her. Bis ins Mittelalter zurück reicht die Tradition des berühmten Palio in Siena (www.ilpalio.org), ein Pferderennen auf der Piazza del Campo in historischen Kostümen (jeweils am 2. Juli und 16. August) – mit sehr viel Zulauf, weshalb man einen Besuch sorgsam planen sollte. An Ostern feiert man in Florenz den Scoppio del Carro, die »Verbrennung« eines blumengeschmückten Fuhrwerks mit Prozession und Feuerwerk vor dem Dom, gefolgt am 15. Mai von der Corsa dei Ceri in Gubbio (www.ceri.it), wo in einem verrückten Lauf riesige »Kerzen« aus Holz zum Gipfel des Monte Ingino getragen werden.

Neben den – meist dem örtlichen Schutzheiligen gewidmeten und mit Prozessionen, Musik und kleinen Gelagen begangenen – regionalen Festtagen gibt es auch kulinarische Feste (Sagre), die sich um lokale Spezialitäten drehen (Auskunft erteilen die Touristen-Informationen). Ältestes Musikfestival ist der in Florenz von Mai bis Mitte Juli stattfindende Maggio Musicale Fiorentino (www.maggiofiorentino.it); internationalen Ruf genießt – mit einer breiten Palette an Oper, Ballett und Konzerten – das hypermoderne Teatro dell'Opera. Beliebt ist auch das sommerliche Musik- und Tanz-Festival Estate Fiesolana in Fiesole, mit Aufführungen im antiken Amphitheater (www.estatefiesolana.it). Im Juni/Juli lockt im umbrischen Spoleto das Festival dei Due Mondi (www.festivaldispoleto.com) und in Perugia das Umbria Jazz-Festival (www.umbriajazz.com). Beim Trasimeno Music Festival werden Kirchen und Palazzi in verschiedenen Orten nahe des großen Sees zu Veranstaltungsorten für Klassik-Konzerte (www.trasimenomusicfestival.com).

Nachtleben mit Clubs und Live-Musik gibt es vorwiegend in Universitätsstädten wie Florenz, Siena und Perugia, im Sommer tobt das Party-Leben an einem der längsten Sandstrände Italiens im Badeort Viareggio. Vor allem im Frühling präsentiert sich Mittelitalien als Wanderparadies – in der Toskana bestens erschlossen durch das System der *Strade bianche* (weißen Straßen). Wer höher hinaus möchte, ist gut aufgehoben im umbrischen Hügelland, auch im Herbst. Hinweise für bestimmte Routen erteilen die Touristen-Informationen. Agriturismo-Einrichtungen bieten häufig auch Reitausflüge an. Besonders intensiv erlebt man Mittelitaliens Landschaften beim Radeln. Mit dem E-Bike lassen sich auch hügelige Strecken mühelos bewältigen. Adressen der Verleiher bekommt man ebenfalls bei der Touristen-Information.

»Steinerne Krone Apuliens« wird das westlich von
Bari gelegene, im Auftrag des Stauferkaisers Friedrich II. errichtete Castel del Monte auch genannt.

Süditalien

Die Sonne, die Farben,
das Temperament der hier
heimischen Menschen und
die Schärfe der Speisen –
im Süden ist alles intensiver
und entfaltet viel Magie.

Seite 144–169

Erste Orientierung

Rauer, ärmer erscheint Italien südlich von Rom. Das Klima ist trockener und heißer, die Landschaft wechselt zwischen sprödem Fels und fruchtbaren Tälern. Von außergewöhnlicher Schönheit präsentiert sich so mancher Küstenabschnitt. Antike Ruinen legen Zeugnis ab von den Griechen, Römern und anderen Völkern, die hier vor tausenden Jahren Kulturgeschichte schrieben.

Als wichtigste Stadt des heutigen Süditalien erstreckt sich zu Füßen des Vesuvs das quirlige Napoli (Neapel), Hauptstadt Kampaniens und drittgrößte Stadt Italiens. Die vom Vulkan zerstörten Städte Pompei und Ercolaneo künden detailreich wie kaum eine andere Ausgrabungsstätte vom Alltagsleben vor zweitausend Jahren. Südwärts schließt sich, gesprenkelt mit idyllischen Orten wie Ravello, die Halbinsel Sorrento an, von wo man auf die berühmte Insel Capri gelangt. Noch weiter südlich hinterließen griechische Siedler die großartigen Tempel von Paestum, ein Stück tiefer in die Vergangenheit führen die Höhlen von Matera, einmalig sind die kegelförmigen *Trulli* bei Alberobello. Auf der Ostseite, in Apulien, glänzt Lecce mit schöner Barock-Architektur, locken die pinienbestandenen Kreidefelsen des Gargano und ganz im Norden der Parco Nazionale d'Abruzzo, wo Gämsen, Wölfe und Braunbären heimisch sind.

TOP 10
❺ ★★ Sorrento & Amalfitana
❾ ★★ Pompei & Monte Vesuvio

Nicht verpassen!
52 Parco Nazionale d'Abruzzo
53 Napoli

Nach Lust und Laune!
54 Ercolaneo
55 Ravello
56 Paestum
57 Matera
58 Lecce
59 Alberobello
60 Parco Nazionale del Gargano
61 Capri

Pescara
Sulmona
52 Parco Nazionale d'Abruzzo
60 Parco Nazionale del Gargano
Isernia
San Severo
Manfredonia
Cassino
Lucera
Foggia
Barletta
Cerignola
Bari
Gaeta
Benevento
Andria
Caserta
Melfi
Pompei & Monte Vesuvio
Altamura
Napoli 53 9
Lioni
Potenza
Matera 57
59 Alberobello
Brindisi
Ercolano 54
Ìsola d'Ischia Sorrento
55 Ravello
Mesagne
61
5
Battipaglia
Bernalda
Taranto
Lecce 58
Capri
Sorrento & Amalfitana
56 Paestum
Viggiano
Gallipolli
Màglie
Policoro
Senise
Episcopia
Pisciotta
Sapri
Trebisacce
Marina di Leuca
50 km
30 mi
Morano Calabro
Rossano
Belvedere Marttimo
Longobucco
Cosenza
S. Giovanni in Fiore
Amantea
Rogliano
Crotone
Catanzaro
Vibo Valentia
Soverato
Serra S. Bruno
Marina di Gioiosa Jonica
Reggio Calabria
Bianco

Mein Tag in bella Napoli

Laute Wochenmärkte, alteingesessene Pizzerien, das Auf und Ab mit dem Funicolare, eine quirlige Altstadt und die Spuren von zweieinhalbtausend Jahren Kulturgeschichte – all das ist Neapel, das Sie an diesem Tag über und unter der Erde entdecken können.

9 Uhr: Spaziergang auf der Uferpromenade

Eine der schönsten Straßen ❺❸ Neapels ist die Via Carracciolo, die direkt am Meer entlang vom feinen Stadtteil Mergellina zum Castel dell' Ovo führt. An der Uferpromenade treffen sich Jogger und Spaziergänger. Lassen auch Sie sich zum Tagesauftakt hier die frische Luft um die Nase wehen, beginnen Sie den Spaziergang am kleinen Hafen von Mergellina. Vielleicht treffen Sie noch ein paar Fischer an, die direkt ab Boot den frischen Fang verkaufen. Und lassen Sie den Blick übers Meer schweifen: Bis nach ❻❶ Capri kann man schauen. Nach etwa einer halben Stunde haben Sie das Kastell erreicht.

10 Uhr: Rauf nach Vomero

Weiter geht es nun stadteinwärts durch die Via Santa Lucia zur Station der Standseilbahn an der Piazzetta Augusteo. Die Neapolitaner lieben ihre *Funicolari*: Diese verbindet schon seit 1928 die historische Altstadt mit dem auf dem gleichnamigen Hügel gelegenen Wohnbezirk Vomero. Hier oben ist man privilegiert, atmet frische Luft, erfreut sich am herrlichen Panorama.

10.45 Uhr: Obst, Gemüse und Dessous

Was wäre eine italienische Stadt ohne ihre Wochenmärkte? Der Vomero hat einen der attraktivsten *mercati* Neapels (Mo–Sa 8–13.30 Uhr). Hier wird

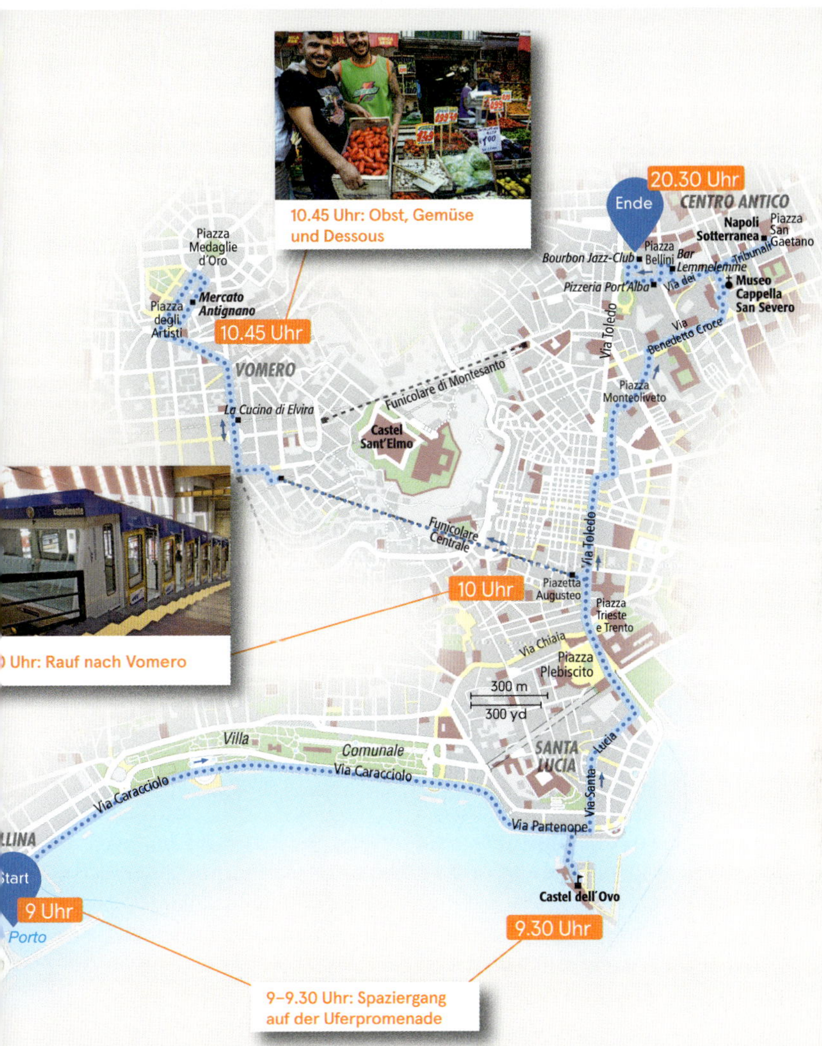

10.45 Uhr: Obst, Gemüse und Dessous

10 Uhr: Rauf nach Vomero

9–9.30 Uhr: Spaziergang auf der Uferpromenade

so ziemlich alles geboten, was der Mensch tagtäglich braucht. Lebensmittel, Oberbekleidung und Dessous, Haushaltswaren, Produkte für die Schönheitspflege und vieles mehr. Das Beste aber ist das Temperament der Verkäuferinnen und Verkäufer, die mit Witz und kräftigem Organ für ihre Waren werben – neapolitanischer Alltag in Reinkultur.

Direkt am Meer entlang führt die Via Carracciol vom feinen Stadtteil Mergellina zum Castel dell'Ovo.

12 Uhr: Mittagessen bei Elvira

Wenn Ihnen der Bummel über den schönen Markt von Vomero so richtig Appetit gemacht hat, ist jetzt La Cucina di Elvira (Via Bernini 42, Di nur abends, sonst auch 12–16 Uhr, Tel. 33 89 33 88 10) die richtige Adresse. Ein einfaches Lokal, familiengeführt, mit typisch neapolitanischen Gerichten – Pasta und Brot sind hier hausgemacht, die Gemüsebeilagen nimmt man sich einfach selbst an dem reich bestückten Buffet. Lecker!

13.30 Uhr: Barocke Skulpturenpracht

Zurück zur Zahnradbahn und hinab zur Ausgangsstation Augusteo. Von dort spazieren Sie durch Altstadtgassen zur Capella San Severo, einst Grabkapelle für Neapels Adel – heute Museum (Mi–Mo 9–19 Uhr, Eintritt 7 €) mit barocker Skulpturenpracht. Herausragend ist der *Cristo velato* (verschleierter Jesus) von Giuseppe Sanmartino (1753). Makaber muten die beiden Skelette in der Krypta an, Resultate eines düsteren Experiments, gefertigt im 18. Jh. von einem Arzt aus Palermo, um seinen Kollegen eine Vorstellung vom menschlichen Innenleben zu geben.

16 Uhr: Ausflug in die Unterwelt

Weiter geht es zur Piazza San Gaetano. Hier tauchen Sie in Neapels faszinierende Unterwelt ab. Unterhöhlt wurde die Stadt bereits von den Griechen der Antike. Die holten sich die Steine für den Bau von Stadtmauer und Tempeln aus dem

Bevor es in die Unterwelt und später zum Jazz geht, ist ein Teller Pasta zur Stärkung ideal.

Untergrund. In den unterirdischen Gewölben, die auf diese Weise entstanden, bestatteten sie schließlich ihre Toten. In englischer Sprache werden täglich um 16 Uhr Führungen durch die Katakomben angeboten (Reservierung erforderlich, Tel. 081 29 69 44, www.napolisotterra nea.org, Eintritt 18 €).

19 Uhr: Aperitivo auf der Piazza Bellini

Als *Aperitivo* bezeichnet man in Italien nicht nur ein Getränk, sondern auch den im ganzen Land beliebten Brauch, sich am frühen Abend in der Bar zu treffen, um einen Drink zu bestellen und sich am Buffet zum günstigen Festpreis zu bedienen – Oliven, Käsewürfel, pikante Salami und herzhafte Gemüsekuchen sowie

andere Kleinigkeiten stehen dort bereit. Sehen und gesehen werden, auch das gehört beim Aperitivo dazu. Suchen Sie sich ein Plätzchen in der Bar Lemmelemme an der Piazza Bellini – um diese Uhrzeit definitiv die beste Adresse am Platz.

20.30 Uhr: Erst Pizza, dann Jazz

Und was machen Neapolitaner am Abend? Pizza essen, na klar. Eine der berühmten historischen Pizzerien ist nur einen Katzensprung entfernt, die Pizzeria Port'Alba (Via Port'Alba 18, tgl. 11.30–1.30). Anschließend können Sie den Abend im nahegelegene Bourbon Jazz-Club (Via Bellini 52, Di–Sa ab 20 Uhr, www.bourbonstreetjazzclub. com) stilvoll ausklingen lassen.

❺ ★★ Sorrento & Amalfitana

Was?	Kleine Buchten, bizarre Felsen, pittoreske Orte und das Meer
Warum?	Malerischer ist Italiens Küste nirgendwo
Wann?	Im Herbst, wenn es etwas ruhiger zugeht
Wie lange?	1 Woche
Was noch?	Sündhaft gute Meeresküche und wunderbarer lokaler Wein

Am südlichen Ende des Golfs von Neapel liegt auf einem Tuffstein-Plateau, umgeben von Zitronen- und Orangenhainen, der beliebte Badeort Sorrento. Von hier aus lässt sich bestens die gleichnamige Halbinsel erkunden, samt der Amalfiküste mit ihren steilen, bizarren Felsen.

Sorrento

Mit dem Auto von Neapel nach Sorrent zu fahren, ist ein von vielen Staus getrübtes Vergnügen. Weshalb man hier besser mit einer Vespa unterwegs ist.

Im Hafen von Sorrento herrscht reger Schiffsverkehr: Vom »Großen« Alten Hafen Marina Grande sind Fischerboote unterwegs, Fähren nach Napoli, Ischia und Capri verkehren von der zentraler gelegenen Marina Piccola. Touristen bietet das Städtchen jeden erdenklichen Komfort, einschließlich Grand Hotels und interessanten Restaurants. Nach einem Cappuccino am Hauptplatz, der belebten Piazza Torquato Tasso mit einer Statue des in Sorrent geborenen Dichters (1544–1595), kann man schön durch die Gässchen schlendern und Läden mit Keramik, Holzintarsien und dergleichen durchstöbern. Und allerorten wird als hiesige Spezialität der Zitronen-Likör *limoncello* angeboten.

Amalfitana

Der 80 km lange Küstenstreifen zwischen Positano und Salerno zählt zu schönsten Landschaften Italiens: Durch zahllose Nadelkurven führt die Straße an schroffen Felsen vorbei, auf denen waghalsig kleine Ortschaften in den blauen Himmel ragen. Pastellfarbene Häuser mit roten Ziegeldächern wechseln mit steilen Gartenterrassen, wo Wein, Oliven und Zitrusfrüchte gedeihen. Lohnend ist ein Aufenthalt im Künstlerstädtchen Positano, dessen Häuser äußerst malerisch an zwei Berghängen hinaufklettern. Nicht minder eindrucksvoll ist Amalfi mit seinem außergewöhnlichen Dom

Es gibt ein paar Dinge im Leben, die möchte man mal gemacht haben: am Golf von Sorrent auf die gleichnamige Stadt blicken, in Positano den Sonnenuntergang erleben und in Amalfi zu Füßen des Doms unter freiem Himmel dinieren (im Uhrzeigersinn von oben).

in arabisch-normannischem Stil. Auf einem Sträßchen mit vielen Windungen und Kehren durch Zitronen- und Olivenhaine gelangt man nach Ravello (S. 161) in einzigartiger Lage 300 m rund über dem Meer.

KLEINE PAUSE

Das Restaurant **O'Parrucchiano** in Sorrento (Corso Italia 71, Tel. 08 18 78 13 21, www.parrucchiano.com) bietet den Gästen das Ambiente eines historischen Gewächshauses – und als Spezialität *Peperoni ripieni alla Sorrentina* (gefüllte Paprikaschoten).

✛ 227 D2
Touristen-Information
✉ Corso delle Repubbliche Marinare 27, Amalfi ☎ 08 9 87 11 07 🌐 www.amalfi

touristoffice.it 🕐 Mo–Fr 8.30–13, 14–18, Sa 9–13 Uhr 🚉 Sorrento (Circumvesuviana: Linien und Fahrpläne unter www.eavsrl.it)

❾ ★★Pompei & Monte Vesuvio

Was?	Antike Stadt am Fuße des Vulkans, der ihren Untergang brachte
Warum?	Pompei ist erstaunlich gut konserviert
Wann?	April, Ende Sept./Okt.; frühmorgens nach Pompeji, dann schafft man nachmittags noch den Ausflug auf den Vesuv
Wie lange?	Pompei 3–4 Stunden, Ausflug (ab Pompeji, Shuttle-Touren mit Guide werden dort angeboten) zum Vesuv ca. 2,5 Stunden

Der Vulkankegel des Vesuv und die antike Stadt, die unter seinen Eruptionen im Jahr 79 begraben wurde, bilden eine der eindrucksvollsten Sehenswürdigkeiten Süditaliens.

Monte Vesuvio

Blick in die Mondlandschaft des Kraters.

Weithin sichtbar ist die markante Silhouette des Vesuv, dessen Flanken bis an Neapel heranreichen. Der letzte Ausbruch des Vulkans (1944) ist schon mehr als ein halbes Jahrhundert her – da er unter ständiger Beobachtung von Seismologen steht, hat man nichts zu befürchten, wenn man den Weg zum Kraterrand erklimmt über steiles, mit Schlacken bedecktes Terrain. So abenteuerlich übrigens der Blick in den Kessel ist: Noch überwältigender wirkt an klaren Tagen die Panoramasicht vom Gipfel des heute als Schutzzone ausgewiesenen Bergs (www. vesuviopark.it).

Pompei (Pompeji)

Ein tragisches Schicksal widerfuhr Pompeji mit der radikalen Zerstörung im Ascheregen, der zugleich den darunter begrabenen Ort anderthalb Jahrtausende konservierte. Im Bimsstein-Ascheregen des Vulkanausbruchs 79 starben viele Einwohner, wo sie gerade standen oder lagen. Wer nicht erstickte, verglühte später in der immensen Hitze. Seit Beginn der systematischen Freilegung entfaltete sich allmählich das

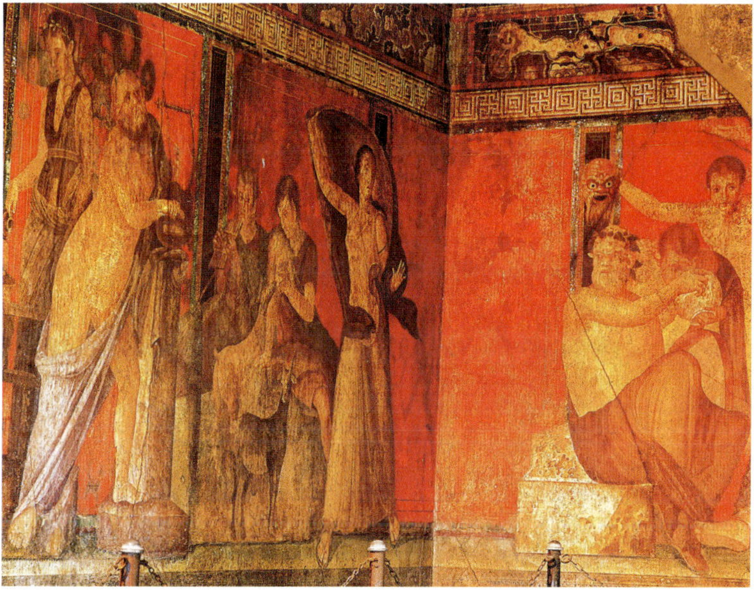

authentische Bild einer römischen Provinzstadt mit Straßen, Plätzen, Tempeln, Thermen, Theatern, Villen und anderen Gebäuden, die vom damaligen Alltagsleben zeugen. Bemerkenswert sind etwa die Villa dei Misteri, das Haus der Vetti (mit schönen Fresken), das Forum mit Kolonnaden sowie das stattliche Haus des Fauns (mit wieder angelegtem Garten). Fast alle Funde und viele originale Fresken zeigt das weltberühmte Museo Archeologico Nazionale in Neapel.

Eine Attraktion von Pompeji sind die schönen Fresken der freigelegten Häuser (hier in der Villa dei Misteri).

KLEINE PAUSE

In direkter Umgebung des Ausgrabungsareals finden sich **Cafeterias** und **Restaurants.**

---

227 D2 **Pompei** ✉ Scavi di Pompei, Zugänge: Porta Marina, Piazza Esedra, Piazza Anfiteatro ☎ 01 85 77 53 47 🌐 www.pompeiisites.org 🕑 April–Okt. Mo–Fr 9–19.30, Sa, So ab 8.30; Nov.–März 9–17 Uhr 🚌 Pompei Villa dei Misteri oder Pompei Santuario (www.eavbus.it oder mit der Bahn Circumvesuviana Napoli–Sorrento bis zur Station Pompeji-scavi, Fahrplan www.eavsrl.it) 🎟 15 €, Kombiticket (3 Tage gültig, auch für die Ausgrabungsstätten Oplontis und Boscoreale 18 €)

Touristen-Information ✉ Porta Marina, Pompei ☎ 08 18 50 72 55 🕑 April–Okt tgl. 8.30–18, Nov.–März 8.30–15.30 Uhr

㊾ Parco Nazionale d'Abruzzo

Einst ein königliches Jagdrevier, ist der im Jahr 1923 gegründete Nationalpark heute ein geschütztes Gebiet für die typische Flora und Fauna der südlichen Abruzzen – eine der schönsten Landschaften Italiens.

Im Dörfchen Civitella Alfedena südöstlich von Pescasseroli gibt es das Museo del Lupo Appenninico, wo man viel über den hiesigen Apenninen- oder Italienischen Wolf *(Canis lupus italicus)* erfährt.

Im dem 44 000 ha großen Areal des Naturparks dehnen sich Buchen- und Walnusswälder aus, durchsetzt mit Eschen, Weißdorn und Hainbuchen. Hier leben zahlreiche bedrohte Tierarten wie Gämse, Bergziege, Luchs, Apenninen-Wolf und Marsikanischer Braunbär *(Ursus arctos marsicanus)*. Wenn im Frühsommer die Bergwiesen buchstäblich in Farborgien explodieren, ertönen darüber die Schreie von Steinadler, Hühnerhabicht und Wanderfalke – der Park ist ein Eldorado für Ornithologen mit über 300 verschiedenen Vogelarten. Auch die Pflanzenwelt ist vielfältig, mit 1200 Spezies, darunter allein 250 verschiedenen Pilzen.

Pescasseroli

Ein guter Ausgangspunkt für die Erkundung des Parks ist das Besucherzentrum in der hübschen Gemeinde Pescasseroli (1167 m), mit kleinem Naturkundemuseum zum Lebensraum der Abruzzen und einer Pflegestation für verletzte Tiere. Die hier erhältliche Wanderkarte verzeichnet 150 Routen und diverse Schutzhütten, in denen man übernachten kann. Zudem lässt sich der Park auch auf dem Pferderücken oder per Mountainbike erobern. Aus Pescasseroli stammte der Philosoph, Dichter und Politiker Benedetto Croce (1866 bis 1952), dessen Geburtshaus, den Palazzo Sipari (Piazza Benedetto Croce), man besichtigen kann.

Außerhalb des Parks

Lohnend sind auch die kleinen Ortschaften der Umgebung – etwa das mittelalterliche <u>Scanno</u> (nordöstlich Pescasseroli) oder <u>Opi</u> (südöstlich) mit einem Gämsenmuseum. Das nordöstlich von Scanno gelegene <u>Sulmona</u> bietet als Spezialität zuckerüberzogene Mandeln (*confetti*) und ist stolzer Geburtsort des römischen Dichters Ovid (43 v.–17 n. Chr.).

KLEINE PAUSE

Mit frisch belegten Panini (Brötchen) und Kaffee kann man sich in der **Enoteca Sapore Di Vino** im Zentrum von Pescasseroli stärken, Piazza V. Veneto 2, Tel. 08 63 91 05 58

Eine Wanderung im Abruzzen-Nationalpark ist ein ganz besonderes Erlebnis.

✛ 226 C4

Touristen-Information, Centro Visita di Pescasseroli – Museo Naturalistico
✉ Besucherzentrum, Via Colli dell'Oro, Pescasseroli ⊕ www.parcoabruzzo.it ◷ Juli, Aug. tgl. 10–18.30, sonst 10 bis 17.30 Uhr ⌂ Avezzano, dann Bus bis

Pescasseroli ⛉ Centro Natura – Museo Naturalistico: 6 €

Museo del Lupo Appenninico
✉ Besucherzentrum, Via Santa Lucia, Civitella Alfedena ⊕ www.parcoabruzzo.it ◷ April–Sept. 10–13.30, 15–18.30, sonst 10–17.30 Uhr ⛉ 3 €

 53 Napoli

Was?	Hauptstadt der Region Kampanien, drittgrößte Stadt Italiens und kultureller Mittelpunkt des Südens
Warum?	Faszinierende Altstadt mit UNESCO-Welterbe-Status und pulsierender Vitalität
Wann?	Jederzeit, nur nicht im Hochsommer
Wie lange?	2–3 Tage

An einem hinreißend schönen Küstenstreifen erstreckt sich das stolze Neapel, dessen Altstadt sich bei näherem Hinsehen als Schatzkiste entpuppt. Zudem bescherten die nahe gelegenen Grabungsstätten am Vesuv der Stadt eine der besten archäologischen Sammlungen der Welt.

Autofahren in Neapel ist chaotisch und zeitaufwendig. Benutzen Sie besser die öffentlichen Verkehrsmittel.

Das quirlige Chaos im Herzen der Stadt trägt nicht unwesentlich zu ihrem ganz eigenem Charme bei. Bei der Orientierung hilft die Touristen-Information (Piazza del Gesù) am Ende der Spaccanapoli – einer Magistrale durch die Altstadt, die parallel zum Hafen verläuft, gesäumt von Kirchen, kleinen Plätzen, Läden, Bars und Restaurants. Nördlich davon sind Duomo San Gennaro und Archäologisches Museum zu finden, südwestlich liegt auf einem Hügel das von einem Park umgebene ehem. Kartäuserkloster Certosa di San Martino. Östlich stößt man in einem stillen Klostergarten auf die gotische, von Domenico Vaccaro 1742 barock umgestaltete Basilika Santa Chiara, Grablege der Könige von Neapel.

Museo Archeologico Nazionale

Das auch mit Funden aus Pompeji und Herculaneum bestückte Museum verfügt zudem über zum Teil exzellent erhaltene Exponate aus dem 8. Jh. v. Chr. bis zum 5. Jh. n. Chr. Neben Wandgemälden sind Mosaiken, Skulpturen, Glas- und Silberarbeiten ausgestellt. (Hier findet man auch das Original des berühmten Tiermosaiks mit der Warnung *Cave Canem* (»Hüte dich vor dem Hund«), das einst in Pompeji die Schwelle der Casa del Poeta tragico (Haus des Tragischen Dichters) abseits der Via di Nola zierte. Eine Besonderheit bildet das Gabinetto Segreto (Geheime Kabinett) mit seiner

Sammlung gewagter Erotica. Zu den Glanzstücken des
Hauses gehören Skulpturen eines Stiers und Herkules aus
dem Besitz der römischen Adelsfamilie Farnese.

Museo e Parco di Capodimonte

Einen interessanten Kontrast zur Antike bildet der Mitte des
18. Jh.s von Karl III. von Spanien, König beider Sizilien, als
Sommerresidenz der Bourbonen erbaute Palast, der die rie-
sige Kunst- und Porzellansammlung seiner Mutter Elisabetta
Farnese beherbergte (mit Arbeiten der neapolitanischen
Manufaktur Capodimonte).

Keine 10 km vom markanten Doppelkrater des Vesuv entfernt liegt Neapel, für Stendhal »die schönste Stadt der Welt«.

KLEINE PAUSE

In Neapel wurde die Pizza erfunden – einmal sollte man sie
in einer der hiesigen Traditionspizzerien verspeist haben –
etwa in der **Pizzeria di Matteo** (Via dei Tribunali 94).

✈ 227 D2
Touristen-Information
✉ Piazza del Gesù ☎ 081 55 12 701
⊕ www.infoturismonapoli.it, www.
campaniartecard.it ● Mo–Sa 9–19.30,
So 9–14 Uhr ⌂ Napoli Centrale

Museo Archeologico Nazionale
✉ Piazza Museo Nazionale 19 ☎ 08 14

42 21 49 ⊕ cir.campania.beniculturali.
it/museoarcheologiconazionale
● tgl. außer Di 9–19.30 Uhr ✦ 15 €

Museo e Parco di Capodimonte
✉ Via Miano 2 ☎ 08 17 49 91 11
⊕ www.museocapodimonte.
beniculturali.it ● tgl. außer Mi
8.30–19.30 Uhr ✦ 12 €

Picknick am Castel del Monte

Eine achteckige Burg mit acht achteckigen Türmen: Viele Rätsel gibt Castel del Monte, die Burg des Stauferkaisers Friedrich II., der Nachwelt auf. Der Verteidigung diente das Kastell jedenfalls nicht, denn Wehranlagen fehlen. Vermutlich hat sich der für seine Zeit ungewöhnlich gebildete Herrscher, der sich auch mit dem Papst anlegte, hier selbst ein Denkmal gesetzt. Breiten Sie die Decke aus, verweilen Sie ein Weilchen im Schatten der Mysterien-Burg, um über deren Strahlkraft zu staunen.

www.weltkulturerbe.com/europa/italien/castel-del-monte.html

Nach Lust und Laune!

54 Ercolano

Beim Vesuvausbruch im Jahr 79 wurde neben Pompeji auch die Küstenstadt Ercolano (Herculaneum) so stark zerstört, dass sie ein Jahrtausend lang unbewohnt blieb. Der Ascheregen richtete hier weniger Schaden an hölzernen Bauteilen an, weshalb oft mehrere Stockwerke stehen blieben, vor allem an der Hauptstraße Cardo IV. In der Villa dei Papiri überdauerten 1700 antike Schriftrollen (heute im Museo Archeologico Nazionale in Neapel). Vielzahl und Qualität der in Herculaneum erhaltenen Wandgemälde und Mosaiken lassen auf ein blühendes Gemeinwesen schließen, allen voran das Casa di Nettuno genannte Haus eines Weinhändlers, wo man auf ein prächtiges Mosaik des Meeresgottes Neptun und seiner Gattin Amphitrite stieß. Wie Pompeji gehört auch Herculaneum zum Weltkulturerbe der UNESCO.

227 D2 ✉ Scavi di Ercolano ⊕ www.pompeiisites.org ◷ April–Okt. tgl. 8.30–19.30, Nov.–März 8.30–17 Uhr (letzter Einlass im Sommer 18, im Winter 15.30 Uhr) ☗ Ercolano (Circumvesuviana: Linien/Fahrpläne unter www.eavcampania.it) ✦ 11 €

55 Ravello

Hoch über dem Meer thront das idyllische Städtchen mit mittelalterlichem Marktplatz und prächtiger, löwengetragener Kanzel (13. Jh.) im romanischen Dom San Pantaleone. Im terrassierten Park der maurisch inspirierten Villa Rufolo (13. Jh.) erging sich schon Giovanni Boccaccio, Autor des *Decamerone;* Richard Wagner fand hier im Jahr 1880 Anregungen zu einem Bühnenbild seines *Parsifal.* Seit 1953 finden hier jährlich Festspiele zu Ehren des Komponisten statt (www.ravellofestival.com). Das Oscar-Niemeyer-Auditorium, ein futuristischer Konzertsaal der Fondazione Ravello, ist das Alterswerk des brasilianischen Architekten Oskar Niemeyer. Nicht weniger fantastisch als die Villa Rufolo, nur noch exzentrischer, ist die Villa Cimbrone (18. Jh., heute Hotel) mit ei-

Blick vom Park der Villa Rufolo bei Ravello.

nem wunderbaren Garten und einem berühmten Belvedere *(Terrazza dell'infinito)*.

✚ 227 D2 ✉ Piazza Fontana Moresca 10 ☎ 08 9 85 70 96 ⊕ www.ravellotime.it ◕ Mo–Sa 9–13, 14–18, So 9–14 Uhr

Villa Rufolo
✉ Piazza Duomo ⊕ www.villarufolo.com ◕ tgl. 9–17 Uhr ☎ 08 985 76 21 🎟 7 €

Villa Cimbrone
✉ Via Santa Chiara ⊕ www.villacimbrone.com ◕ Park: 9 Uhr bis Sonnenuntergang 🎟 7 €

56 Paestum

Das 35 km südlich Salerno gelegene Paestum (UNESCO-Welterbe) wurde im 6. Jh. v. Chr. als *Poseidonia* von griechischen Siedlern gegründet, im 3. Jh. v. Chr. von den Römern erobert. Aus der Frühzeit stammen drei dorische Tempel, darunter der (früher Poseidon-Tempel genannte) Hera-Tempel. Nach Zerstörungen im 9. Jh. durch die Sarazenen und im 11. Jh. durch die Normannen wurde Paestum von seinen Einwohnern aufgegeben und erst im 18. Jh.

Hera-Tempel (um 450 v. Chr.) in Paestum.

wiederentdeckt. Die Funde der Ausgrabungsstätte kann man im Museo Nazionale Archeologico besichtigen. Besonders schön ist das wohl von etruskischen Malereien beeinflusste Gemälde aus der im Jahr 1968 entdeckten Tomba del Tuffatore (Grab des Tauchers, um 480 v. Chr.).

✚ 227 E1 ✉ Via Magna Grecia 887 ⊕ www.infopaestum.it; www.campaniartecard.it ◕ tgl. 9–13, 13.30–17.30 Uhr

Ausgrabungsstätte
✉ www.campaniartecard.it 🚌 Paestum (www.sitabus.it) 🎟 Kombiticket mit Museum März–Nov. 12 €, Dez.–Feb. 9 €

Museo Nazionale Archeologico
✉ Via Magna Grecia ⊕ www.campaniartecard.it 🎟 Kombiticket mit Ausgrabungsstätte, Eintritt s. oben

57 Matera

Seit etwa 7000 Jahren existieren in den Kalksteinschluchten bei Matera, Hauptstadt der östlichen Basilicata, die Sassi (»Steine«) genannten höhlenartigen Behausungen. In den 1950er-Jahren galt Materas Altstadt mit den prekären Wohnverhältnissen als »Schande der Nation«. Heute sind die sanierten Höhlenhäuser schicke Hotels, Restaurants und Ateliers – und Materas Altstat (Sassi Caveoso und Sassi Barisano) UNESCO-Welterbe. 2019 war Matera zudem als erste süditalienische Stadt »Kulturhauptstadt Europas«. Nicht nur Wohnungen, auch 120 Kirchen wurden in den Fels getrieben, darunter San Pietro Caveoso und Santa Maria de Idris (jeweils Wandmalereien aus

Museumswohnung im Sasso Caveoso (Matera).

dem 14. Jh.). Unbedingt einen Ausflug lohnt die Cripta del Peccato Originale, eine Felsenkirche in der Umgebung von Matera. Erst im Jahr 1963 wurde die in einer Schlucht verborgene Kirche mit Wandmalerei aus dem 8. Jh. von einem Hirten entdeckt (nur geführte Touren nach Anmeldung online über www.cripta delpeccatooriginale.it).

58 Lecce

Barocke Heiterkeit bestimmt die Architektur des gern »Florenz des Südens« genannten Lecce auf der apulischen Halbinsel Salento. Sakrale wie profane Bauten sind meist aus dem örtlichen goldgelben Tuffstein (*Pietra leccese*) erbaut. Das opulente Stadtbild entstammt vorwiegend dem 16. bis 18. Jh., als Lecce unter spanisch-bourbonischer Herrschaft seine Blüte erlebte. Entlang der Via Palmieri und der Via Libertini stehen stolze Palazzi, errichtet von wohlhabenden Bankiers und Kaufleuten. Einer der wichtigsten Baumeister jener Periode war Giuseppe Zimbalo, als dessen Meisterstück die Fassade der Basilica di Santa Croce (1646) an der Via Umberto I gilt. Von Figuren und Ornamenten geradezu überflutet, war sie für Zeitgenossen wie ein Bilderbuch zu lesen. Zentrales Thema: der Triumph der Christen über die Osmanen. Den historischen Hintergrund bildete die Seeschlacht von Lepanto im Jahr 1571, bei der die christliche Allianz unter spanischer Führung die Osmanen vernichtend schlugen und damit deren langjährige Versuche, italienisches Terrain zu erobern, endgültig stoppten.

Im über 2000 Jahre alten Lecce stößt man auch auf Bauwerke früherer Epochen, so auf ein römisches Amphitheater aus dem 1. Jh. Sehenswert ist die Burg (Castello Carlo Magno), wo ein kleines Museum der für Lecce typischen Pappmachékunst (*Cartapesta*) gewidmet ist. Einen ausgezeichneten Ruf genießt zudem die einheimische Küche mit

Detail an der Basilica di Santa Croce in Lecce.

deftigen Pastagerichten – sehr beliebt sind z. B. *orrechiette* mit würzigem Ziegenricotta.

59 Alberobello

Zu den erstaunlichsten Sehenswürdigkeiten des italienischen Südens gehören die Trulli genannten Rundhäuser von Alberobello (UNESCO-Welterbe) mit ihren kegelförmigen Dächern. Für diese wurden Steinplatten überkragend – ohne Mörtel! – aufeinander geschichtet. Den Abschluss bilden Schlusssteine, deren vielfältige Formen noch nicht gedeutet werden konnten. Hunderte solcher oft mehrere Jahrhunderte alten Häuschen – wie man sie sonst ähnlich allenfalls in Syrien findet – verleihen dem Ort ein fremdartiges Gepräge. Die vorwiegend weiß getünchten Trulli beherbergen inzwischen auch Hotels, Restaurants oder Läden; es gibt sogar eine relativ

Kegelförmige Dächer: die »Trulli« von Alberobello.

moderne Trullo-Kirche: Sant'Antonio aus dem Jahr 1926. Aus der Masse heraus sticht der zweistöckige Trullo Sovrano an der Piazza Sacramento (heute Museum). Rings um das Städtchen finden sich auch noch weitere Kegelbauten, vor allem an der Straße nach Martina Franca.

60 Parco Nazionale del Gargano

Am Sporn des italienischen »Stiefels«, an der apulischen Adria, liegt der Nationalpark auf einer 65 km langen und 45 km breiten Halbinsel. Neben einer Küstenlandschaft mit bizarren Felsen, schönen Stränden und Fischerdörfchen mit weißen Häusern bilden seine Hauptattraktion die alten Pinienwälder der Foresta Umbra (»Schattiger Wald«, teils auch Mischwälder mit Buchen u. a. Laubbäumen), die im Sommer Schutz vor der Hitze bieten. Der alte Fischerort Peschici am Nordende lockt mit gewundenen Gässchen und endlosen Sandstränden – von hier gelangt man auch auf die vorgelagerten Isole Tremiti und westlich zu den Lagunen von Varano und Lesina, wo man gut Vögel beobachten kann. Zudem gibt es auf der Halbinsel zwei Wallfahrtsstätten:

das Santuario di San Michele in Monte Sant'Angelo (wo im 5. Jh. der Erzengel Michael dem hl. Laurentius in einer Felshöhle erschienen sein soll) und San Pio da Pietrelcina in San Giovanni Rotondo, wo der stigmatisierte, heilig gesprochene Pater Pio (1887–1968) lebte und wirkte.

61 Capri

Die Reize der 10 km² großen Felseninsel im Golf von Neapel schätzten schon illustre Kreise des antiken Rom: So hielt sich Kaiser Augustus gerne hier auf; sein Nachfolger Tiberius verlegte für sein letztes Lebensjahrzehnt sogar den Regierungssitz hierher. Heute ist die Insel in den Sommermonaten von Touristen völlig überlaufen – was sich u.a. in astronomischen Preisen für die Übernachtung niederschlägt.

Von der Marina Grande gelangt man per Standseilbahn zum Stadtzentrum, dessen von vielen Boutiquen, Cafés und Restaurants gesäumter Hauptplatz Piazza Umberto I beherrscht wird von der maurisch anmutenden Kirche Santo Stefano. Ruhiger zu geht es im höher gelegenen kleinen Anacapri mit herrlichem Panoramablick, wo die Villa des schwedischen Arztes Axel Munthe (1857–1949) steht, der durch sein erstmals im Jahr 1929 erschienenes

Blaues Wunder: die Grotta Azzurra (Capri).

Buch von San Michele weltbekannt wurde. Unter den Literaten, die die Insel besuchten, finden sich prominente Namen wie D. H. Lawrence, Rainer Maria Rilke, Graham Greene und Maxim Gorki.

Von der Piazza della Vittoria in Anacapri führt sommers ein Sessellift auf den Monte Solaro (580 m) – der Rückweg lässt sich zu Fuß bewältigen durch die Wälder von Anginola. Capris größtes Naturwunder sind tiefe Felsgrotten am Meer, am berühmtesten die Grotta Azzurra (Blaue Grotte) mit ihrem geheimnisvollen Farbenspiel (regelmäßige Bootsverbindung ab Marina Grande).

Wohin zum ...
Übernachten?

Preise für ein Doppelzimmer pro Nacht:
€   unter 140 €
€€   140–220 €
€€€   über 220 €

PARCO NAZIONALE D'ABRUZZO

Pagnani €
Modernes Hotel in den Bergen bei Pescasseroli mit 24 geräumigen Zimmern (teilweise
mit Balkon).
✠ 226 C4 ✉ Via Collacchi 4, Pescasseroli
☎ 08 63 91 28 66 ⊕ www.hotelpagnani.it

NAPOLI

Decumani Hotel de Charme €–€€
Boutique-Hotel im hübschen alten Palazzo
Sforza (dem ehemaligen Domizil des letzten
Bourbonen-Bischofs in Neapel). Die zentrale
Lage ist ideal für die Erkundung der Altstadt.
✠ 227 D2 ✉ Via San Giovanni Maggiore Pigna-
telli 15 ☎ 08 15 51 81 88 ⊕ www.decumani.com

Grand Hotel Europa €–€€
Altehrwürdiges Hotel im Herzen Neapels
mit komfortabel ausgestatteten Zimmern.
Das hoteleigene Restaurant bietet besonders regionale Spezialitäten.
✠ 227 D2 ✉ Corso Meridionale 14 ☎ 08 1 26
75 11 ⊕ www.grandhoteleuropa.com

Grand Hotel Vesuvio €€€
Traditionsreiches Luxushotel, dessen Zimmer stilvoll mit Antiquitäten eingerichtet
sind. Den Gästen steht neben einem Li-
mousinen-Service ein hauseigenes Schiff
zur Verfügung. Vom Dachterrassen-Restau-
rant »Caruso« genießt man einen schönen
Blick über die Stadt.
✠ 227 D2 ✉ Via Partenope 45 ☎ 08 17 64
00 44 ⊕ www.vesuvio.it

Miramare €€
Die mondäne Villa, mit wundervollem Blick
auf den Golf von Neapel, war ursprünglich
ein Privathaus und beherbergte später das
hiesige US-Konsulat. Nostalgisches Ambiente,
Panoramasicht von der Terrasse.
✠ 227 D2 ✉ Via Nazario Sauro 24 ☎ 08 17 64
75 89 ⊕ www.hotelmiramare.com

POMPEI

Hotel Diana €
Nur einen Steinwurf entfernt von den Ausgrabungsstätten liegt das modern renovierte
Hotel. Gepflegte Zimmer, schöner Garten.
✠ 227 D2 ✉ Vico Sant'Abbondio 10
☎ 08 18 63 12 64 ⊕ www.pompeihotel.com
🚋 Circumvesuviana

SORRENTO

Imperial Tramontano €€–€€€
Stilvoll eingerichteter Palazzo, dessen ältester Flügel auf das 16. Jh. zurückgeht; mit
schönem Wintergarten, Pool, Privatstrand.
✠ 227 D2 ✉ Via Vittorio Veneto 1
☎ 08 18 78 25 88 ⊕ www.hoteltramontano.it
🕐 Jan./Feb. geschl.

AMALFI

Floridiana €–€€
In historischen Mauern bietet dieses Drei-
Sterne-Hotel zeitgemäßen Komfort im
Schatten des Dom. Frühstücksraum mit
prächtigen Fresken an der Decke.
✠ 227 D2 ✉ Via Brancia 1 ☎ 08 98 73 63 73
⊕ www.hotelfloridiana.it

POSITANO (AMALFITANA)

Villa Franca €€–€€€
Bestens ausgestattetes Hotel mit recht
geschmackvoll eingerichteten Zimmern und
einem schönen Blick auf die Bucht vom Pool
wie von der Terrasse des Restaurants.
✠ 227 D2 ✉ Viale Pasitea 318 ☎ 08 9 87 56 55
⊕ www.villafrancahotel.it

LECCE

Torre del Parco €€
Charmantes Hotel mit kleiner Wellnessoase,
nur wenige Fußminuten von der historischen
Altstadt. Günstige Preise in der Nebensaison.

⊕ 229 F2/3 ✉ Viale Torre del Parco 1 ☎ 0832
34 76 94 ⊕ www.torredelparco.com

RUGGIANO (PARCO NAZIONALE DEL GARGANO)

Hotel Elisa €
Familiengeführtes Drei-Sterne-Hotel im malerischen Küstenort Peschici. Ein Abschnitt
des feinen Sandstrandes ist für Hotelgäste
reserviert. Mit regionalen Produkten sorgen
»die Frauen der Familie« fürs leibliche Wohl.
⊕ 227 F4 ✉ Via Borgo Marina 1, Peschici
☎ 0884 96 40 12 ⊕ http://hotelelisa.it ⌨ bis
San Severo (bei Foggia) oder Foggia, weiter
mit dem Autobus Richtung Peschici-Cale-
nella, Infos: www.ferroviedelgargano.com

CAPRI

Gatto Bianco €€–€€€
Kleines, schickes, nahe der quirlig-mondä-
nen Piazetta gelegenes Hotel mit Spa. Relativ gutes Preis-Leistungsverhältnis.
⊕ 227 D2 ✉ Via Vittorio Emanuele 32 ☎ 08 18
37 02 03 ⊕ www.gattobianco-capri.com

La Minerva €€€
Ruhig gelegenes, beschaulich-elegantes
Drei-Sterne-Hotel nahe dem Stadtzentrum.
Hell eingerichtete Zimmer, schöner Garten,
luxuriöser Swimmingpool.
⊕ 227 D2 ✉ Via Occhio Marino 8
☎ 08 18 37 70 67 ⊕ www.laminervacapri.com
⏱ geschl. Okt./Nov. bis Mitte März

Wohin zum ...
Essen und Trinken?

Preise für ein Drei-Gänge-Menü ohne
Getränke:
€   unter 30 €
€€   30–60 €
€€€   über 60 €

NAPOLI

Gran Caffè la Caffettieria €
Elegantes Café an der Piazza dei Martiri mit
schöner Terrasse. Regionale Spezialitäten.

⊕ 227 D2 ✉ Piazza dei Martiri 26 ☎ 08 17
64 42 43 ⊕ www.grancaffelacaffettiera.com
⏱ Mo–Do 7–22.30, Fr bis 24, Sa bis 02,
So bis 23 Uhr

POMPEI

Ristorante-Pizzeria Carlo Alberto €–€€
Pasta, Pizza und Meeresfrüchte kann man
sich schmecken lassen in dem unprätentiö-
sen kleinen Lokal nahe der Ausgrabungsstätte –
und nach einem köstlichen Dessert etwas für
den Magen tun: mit *Grappa del Vesuvio* aus
Lacrima-Christi-Trester vom Vesuv.
⊕ 227 D2 ✉ Via Carlo Alberto 15 ☎ 08 18 63
32 31 ⏱ tgl. 11.30–15.30, 18.30–22.30 Uhr

SORRENTO

Il Buco €€–€€€
In den Mauern eines ehemaligen Klosters
kommen zum Beispiel *Fusilli al ragù Geno-
vese* (Spiralnudeln mit Lamm-Ragout) auf
den Tisch oder Meeräsche auf einem Bett
von Orangenscheiben und Pecorino, gefolgt
von hinreißenden Desserts.
⊕ 227 D2 ✉ Rampa Seconda Marina
Piccola 5 ☎ 08 18 78 23 54 ✉ www.ilbuco
ristorante.it ⏱ tgl. außer Mi 12.30–14.30,
19–22.30 Uhr; im Jan. geschl.

AMALFI

Tari €–€€
Gemütlicher Familienbetrieb, in dem frische
Zutaten in traditioneller Weise zu höchst
schmackhaften Fisch- und Pastagerichten
oder Pizzen verarbeitet werden.
⊕ 227 D2 ✉ Via Capuano 9/11
☎ 089 87 18 32 ⊕ www.amalfiristorantetari.it
⏱ tgl. 11.30–22.30 Uhr

MATERA

Ristorante del Caveoso €€
Familiengeführte Trattoria in den Gewölben
eines traditionellen *sasso*: Auf den Tisch kommen regionale Spezialitäten und guter Wein.
⊕ 228 C3 ✉ Via Buozzi 21 ☎ 08 35 31 23 74
⊕ www.ristorantedelcaveoso.it ⏱ Di–Sa
12–15, 20–22.30, So 12–15 Uhr

LECCE

Enoteca Mamma Elvira

Junges, stylishes Weinlokal in der Altstadt, in dem man sich zu jeder Tageszeit durch die leckere Salento-Küche schlemmen kann.
✛ 229 F2/3 ✉ Via Umberto I ☎ 0832 1 69 20 11 🌐 www.mammaelvira.com 🕐 tgl. 8–3 Uhr

ALBEROBELLO

La Fontana 1914 €

Unkompliziertes, freundliches Altstadtlokal mit den leckersten *Patate al Forno* (Ofenkartoffeln) weit und breit. Dazu gibt's Bier vom Fass oder Hauswein, mehr braucht es eigentlich nicht. Wenn doch: Es werden auch Fleischgerichte, Würste, Pasta und große Salate serviert.
✛ 229 D3 ✉ Largo M. Cosmo 55 ☎ 380 369 6969 🕐 tgl. 12–15, 19–22.30 Uhr

MONTE SANT'ANGELO (PARCO NAZIONALE DEL GARGANO)

Medioevo €–€€

Nach lokalen Rezepten wird hier Sensationelles auf den Tisch gezaubert, wozu am besten einer der guten Weine von der Karte schmeckt. Ein Traum: die in Rum eingelegten Feigen mit Mandeln.
✛ 228 B5 ✉ Via Castello 21, Monte Sant'Angelo ☎ 08 84 56 53 56 🌐 www.ristorantemedioevo.it 🕐 12–14.30, 20–22 Uhr, Sept.–Juni Mo geschl.

CAPRI

Mammà €€€

Zwei Michelin-Sterne krönen den Spitzenkoch Gennaro Esposito, Chef des im Herzen Capris gelegenen Restaurants. Gourmetküche vom Feinsten mit viel Fisch und Meeresfrüchten sowie einem traumhaften Blick auf die Bucht von Neapel. Nur mit Reservierung!
✛ 227 D2 ✉ Via Madre Serafina 6 ☎ 08 18 37 74 72 🌐 www.ristorantemamma.com ✉ Di–So 12–15.30, 19–24 Uhr; Nov.–März geschl.

Da Tonino €–€€

Fern der Touristenschwärme wird man in diesem Lokal am Arco Naturale verwöhnt mit einer üppigen regional-internationalen Weinkarte und aparten südlichen Gerichten.
✛ 227 D2 ✉ Via Dentecala 15 ☎ 08 18 37 67 18 🕐 Di–So 12–15, 19–23 Uhr

Wohin zum ... Einkaufen?

Italiens »Mezzogiorno« südlich von Neapel ist seit je eine der ärmsten Gegenden des Landes – wobei man in der Großstadt Neapel gleichwohl eine gute Auswahl beim Einkaufen hat. Auch in den Städtchen und Badeorten auf der Halbinsel von Sorrento wird man leicht fündig bei Antiquitäten und Nippes, während größere Orte wie Bari und Lecce einiges an Mode-Boutiquen und Kunsthandwerk zu bieten haben.
Neapels schicke Shopping-Meile ist das Viertel Santa Lucia, wo man vor allem an der Via Chiaia und der Via Toledo auch Warenhäuser und Läden von Mode-Ketten antrifft sowie qualitätvolle Lederwaren bekommt. Zu den empfehlenswerten Mitbringseln gehören Schmuck, Antiquitäten und kunstgewerbliche Artikel, als preiswertere Alternative Kamee-Broschen oder Korallen-Schmuck.
Jahrhundertelange Tradition hat in Neapel die Herstellung von Figuren für Krippen (*presepi*). Ein Einkaufserlebnis besonderer Art erwartet einen entlang der Spaccanapoli mit ihren winzigen Lädchen, wo außer besagten Krippenfiguren bunte Keramik und Töpferwaren angeboten werden.
Fast jedes Viertel unterhält seinen eigenen Straßenmarkt – am ergiebigsten für Lebensmittel sind Pignasecca und Mercato di Sant' Antonio, sehr malerisch ist der Blumenmarkt Mercato dei Fiori am Castel Nuovo. Für Kunstfreunde interessant sind die Museums-Shops von Neapel und Pompeji, wo Reproduktionen römischer Antiken und exzellente Bildbände zum Verkauf stehen.
Südlich von Neapel ist zum Einkaufen die Halbinsel von Sorrento mit der Amalfiküste am interessantesten, in deren Boutiquen man reichlich Auswahl findet, von Strandbekleidung bis zur eleganten Abendgarderobe. Überall wird bunt bemalte Keramik

verkauft, vom Tellerchen bis zum Tafelaufsatz in den Farben Blau und Gelb mit Motiven wie Weintrauben, Zitronen oder dem Küken – Symbol der Keramikstadt Vietri sul Mare. Aus den hiesigen Zitronen gewonnen wird in Amalfi, Sorrento und Capri der beliebte Likör Limoncello (»Zitrönchen«) – pur als Digestiv getrunken oder zur Erfrischung gemischt mit Prosecco. Im lukullischen Bereich bietet sich (in Apulien produziertes) Olivenöl an, auch die Qualität hiesiger Weine hat enorm gewonnen: Beides kann man häufig direkt beim Produzenten erwerben. Stets eine Fundgrube sind Pasticcerie und Salumerie, eine gute Wahl auch der hervorragende Ziegenkäse der Region oder die Nudel-Spezialität Orecchiette.

Wohin zum ...
Ausgehen?

Für kulturell Interessierte hat in Süditalien vor allem Neapel musikalisch eine Menge zu bieten. Das Teatro San Carlo (www.teatro sancarlo.it) in Neapel ist Italiens ältestes Opernhaus, mit Spielzeit von Dezember bis Mai sowie Konzerten und Ballett außerhalb der Saison. Eine renommierte Tanzbühne ist das Teatro Politeama (www.teatro-politea ma.com), in dem häufig internationale Ensembles mit aufwendigen Produktionen gastieren. Auskunft über das aktuelle Geschehen erteilt die Touristen-Information, in der man auch das monatlich erscheinende Infoblatt Qui Napoli bekommt.

Wichtigstes unter den traditionellen Festen ist die dem Stadtheiligen gewidmete Festa di San Gennaro (1. So im Mai, 19. Sept. und 16. Dez.) – dann wird eine Phiole mit getrocknetem Blut des Patrons unter großer Anteilnahme den Massen präsentiert: Aus der Schnelligkeit, mit der sich das Blut verflüssigt, schließt man auf das Schicksal der Stadt im kommenden Jahr. Beim Festival Musicale di Ravello (Juni–Aug.; www.ravello festival.com) finden einige Veranstaltungen im schönen Park der Villa Rufolo (www.villa-rufolo.it) statt. Im grandiosen Teatro Paisiello von Lecce erklingen rund ums Jahr klassische Musik, Jazz und Pop, gelegentlich gibt es Ballett-Aufführungen. Die Club-Szene auf der Halbinsel von Sorrento und an der Amalfi-Küste rühmt sich einiger der coolsten Sommer-Clubs Italiens, einige in Felshöhlen am Meer – angesagt sind L'Africana (www.africanafamous club.com) in Praiano oder Music on the Rocks (www.music ontherocks.it) in Positano.

Wassersportbegeisterte finden an der Küste um Sorrento alles vor, von Segeln und Windsurfen bis hin zu Sporttauchen oder Schnorcheln – fehlende Ausrüstung lässt sich hier problemlos mieten. Kurse in der Hochsaison (Mitte Juli–Ende Aug.) sollte man allerdings rechtzeitig reservieren.

Die Isole Tremiti vor der Küste des Gargano sind ein beliebtes Tauchrevier, zudem lassen sich die Inseln mit dem Kanu umrunden (www. leisoletremiti.it). Traumhafte Stände, die auch im Sommer nicht überlaufen sind, finden sich vor allem im Salento – z.B. Caletta di Aquaviva bei Lecce, Porto Badisco bei Otranto oder Spiaggia di Punta della Suina bei Galipoli. Immer attraktiv: Schiffstouren, auf denen man Wasser, Wind und Sonne genießen kann – von Neapel aus nach Capri und Ischia oder vom Gargano aus zu den Isole Tremiti. Zum Wandern bietet sich bevorzugt im Frühling und Frühsommer der Parco Nazionale d'Abruzzo an (www.parco abruzzo.it). Auskunft über Wander-, Reit- und Radwege erteilt das Besucherzentrum in Pescasseroli (www.pescasseroli.net). Apulien lässt sich auch gut mit dem Rad erkunden: mit entsprechendem Kartenmaterial, das die nicht-asphaltierten Strecken ausweist, oder man bucht eine geführte Tour (veranstaltet z.B. von Wikinger Reisen).

Mit dem Rad unterwegs in Süditalien.

Badefreuden an Siziliens Nordküste, vor der
bezaubernden Altstadtkulisse von Cefalù.

Sizilien & Sardinien

Italiens große Inseln sind kleine Welten für sich. Als Schmelztiegel der Kulturen empfiehlt sich die eine, als Hirtenland mit traumhaften Stränden die andere.

Seite 170–191

Erste Orientierung

In Italien gibt es zwei landschaftlich besonders reizvolle und kulturell einzigartige Inseln, die jede für sich eine Reise wert sind – Sizilien aufgrund seiner Berge, alten Städte, bedeutenden Ausgrabungsstätten und beliebten Ferienorte, Sardinien wegen seines urtümlichen Landesinnern sowie, als Kontrast, der mondänen Costa Smeralda.

Zu den eindrucksvollsten antiken Bauten der Südküste Siziliens gehören die griechischen Tempel von Agrigento und die drei Jahrtausende alte Stadt Siracusa. Weiter im Norden, am Fuße des Ätna, Europas größtem aktiven Vulkan, liegt Taormina, Siziliens wohl beliebtestes Urlaubsziel. Richtung Westen gelangt man zu den bemerkenswerten römischen Mosaiken von Piazza Armerina, nordwestlich über die Berge in die Hauptstadt Palermo. In deren Umgebung befindet sich der normannische Dom von Monreale. Östlich von Palermo lockt mit herrlichen Stränden, guten Restaurants und einem schmucken Dom das malerische Cefalù.

Die Hauptattraktion Sardiniens bildet seine schöne Küste, von der lieblichen Costa Smeralda über die Korallen-Riviera bei Alghero bis zu den bizarren Felsen der Cala Gonone im Osten. Einen Besuch wert ist aber auch das wilde Landesinnere mit dem Parco Nazionale del Gennargentu als Heimstatt seltener Flora und Fauna sowie kleinen Dörfern, wo man noch traditionelles Handwerk der Insel pflegt. Im Süden winkt neben Cagliari, der modernen Hauptstadt in alten Stadtmauern, mit Nora eine römische Ausgrabungsstätte am Meer.

<u>Nicht verpassen!</u>
- 62 Siracusa
- 63 Taormina & Monte Etna
- 64 Agrigento
- 65 Sardegna

<u>Nach Lust und Laune!</u>
- 66 Cefalù
- 67 Palermo
- 68 Monreale
- 69 Piazza Armerina

S. Teresa Gallura
Tempio Pausania
Olbia
Porto Torres
Sassari
Ozieri
Alghero
Siniscola
Sardegna
65
Bosa
Macomer
Nuoro
P. La Marmora
1834 m
Oristano
Lanusei
Laconi
Guspini
Ballao
Iglesias
Muravera
Cagliari
Quartu Sant'Elena
Carbonia
50 km
30 mi

Stromboli
924 m
Barcelona
Pozzo di Gotta
Capo d'Orlando
Palermo
Cefalù
Messina
Trapani
68
67
66
Monreale
63
Alcamo
Monte Etna
Taormina
Marsala
Lercara
Friddi
Nicosia
63
Castelvetrano
Sciacca
Caltanissetta
Adrano
Catania
Sicilia
Piazza
69
Armerina
Agrigento
64
Augusta
Caltagirone
Siracusa
50 km
62
30 mi
Gela
Ragusa
Ispica

Mein Tag
mit Einheimischen

Palermo war immer schon ein Schmelztiegel der Kulturen. Die Bauwerke aus arabisch-normannischer Zeit gehören zum Welterbe der UNESCO, die barocken Palazzi künden von der Grandezza vergangener Tage, auch die Mafia hat dieser Stadt ihren Stempel aufgedrückt. Begegnen Sie engagierten Menschen, schauen Sie hinter die Kulissen – lassen Sie sich bezaubern vom Spirit in Palermo.

10 Uhr: Sightseeing mit der Anti-Schutzgeld-Initiative

Eines vorweg – kein Tourist auf Sizilien muss Angst vor der Mafia haben, die Heimat der Cosa Nostra ist eine absolut sichere Urlaubsregion. Doch politisch und wirtschaftlich hielt die kriminelle Vereinigung die Insel und ihre Hauptstadt **67** Palermo jahrzehntelang im Würgegriff. Öffentliche Aufträge wurden illegal vergeben, Fördergelder in großem Stil abgezweigt, Gegner der illegalen Machenschaften kaltgestellt. Mit dem Bürgermeister Leoluca Orlando stellte sich in den 1990er-Jahren erstmals ein Politiker auf der Insel massiv gegen die mafiösen Machenschaften – und wurde mit seiner klaren Haltung zum Hoffnungsträger und Vorbild vieler junger Leute. Die Initiative »Addio Pizzo« – nein zum Schutzgeld – ist ein Kind dieses Aufbruchs, den man in Palermo *primavera*, Frühling, nennt. Inzwischen prangt der »No Pizzo«-Aufkleber an den Türen von Hunderten Geschäften und Lokalen der Stadt. Wer hier kauft oder einkehrt, lässt die Cosa Nostra nicht mitverdienen, so die

Idee hinter dem Konzept. Dass die kleinen Schutzgelderpressungen heute allenfalls ein Nebenerwerb der Mafia sind und die großen Geschäfte längst im industriell starken Norden Italiens sowie durch globale Deals gemacht werden, ist auch den Gründern von Addio Pizzo klar. Doch ihr Anliegen und ihre Botschaft sind brandaktuell – es geht

Addio-Pizzo-Stadtspaziergang: »In einem italienischen Lokal riskiert man allenfalls, eine schlechte Pizza zu essen. Die Interessen der Mafia sind so groß geworden, dass eine Pizza zu klein ist.« (Leoluca Orlando)

um Zivilcourage, um ein Zeichen gegen Ohnmacht, Angst und Schweigen angesichts von Unrecht und Gewalt. Ein Addio-Pizzo-Stadtspaziergang führt durch Palermos Altstadtgassen, über den bunten Wochenmarkt, in originelle Läden und Ateliers, er bietet kulinarische Kostproben, gibt Einblicke in den sizilianischen Alltag – und macht eine Menge Spaß.

Addio Pizzo Travel, Via Sicilia 7, Tel. 09 18 61 61 17, www.addiopizzotravel. it (Führungen auch engl.)

13.30 Uhr: Pause mit Panorama

Auch wenn es bereits beim Stadtspaziergang einiges zu naschen gab, ist es jetzt Zeit, einzukehren und auszuruhen. Ein hübscher Ort dafür ist die Dachterrasse der Obicà Mozzarella Bar – dort kann man sich mit Mozzarella, Salat und Grillgemüse stärken oder auch nur einen Cappuccino trinken und hat dabei die Kirche San Domenico im Blick – barocke Pracht *à la siciliana*.

Obicà Mozzarella Bar, Piazza S. Domenico 18, Tel. 09 16 01 78 61, tgl. 10–23 Uhr

15.30 Uhr: Ein Nachmittag im Paradies

Am Rande der Stadt, an der Straße, die von Palermo nach Monreale führt, liegt die Villa Tasca, ein prachtvoller Adelssitz aus dem 16. Jh., der heute ein Hotel ist. Der romantische Landschaftspark mit subtropischer Vegetation ist eine Welt für sich, die nicht nur Botanik-

SIZILIEN & SARDINIEN

Caprese (Mozzarella mit Tomaten) zur Stärkung vor dem Nachmittag im Paradies (links, oben).

Fans in ihren Bann zieht. Angelegt wurde er im 19. Jh. – mit keinem geringeren Anspruch als dem, eine Vision des Paradieses auf Erden zu schaffen. Gekrönte Häupter wandelten durch diesen Garten, Komponisten wie Richard Wagner und Giuseppe Verdi ließen sich hier inspirieren. Bei einer Gartenführung erfährt man auch einiges über die feudale Gesellschaft Siziliens und die historischen Hintergründe, die den Adligen damals einen solchen Lebensstil ermöglichten, wie ihn der Conte Lucio Tasca und die Seinen hier gepflegt haben.
Viale Regione Siciliana Sud-Est 399, Tel. 091 6574305, https://villatasca.com, Anfahrt mit dem Auto ab Stadtmitte ca. 20 Minuten (ca. 5 km), mit dem Bus 309 ab Piazza Indipendenza

19 Uhr: Kochen mit Antonio

Antonio liebt Fisch – und versteht es, ihn auf unzählige Arten zuzubereiten. Wie wäre es z. B. mit Schwertfischrollen, Seeigel-Spaghetti, Muschelsuppe oder gefülltem Thunfisch? Wie man die Schätze und die typischen Aromen der Insel in köstliche Speisen verwandelt, kann man sich in einem fünfstündigen Kochkurs zeigen lassen. So lange muss natürlich keiner in der Küche stehen. Ein ausgedehntes gemeinsames Abendessen bildet den krönenden Abschluss des kulinarischen Events.
19–24 Uhr, 55 € pro Person, Domus kitchen, Via Scala Carini 73, Tel. 88 3 48 81 10, www.domuskitchen.com; nach vorheriger Absprache holt Antonio seine Gäste ab bzw. bringt sie zurück ins Hotel.

⑫ Siracusa

Was?	Stadt an der sizilianischen Ostküste
Warum?	Geballte Kulturgeschichte: Um 730 v. Chr. von griechischen Kolonisten gegründet, war Syrakus in der Antike eine der schönsten und mächtigsten Städte der Region – später hinterließen Römer, Normannen und andere ihre Spuren
Wann?	Juli und August sind bisweilen glutheiß, sonst jederzeit
Wie lange?	Am besten einen ganzen Tag, mindestens aber 4–5 Stunden

So viel Kultur, so viele Kulturen – diese Stadt lässt einen staunen. Vor zweieinhalb Jahrtausenden bauten griechische Kolonisten hier einen mächtigen Apollontempel, in spätrömischer Zeit diente er als Kirche, im Mittelalter den Sarazenen als Moschee. Antike, Mittelalter, Neuzeit – ein Spaziergang wird zum Streifzug durch die Epochen. Zum Entspannen lädt die attraktive Barock-Altstadt ein, mit schmucken Plätzen, schmalen Gassen, netten Läden und Cafés.

Der moderne Teil von Syrakus schmiegt sich an die Südostküste und ist ein Resultat der Bombardements während des Zweiten Weltkrieges wie des raschen, unspektakulären Wiederaufbaus. Einer Katastrophe verdankt auch die hübsche Barock- Altstadt auf der Halbinsel Ortigia ihr Erscheinungsbild – 1693 erschütterte ein Erdbeben die Stadt, danach wurde das Zentrum um die Piazza Pancale wieder aufgebaut im Stil der Zeit, mit üppigen geschwungenen Formen und reichen Ornamenten. Dabei tat man das, was man in dieser Gegend noch bei jedem Epochenwechsel tat – brauchbare Materialien wurden »recycelt«, steinerne Hinterlassenschaften neu genutzt. So überdauerten im barocken Dom auch die Säulen eines antiken Athena-Tempels (5. Jh.), der einst an dieser Stelle gestanden hatte. Diesen Säulen (ital. *Colonne*) verdankt der Dom auch seinen Namen, Santa Maria delle Colonne.

Den Apollon-Tempel hatten griechische Siedler bereits in den frühen Jahren ihrer Kolonie erbaut. Von Ko-

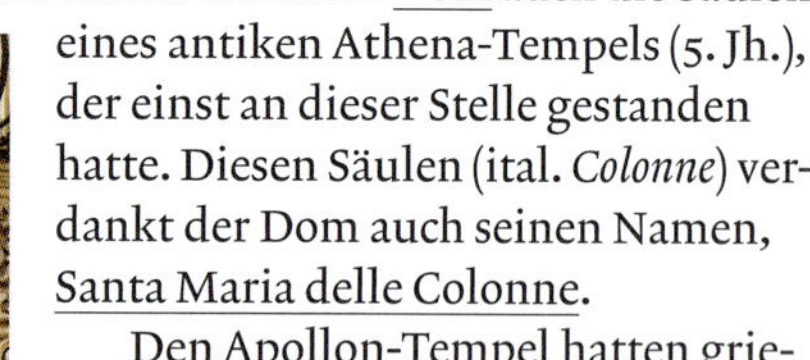

Barocke Pracht im 35 km südwestl. gelegenenen Nachbarstädtchen Noto: Der Palazzo Villadorata mit seinen aufwendig skulptierten Balkonstützen wurde im Jahr 1737 errichtet.

rinth kommend ließen sie sich auf der Halbinsel Ortiga nieder und gründeten um 730 v. Chr. eine neue Stadt – Syrakusai.

Neben den Römern, die Syrakus 213 v. Chr. eroberten, hinterließen auch Byzantiner, Normannen und Spanier hier ihre Spuren. Am eindrucksvollsten sind die im Parco Archeologico della Neapolis erhaltenen griechischen Bauten wie das in den Fels gehauene Teatro Greco (5. Jh. v. Chr.), das ein halbes Jahrtausend vor dem Anfiteatro Romano entstand und rund 15 000 Zuschauern Platz bot. Im antiken Steinbruch Latomia del Paradiso starben 413 v. Chr. Tausende von athenischen Kriegsgefangenen, an der Ara di Ierone (Altar des Hieron) gegenüber wurden oft Hunderte von Stieren den Göttern geopfert.

Prächtigster »Salon der Stadt« ist die Piazza del Duomo in Syrakus.

KLEINE PAUSE
Bei **Don Camillo** (S. 189, So. geschl.) in der Via Maestranze 96 gibt es guten Fisch und Käse aus regionaler Produktion.

✛ 223 F2
Touristen-Information
✉ Via Maestranza 33 ☎ 09 31 46 42 55
⊕ www.siracusaturismo.net
🕐 Mo–Sa 8.30–13.30, 15–17, So 9–13 Uhr (Nov.–Ostern Sa-Nachmittag und So geschl.) 🚉 Siracusa

Parco Archeologico della Neapolis
✉ Largo Paradiso ☎ 093 16 62 06
⊕ www.siracusaturismo.net
🕐 Mo–Sa 8.30–16.45, So 8.30 bis 13.45 Uhr 🎫 10 €

⓺③ Taormina & Monte Etna

Was?	Stadt an der sizilianischen Ostküste, am Fuß des Ätna
Warum?	Zwischen Meer und Bergen bietet Taormina eine atemberaubende Verbindung von Kultur und Natur
Wann?	Im Frühling, wenn alles blüht, oder zur Weinlese (September bis Ende Okt.); reizvoll ist es hier aber auch im Winter, wenn man am Ätna Ski laufen kann
Wie lange?	Taormina mit Ausflug auf den Ätna – das ist an einem Tag zu schaffen. Es lohnt sich aber, für eine große Vulkan- Trekkingtour mit einem Guide einen ganzen Tag zu reservieren.

Taormina an der Nordostküste, auf einer Terrasse des Monte Tauro hoch über dem Meer gelegen, ist Siziliens attraktivster Ferienort. Schicke Läden bestimmen vor allem im Sommer das Bild, zu dem auch das Glitzern des Meeres und die Sicht auf den nahen Ätna gehören.

Taormina

Rings um die zentrale Piazza IX Aprile und die Hauptstraße Corso Umberto I lässt es sich schön durch alte Bogengänge flanieren, vorbei an üppig mit Blumen geschmückten Balko-

Herrlich ist der Blick vom antiken Theater auf den Ätna.

nen. Als Abwechslung vom Massenansturm auf die Cafés und Bars bietet sich das Museo Siciliano d'Arte e Tradizioni Popolari an, ein Heimatmuseum mit verschiedensten Exponaten – vom religiösen Gemälde bis zum Haushaltsgegenstand. Die Attraktion der Stadt ist das »Teatro Greco«, das eigentlich ein römisches Bauwerk ist, von dessen Sitzreihen in perfektem Halbrund man auch die Sicht auf das Ionische Meer und den Ätna genoss. »Griechisch« am Griechischen Theater von Taormina ist nur die historische Epoche, in der es errichtet wurde: im 3. Jh. v. Chr. unter Hieron II. von Syrakus.

Monte Etna (Ätna)

Dieser unter seiner Schneekuppe schlummernde Gigant von einem Vulkan ist immer noch bedrohlich aktiv. Beständig gibt es kleinere Eruptionen, die Risse und Spalten am Kegel bilden, ihn jedoch bislang nicht wegsprengten. Unter dem kahlen Gipfel breiten sich fruchtbare, teils bewaldete Hänge aus. Am besten kann man die faszinierende Landschaft auf geführten Trekkingtouren (6 Std., www.excursionsetna.com) kennenlernen. Wer auf eigenen Faust wandern möchte, sollte sich zuvor bei der Tourist-Info über die jeweils aktuellen Vulkanaktivitäten informieren.

KLEINE PAUSE

Schön an einem kleinen Platz bei der Stadtmauer von Taormina gelegen, bietet das **Porta Messina** (S. 189) neben Pasta und Pizza auch regionale Spezialitäten.

Gipfelstürmer: Vom Rifugio Sapienza am Monte Etna starten Geländebusse bis in 2900 Meter Höhe, weiter geht es dann in Begleitung autorisierter Bergführer.

✝ 223 F3 (Taormina) ✝ 223 E–F3 (Etna)

Touristen-Information
✉ Palazzo Corvaja, Piazza Santa Caterina, nahe Corso Umberto I, Taormina ☎ 09 42 2 32 43 🕐 Mo–Fr 8.30–14, 15,30–18.45, Sa 9–13, 16–18.30 Uhr 🚉 Taormina-Giardini, von dort per Bus oder steil bergauf zu Fuß
✉ Via Vittorio Emanuele II 172
☎ 09 57 42 55 73 🌐 www.visitasicilia.com
🚉 Catania

Museo Siciliano d'Arte e Tradizioni Popolari
✉ Palazzo Corvaja, Piazza Santa Caterina, nahe Corso Umberto I, Taormina 🌐 www.tcmitalia.it
🕐 tgl. außer Mo 9–13, 16–20 🎫 frei

Teatro Greco
✉ Via Teatro Greco 🌐 www.tcmitalia.it
🕐 9–19, im Winter 9–16 Uhr 🎫 10 €

64 Agrigento

Was?	Ruinen der antiken Stadt Akragas und Eingang zum Tal der Tempel
Warum?	Faszinierende Begegnung mit der antiken Welt
Wann?	Im Juli und August werden Besichtigungstouren schnell zur Strapaze, sonst jederzeit
Wie lange?	Je nach individuellem Interesse 1–3 Tage

Abgesehen von ein paar Geschäften und Restaurants hat das moderne Städtchen wenig zu bieten. Hauptsehenswürdigkeit ist das »Tal der Tempel«, das bedeutendste Ensemble griechischer Tempelanlagen außerhalb des Mutterlands und UNESCO-Welterbe.

»Schönste der Sterblichen« nannte der griechische Lyriker Pindar die antike Stadt Akragas.

Die Valle dei Templi, eigentlich ein Hochplateau, umfasst die Reste der antiken Stadt Akragas mit nicht weniger als neun Tempeln. Im Jahr 582 v. Chr. von griechischen Siedlern gegründet, fiel sie im Lauf der Zeit Erdbeben und Eroberern zum Opfer. Am besten erhalten von den dorischen Kultstätten ist der Tempio della Concordia (Concordia-Tempel, um 450 v. Chr.). Entlang der Via Sacra stehen Tempel der Hera/Juno und des Herakles. Unvollendet blieb der Bau des gewaltigen Tempio di Giove (Tempel des Zeus/Jupiter). Zahlreiche Funde der Ausgrabungsstätte werden im besuchenswerten Museo Archeologico präsentiert.

KLEINE PAUSE
Nahe dem Areal wartet die **Trattoria dei Templi** (S. 189), ein Stück gen Süden in San Leone der **Leon d'Oro** (Viale Emporium 102) mit großem Gastgarten.

---

i ✝ 232 C2

Touristen-Information
✉ Via Empledocle 73 ☎ 092 22 03 91
🕐 Mo–Sa 9–13, 15–19 Uhr 🚏 Agrigento

Valle dei Templi
🌐 www.lavalledeitempli.it 🕐 tgl.
8.30–19 Uhr 💶 Juli–Nov. 12, sonst 10 €

Museo Archeologico
✉ Contrada San Nicola
💶 8 €, Kombiticket (Valle dei Tempi und Museo Archeologico): Juli–Nov. 15,50, sonst 13,50 €

Nachts im Tal der Tempel

Schon tagsüber sind die Überreste der antiken
Stadt Akragas ungemein faszinierend. Vor zwei-
einhalb Jahrtausenden errichteten griechische
Kolonisten hier Bauwerke von unübertroffener
Eleganz. Manches liegt heute in kolossalen
Trümmern, anderes trotzt dem Zahn der Zeit.
Im Sommer hält die archäologische Stätte ihre
Tore bis spätabends geöffnet, an den Wochen-
enden sogar bis Mitternacht. Setzten Sie sich
auf die Stufen des Concordia-Tempels, schauen
Sie in den Sternenhimmel, spüren Sie einen
Hauch von Ewigkeit …

www.lavalledeitempli.it

⑥⑤ Sardegna

Was?	Italiens zweitgrößte Insel, 200 km vom Festland entfernt
Warum?	Sardinien ist eine Welt für sich
Wann?	Zum Wandern im Frühling und Herbst, zum Badeurlaub von Juni bis September
Wie lange?	Mindestens 1 Woche

Einst ein karges Hirten-Eiland, avancierte Sardinien mit herrlicher Küste und kristallklarem Wasser zum Dorado betuchter Sonnenanbeter. Die Insel hat aber auch noch ein recht ursprüngliches Landesinneres mit schöner Berglandschaft.

Die Schriftstellerin und Nobelpreisträgerin Grazia Deledda (1871–1936) wurde in Nuoro im nordöstlichen Zentralsardinien geboren. Ihr Geburtshaus ist als Museum zu besichtigen (Via Grazia Deledda 42, www.isresardegna.it).

Prunkstück Sardiniens ist die Costa Smeralda (Smaragd-Küste) nördlich von Olbia, wo sich ein Luxus-Domizil ans andere reiht und der Jetset zu Hause ist. Aber auch Normalsterblichen winken wunderschöne Buchten (südlich von Olbia) mit bezahlbaren Unterkünften.

Die moderne, lebendige Großstadt Cagliari an der Südküste ist eine phönizische Gründung und sah im Lauf der Zeit viele Eroberer in ihren Mauern: So erbauten Pisaner im Mittelalter das Castello San Michele und bereits die Römer das Anfiteatro, wo noch heute Kulturveranstaltungen für bis zu 10 000 Zuschauer stattfinden. Von der Burg und der Bastione San Remy (wo sonntags ein Flohmarkt stattfindet) hat man einen fantastischen Blick über die Stadt.

Alghero, der quirlige Fischerort im Nordwesten, wurde einst von Spaniern beherrscht und zeugt nach wie vor bei Straßenschildern sowie im Dialekt der Einwohner von katalanischem Einfluss. Von der mittelalterlichen Stadtbefestigung blieben sieben Türme erhalten, darunter die Torre del Portal aus dem 14. Jh.

Von den Küsten ins Landesinnere

Jenseits der Badeorte an der Küste lockt das karge, doch interessante Binnenland, wo Wildschweine und Mufflons durch Eichenwälder streifen und auf manchem Bauernhof die Zeit stehen geblieben zu sein scheint. Pecorino-Käse, Haselnüsse, Anis und Honig sind typische Produkte, als Mitbringsel

Im Uhrzeigersinn von ganz oben: Die Robinson-Buchten an der Steilküste des Golfo di Orosei sind oft nur mit dem Boot zu erreichen; Wallfahrten wie hier in Cagliari werden überall auf der Insel zelebriert; der »Bärenfelsen« markiert das nach ihm benannte Capo d'Orso.

empfehlen sich auch Launedda-Flöten, Stickereien und Wollteppiche. Höchster Berg ist die <u>Punta la Marmora</u> (1834 m).

KLEINE PAUSE
Empfehlenswert: ein Degustations-Menü in dem Fischlokal **Al Tuguri** (S. 191) in Alghero.

✝ 231

Touristen-Information
✉ Via Roma 145, Cagliari
☎ 07 06 77 81 73
🌐 www.sardegnaturismo.it
🕐 April–Okt. tgl. 9–20,
Nov.–März Mo–Fr 9.30–13,
14–18, Sa, So 10–18 Uhr

Anfiteatro Romano di Cagliari
✉ Viale Sant'Ignazio da Laconi 🕐 April
bis Okt. tgl. 9–20, Nov.–März Mo–Fr
9.30–13, 14–18, Sa, So 10–18 Uhr 🎟 3 €
Museo Etnografico Sardo
✉ Via A. Mereu 56, Nuoro ☎ 078 42 57 03
🌐 www.isresardegna.it 🕐 Di–So Mitte
März–Sept. 10–13, 15–20, Okt.–Mitte
März 10–13, 15–19 Uhr 🎟 5 €

Nach Lust und Laune!

Zwischen dem Felsen Rocca di Cefalù und dem Meer erstreckt sich das hübsche mittelalterliche sizilianische Städtchen. Sein Weichbild wird dominiert von der mächtigen, in arabisch-byzantinisch-normannischem Stil erbauten Säulenbasilika des Duomo San Salvatore (Baubeginn im Jahr 1131 unter König Roger II., geweiht 1267). Unter den Kunstschätzen sticht das Apsis-Mosaik *Christus als Pantokrator* (Weltenherrscher) von 1148 hervor. Der mit Palmen bestandene Domplatz lädt zu einer Erfrischung ein. Sportliche erklettern den 278 m hohen Burgberg Rocca (mit einem Diana-Tempel aus dem 2. Jh. v. Chr.), von dem man einen schönen Rundblick genießt.

✝ 233 D4 ✉ Corso Ruggiero 77 ☎ 09 21 42 10 50 ⊕ www.comune.cefalu.pa.it

Capella Palatina in Palermos Normannenpalast.

67 Palermo

Siziliens Hauptstadt verfügt über quirlige Märkte besonders im Altstadt-Viertel Il Capo, schmucke Barock-Architektur und interessante Museen. Die Blütezeit der Stadt begann um 1200 unter dem Stauferkaiser Friedrich II., der in der Kathedrale begraben liegt. Sehenswert ist die Hofkapelle des Palazzo Reale (Normannenpalast), die mit herrlichen Mosaiken verzierte Cappella Palatina. In den Catacombe dei Cappuccini, der Gruft des Kapuzinerklosters, fanden mit Kalk und Arsen mumifizierte Leichname von Mönchen ihre letzte Ruhe. Heiterer ist ein Bummel über die Einkaufstraßen Viale della Libertà und Via Maqueda oder den Mercato della Vucciria an der Piazza San Domenico.

✝ 232 C4
✉ Piazza Castelnuovo 34/35 ☎ 09 16 05 83 51 ⊕ www.palermotourism.com
🕐 Mo–Fr 8.30–14, 14.30–18.30 Uhr
🚉 Palermo ✈ Palermo Flughafen Falcone-Borsellino 🕐 Mo–Sa 8.30–19.30 Uhr

Catacombe dei Cappuccini
✉ Piazza Cappuccini 1 ⊕ www.comune.palermo.it 🕐 April–Okt. tgl. 9–13,15 bis 18, Nov.–März Mo–Sa 9–13,15–18, So 9–13 Uhr 💶 3 €

68 Monreale

Unweit von Palermo an der Nordküste Siziliens zieht eine 800 Jahre alte Kirche jährlich 1 Mio. Besucher an: der Duomo Santa Maria Nuova von Monreale – einziges Relikt eines gewaltigen Baukomplexes mit

Kloster und mehreren Palästen, das der Normannenkönig Guglielmo II. in den Jahren 1172 bis 1176 errichten ließ. Architektonisch verbindet die Kirche in einer Art symbolischer Symbiose dreier Kulturen romanische (Grundriss), arabische (Blendbögen) und byzantinische Elemente (Goldgrundmosaiken). Geradezu überwältigend schön sind die den ganzen Innenraum überziehenden Mosaiken (vollendet 1182), eine Bilderfibel der Schöpfung. Eindrucksvoll präsentiert sich auch der Chiostro (Kreuzgang) der angrenzenden einstigen Benediktiner-Abtei (12. Jh.) mit 228 Säulen in arabischem Stil, der zu den schönsten in ganz Italien zählt.

Großflächiges Bodenmosaik in der Villa Romana del Casale.

✠ 232 C4
✉ Dom: Piazza Duomo ⊕ www.duomo
monreale.it ⏰ April–Okt. Mo–Sa 8.30
bis 13, 14.30–17, So 8–10, 14.30–17.30;
Nov.–März Mo–Sa 8.30–12.45, 14.30
bis 16.30 Uhr ⚬ frei
✉ Chiostro: Piazza Guglielmo II Buono
⏰ Mo–Sa 9–19, So 9–13.30 ⚬ 6 €

69 Piazza Armerina

Im bergigen Inneren Siziliens, nahe dem Städtchen Piazza Armerina, findet man mit der Villa Romana del Casale (UNESCO-Welterbe) die großzügige Anlage eines spätantiken Landsitzes, der – im 12. Jh. von einem Erdrutsch verschüttet – 1929 ausgegraben wurde. Die exzellente Qualität der konservierten Mosaiken ließ auf einen ranghohen Bauherrn schließen, wobei sich weder Hinweise auf Kaiser Maximian (reg. 285–305) noch dessen Sohn Maxentius bestätigten. Heute geht man davon aus, dass die Villa unter Kaiser Konstantin (reg. 306–337) entstand. Viele der Mosaiken zeigen Jagd-Motive, so auch das größte (65 m) im Korridor zum Innenhof: Elefanten, Tiger, Strauße, Rhinozerosse und weitere Exoten, für Kämpfe mit Gladiatoren und Tierhetzen in der Arena. Auf einem anderen Mosaik vergnügen sich athletische Mädchen in bikiniartiger Kleidung beim Ballspiel, und es gibt eine humorvolle Szene mit Kindern, die von Pfauen und Hasen verfolgt werden.

✠ 233 E2
✉ Gemeindebüro ☎ 0935 98 22 46
⊕ www.piazzaarmerina.org
✉ Villa Contrada Casale, Piazza Armerina
⊕ www.villaromanadelcasale.it
⏰ April–Okt. tgl. 9–19, Juli, Aug. Fr, Sa,
So. bis 23, Nov.–März 9–17 Uhr ⚬ 10 €

Wohin zum ...
Übernachten?

Preise für ein Doppelzimmer pro Nacht:
€   unter 140 €
€€   140–220 €
€€€   über 220 €

SIZILIEN

SIRACUSA

Algila Ortigia Charme Hotel €€–€€€
Charmantes Hotel im Herzen der Altstadt
auf der Insel Ortigia, das in einem Palazzo
aus dem 19. Jh. 30 unterschiedlich eingerichtete Zimmer mit typisch sizilianischer
Note bietet, zudem ein Restaurant mit mediterraner Küche.
✠ 233 F2 ✉ Via Vittorio Veneto 93
☎ 09 3 14 65 186 ⊕ www.algila.it

Gutkowski €
Das kleine, moderne Hotel ist in seiner
Kategorie eines der besten am Platz und
liegt in der Nähe der wichtigsten Sehenswürdigkeiten – etwa dem Tempio di Apollo.
✠ 233 F2 ✉ Lungomare Vittorini 26
☎ 09 31 46 58 61 ⊕ www.guthotel.it

TAORMINA

Villa Belvedere €€–€€€
Komfortable Unterkunft in der Nähe des
Stadtparks mit einem schönen, palmen-
bestandenen Garten und Zimmern mit Balkon, manche mit Blick auf den Ätna.
✠ 233 F3 ✉ Via Bagnoli Croce 79
☎ 09 4 22 37 91 ⊕ www.villabelvedere.it
◷ März–Okt.

PALERMO

Principe di Villafranca €€€
Vier-Sterne-Haus im Stadtzentrum mit schi-
cken, modernen Zimmern und privilegier-
tem Zugang für Hotelgäste zum örtlichen
Hamam und Beach Club.
✠ 232 C4 ✉ Via Giuseppina Turrisi
Colonna 4 ☎ 09 16 11 85 23
⊕ http://principedivillafranca.it

PIAZZA ARMERINA

La Casa sulla Collina d'Oro €
Gemütliches altes Bauernhaus aus Stein mit
modernem Komfort im Herzen der Insel.
✠ 233 E2 ✉ Via P. Mattarella
☎ 09 3 58 96 80
⊕ wwww.lacasasullacollinadoro.it

Das Hotel Cala di Volpe in Porto Cervo war die erste Luxusherberge an der Costa Smeralda.

CAGLIARI

Forte Village €€–€€€

Das hochkarätige Ensemble anspruchsvoller Wohnanlagen, Restaurants, Sport- und Wellness-Einrichtungen liegt direkt an der Küste.
✝ 231 E1 ✉ Santa Margherita di Pula
☎ 07 09 21 88 18 ⊕ www.fortevillageresort.com ◑ März–Okt.

ALGHERO

Angedras €

Komfort und Gastlichkeit zu zivilen Preisen, nicht weit vom Zentrum Algheros. Einfache, saubere Zimmer mit Balkon oder Patio; im Innenhof kann man sich auch zu einer Erfrischung treffen. Die Inhaber betreiben auf den alten Festungsanlagen ein exzellentes Terrassen-Restaurant.
✝ 231 D4 ✉ Via Frank 2
☎ 07 99 73 50 34 ⊕ www.angedras.it

PORTO CERVO

Cala di Volpe €€€

Mit allen Annehmlichkeiten eines Luxushotels wird man hier in Bestlage an der wunderschönen Costa Smeralda verwöhnt.
✝ 231 F5 ✉ Costa Smeralda ☎ 07 89 97 61 11
⊕ www.marriott.com

Wohin zum …
Essen und Trinken?

Preise für ein Drei-Gänge-Menü ohne Getränke:
€   unter 30 €
€€   30–60 €
€€€   über 60 €

SIZILIEN

SIRACUSA

Don Camillo €–€€

Für Kreativität sorgt Küchenchef Giovanni Guarneri in diesem Fischlokal in der Altstadt mit Spezialitäten wie der opulenten Fischsuppe *Zuppa di mucco.*
✝ 233 F2 ✉ Via Maestranze 96
☎ 09 3 16 71 33 ⊕ www.ristorantedoncamillosiracusa.it ◑ 13–15, 20–22.30 Uhr

Ristorante Porta Marina da Salvo €€–€€€

In altehrwürdigen Gewölben auf der Insel Ortigia residiert dieses schöne Restaurant von Küchenchef Salvo di Mauro, das mit köstlichen Fisch- oder Fleischgerichten und guten Weinen zu überzeugen weiß.
✝ 233 F2 ✉ Via dei Candelai 35 ☎ 09 3 12 25 53 ⊕ www.ristoranteportamarina.135.it
◑ Di–Sa 12–14.30, 20–22.30 Uhr

TAORMINA

Porta Messina €

Pizza, Pasta und Meeresfrüchte zu anständigen Preisen serviert das gemütliche Lokal nahe der Stadtmauer. Empfehlenswert sind der Fang des Tages frisch vom Grill und die sizilianischen Nachspeisen.
✝ 233 F3 ✉ Largo Giove Serapide 4
☎ 09 42 22 39 53 ⊕ www.ristoranteportamessina.it ◑ 12–14.30, 19–24 Uhr

Ristorante la Griglia €–€€

In dem ruhigen Lokal mit schöner Terrasse kommen lukullische Verführungen vorwiegend vom Grill, ob Scampi oder Schwein. Köstlich auch *dolci* wie die *Cannoli siciliani.*
✝ 233 F3 ✉ Corso Umberto 54 ☎ 09 4 22 39 80 ⊕ www.ristorantelagrigliataormina.com
◑ Mi–Mo 12–14.30, 19.30–22.30

Trattoria da Nino €€

Familienbetrieb mit Blick auf sizilianische und kalabrische Küste, wo *gnocchi* oder *ravioli*, gefüllt mit Ricotta und Spinat, oder frischer Thunfisch auf den Tisch kommen.
✝ 233 F3 ✉ Via Pirandello 37 ☎ 094 22 12 65 ⊕ www.trattoriadaninotaormina.com
◑ 12–15, 18.30–23 Uhr

AGRIGENTO

Trattoria dei Templi €€

Durch die Nähe der Ausgrabungsstätten herrscht hier oft Hochbetrieb – und wegen

der schmackhaften Fischgerichte wie Tintenfisch, Garnelen oder Schwertfisch, auch mit Pasta oder als herzhafter Eintopf. Stilvolle Gasträume mit Terrakottaböden, Gewölbe und Holzbalken.
✚ 232 C2 ✉ Via Panoramica dei Templi 15 ☎ 09 22 40 31 10 ⊕ www.trattoriadeitempli. com ◔ tgl. 12.30–15, 19.30–23 Uhr

CEFALÙ

Del Duomo €–€€
Das vor allem mittags gut besuchte Lokal am Dom glänzt mit einheimischer Küche und Osteria-Klassikern wie *Tortellini in brodo* (Tortellini in Hühnerbrühe) oder *Risotto ai frutti di mare* (Risotto mit Meeresfrüchten) sowie einer gut sortierten Weinkarte. Am schönsten speist man auf der Terrasse.
✚ 233 D4 ✉ Via Seminario 5 ☎ 09 21 42 18 38 ⊕ www.ostariadelduomo.it ◔ Mi–Mo 12.30–15.30, 19–23.30 Uhr

PALERMO

Ristorante Cin Cin €–€€
Fisch vom Feinsten genießt man in dem beliebten Restaurant, z.B. Salat mit Garnelen und Früchten, *Caponata* mit Oktopus und Auberginen oder Steaks vom Schwertfisch mit Orange. Auch Kochkurse bietet man an.
✚ 232 C4 ✉ Via Manin 22 ☎ 09 16 12 40 95 ⊕ www.ristorantecincin.com ◔ Mo–Sa 19–22 Uhr

Osteria dei Vespri €€
Elegantes Restaurant, wohl eines der besten der ganzen Insel, in dem man sich etwa Streifen vom Thunfisch mit würziger Kapernsauce schmecken lässt. Ob drinnen oder auf der Terrasse: Reservierung erforderlich!
✚ 232 C4 ✉ Piazza Croce Dei Vespri 6 ☎ 09 16 17 16 31 ⊕ www.osteriadeivespri.it ◔ Mo–Sa 12.30–14.30, 19.30–22.30 Uhr

SARDINIEN

CAGLIARI

Lillicu €–€€
Bodenständige Trattoria alten Stils, seit zwei Generationen in Familienbesitz. Neben Pasta-

Primo piatto: »Malloreddu« heißt ein aus Hartweizengrieß meist noch von Hand zubereiteter Pastaklassiker der Sarden.

Gerichten liegt der Schwerpunkt auf Fisch und Meeresfrüchten, die täglich fangfrisch auf den Tisch kommen.
✚ 231 E1 ✉ Via Sardegna 78 ☎ 07 06 529 70 ◔ 12.30–15, 20.30–23 Uhr. Geschl. 2 Wochen im Aug.

Dal Corsaro €€–€€€
Kreative Küche zu gehobenen Preisen: nach warmem, hauchdünnem *Carasau* (Brotspezialität) mit Oliventropföl etwa Teigtaschen mit Ricotta-Gemüse-Füllung, als Hauptgang Schwein, Lamm, Geflügel oder Meeresfrüchte. Reservierung empfehlenswert.
✚ 231 E1 ✉ Viale Regina Margherita 28 ☎ 07 0 66 43 18 ⊕ www.dalcorsaro.com ◔ tgl. 13–15, 20.30–23 Uhr

GENNARGENTU

Su Gologone €€–€€€
Exzellenter Landgasthof zwischen Oliena und Dorgali, woher auch die Zutaten der hier schon seit Generationen bewährten und tradierten Rezepte stammen, ob beim Wildschwein oder dem sardischen Traditionsgericht *Porceddu* (Spanferkel vom Rost, über offenem Feuer gegart) – dazu passen die charaktervollen hiesigen Weine. Schöne Terrasse mit Ausblick.
✚ 231 E3 ✉ Loc. Su Gologone, Oliena ☎ 07 84 28 75 12 ⊕ www.sugologone.it ◔ 12–13.30, 20–22.30 Uhr; Nov.–März geschlossen

ALGHERO

Al Tuguri €€

Gemütliches Lokal in der Altstadt, das – mit Schwerpunkt auf Fisch und Meeresfrüchten – sardische und katalanische Einflüsse kombiniert. Je nach Saison kommen etwa *Cozze, piselli e gamberi* (Miesmuscheln und Hummerkrabben mit Erbsen) auf den Tisch oder *Acciughe marinate* (marinierte Sardellen in Weißwein mit Rucola).
✠ 231 D4 ✉ Via Maiorca 113–115 ☎ 07 9 97 67 72 ⊕ www.altuguri.it ⊕ Mo–Sa 12.30–14, 20–22.30 Uhr. Geschl. 20. Dez.–Feb.

Wohin zum … Einkaufen?

SIZILIEN

Die größte Auswahl beim Einkaufen hat man auf Sizilien in **Palermo**, das über so malerische wie gut sortierte Lebensmittelmärkte verfügt. Beliebte Einkaufsmeilen sind **Corso Vittorio Emanuele** und **Viale della Libertà**. Elegantere Läden findet man im vornehmen **Taormina**, besonders für Kleidung, Lingerie, qualitätvolle Tisch- oder Bettwäsche, modische Urlaubsbekleidung, Schmuck und heimisches Kunsthandwerk wie **Töpferwaren**, oftmals hergestellt in der »Keramikhauptstadt« **Caltagirone**. Schöne Läden für einheimisches **Kunsthandwerk** (wie Körbe und Teppiche) gibt es aber auch in Syrakus, Cefalù und Agrigento.

SARDINIEN

Auch auf Sardinien ist die Hauptstadt das führende Einkaufsparadies: In **Cagliari** findet man Geschäfte für Haushaltswaren und Wäsche, außerdem Kunst- und Antiquitätenläden. Während die Souvenirshops der Altstadt mit Vorsicht zu genießen sind, gibt es recht gute in der Hafengegend und beim **Largo San Felice**. Jeden 2. So im Monat findet auf der **Piazza Carlo Alberto** ein Markt für Trödel und Kunsthandwerk statt. Auch in **Olbia** und **Alghero** (wo viel Korallenschmuck angeboten wird) lässt es sich ganz gut shoppen.

Wer es stilvoll und schick liebt, zückt seine Kreditkarte am besten an der mondänen Costa Smeralda, deren Preise allerdings oftmals maßlos überteuert scheinen. Typische **Mitbringsel** aus Sardinien sind handgewebte Wollteppiche und herzhaft-köstlich schmeckender **Pecorino-Käse**.

Wohin zum … Ausgehen?

SIZILIEN

Das ganze Jahr Spielzeit für Oper und klassische Musik hat das **Teatro Massimo** (www.teatromassimo.it) an der Piazza Verdi in **Palermo**. Von der Atmosphäre her am attraktivsten sind jedoch die sommerlichen Freilichtaufführungen in den **antiken Theatern** von **Taormina** und **Syrakus**, wobei auch griechische Tragödien auf dem Programm stehen (www.taormina-arte.com).
Eine recht interessante **Club- und Bar-Szene** findet man in Taormina und nördlich des Zentrums in **Palermo**, eher bescheiden gibt sich diesbezüglich die Szene in **Cefalù**. Überall möglich ist **Wassersport** wie Schwimmen, Tauchen und Segeln – viele Hotels verfügen über Pool oder Badestrand. Auch Tennis kann man spielen sowie wandern oder reiten, im Winter sogar skilaufen (Infos in den Touristenbüros).

SARDINIEN

Guten Ruf in Sachen Musical, Theater und Tanz genießt das **Teatro Comunale** (www.teatroliricodicagliari.it) in **Cagliari**, wo sich auch das Nachtleben sehen lassen kann, **ähnlich** in Alghero und erst recht an der **Costa Smeralda**. Eine große Rolle auf Sardinien spielen folkloristische, meist zugleich religiöse Feste, wie vor Ostern das Pferderennen **La Sartiglia** in **Oristano**, die **Sagra di Sant'Efisio** in **Cagliari** (1. Mai) zu Ehren des Inselpatrons oder die **Cavalcata**-Prozessionen in historischen Kostümen und teils hoch zu Ross an Himmelfahrt in **Sassari**. Außer Bootstouren und Wassersport wie Segeln, Tauchen, Windsurfen bietet Sardinien vor allem im **Gennargentu** schöne **Wanderwege**.

Südlich von Vieste auf der Gargano-Halbinsel
lässt sich die von schönen Buchten eingeschnittene
Küste auch gut mit dem Kanu erkunden.

Touren

Unterwegs in der südlichen Toskana und auf der Gargano-Halbinsel zeigt sich Italien in seiner ganzen Vielfalt.

Seite 192 – 199

Südliche Toskana

Was?	Tour
Länge	261 km
Dauer	11 Std. (am besten in 2 Tagen)
Start/Ziel	Siena ✛ 224 B4

Diese Tour führt Sie durch hübsche historische Städtchen und einige der landschaftlich reizvollsten Gegenden der Toskana.

1–2

Von Siena aus geht es über die SS2 in das gut 25 km südöstlich gelegene Buonconvento. Über die Brücke und dann rechts gelangen Sie ins Zentrum mit seinen Backsteinhäuschen und dem interessanten Museo d'Arte Sacra della Val d'Arbia (an der Hauptstraße im Palazzo Ricci).

2–3

Fahren Sie weiter auf der SS2 bis zur Abzweigung in Richtung Montalcino. Durch eine

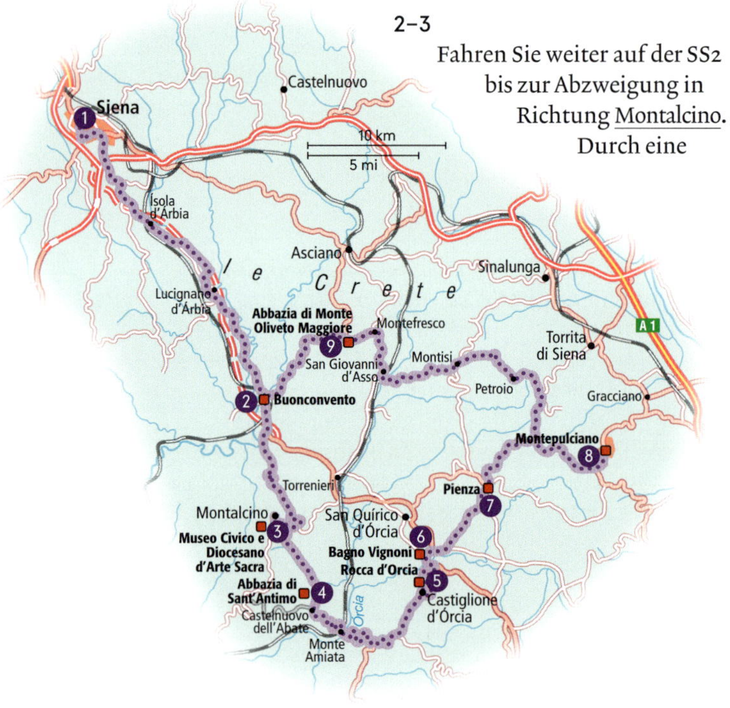

liebliche, urtümliche Landschaft geht es rund 9 km bis zur Einmündung rechts hinter einem Hügel, die bis zur Ortsgrenze führt. Folgen Sie dort entgegen dem Uhrzeigersinn dem Verlauf der Stadtmauer bis zum Kreisverkehr auf dem Hügel, wo rechter Hand nahe der Rocca (La Fortezza) Parkplätze liegen. Wie viele toskanische Städtchen wurde Montalcino schon von den Etruskern gegründet und ist

heutzutage eine der weltweit meistgeschätzten Adressen für gute Rotweine. Den berühmten Brunello und andere gute Weine können Sie gut bei den Weinbauern der Umgebung verkosten, einen ersten Vorgeschmack gibt es in der urigen Enoteca la Fortezza di Montalcino (Piazzale Fortezza 3, www.eno tecalafortezza.com).

3–4

Nach der Besichtigung Montalcinos folgen Sie vom Kreisverkehr am Parkplatz der Beschilderung zur etwa 10 km südlich gelegenen Abbazia di Sant'Antimo, wo Sie sich rechts Richtung Kloster halten. Es liegt idyllisch inmitten von Olivenhainen und bewaldeten Hügeln und ist auch aufgrund seiner Architektur und Geschichte einen kleinen Aufenthalt wert.

4–5

Kehren Sie nun wieder zur Hauptstraße zurück, wo Sie hinauf nach Castelnuovo dell'Abate fahren, oben auf dem Hügel rechts abbiegen und dem Schild »Stazione Monte Amiata« hügelabwärts folgen. Anschließend kommen Sie an der Bahnstation Monte Amiata vorbei, überqueren die Orcia und fahren weiter zum Monte Amiata selbst, wo es über Serpentinen zum Abzweig Richtung Castiglione d'Orcia hinauf geht. Es folgt eine noch steilere Panoramastrecke bis zu einer Einmündung, die in das Städtchen mit seinem imposanten Fort Rocca d'Orcia (13. Jh.) führt.

5–6

Sie durchqueren Castiglione d'Orcia und fahren anschließend bergab, nach etwa 5 km linker Hand wieder auf die

SS22. Folgen Sie ihr nach <u>Bagno Vignoni</u>. Parken kann man direkt am Eingang des Ortes, wo schon zu etruskischer und römischer Zeit Badeanlagen existierten mit heißem, schwefelhaltigem Quellwasser, wie man es heute in der Ortsmitte in einem riesigen Außenbecken findet.

6–7

Auf der Weiterfahrt bergab halten Sie sich am Ende der Straße links und nehmen dann die Straße in Richtung Pienza; folgen Sie der Beschilderung hinauf in den Ort. <u>Pienza</u> zählt zum UNESCO-Welterbe und lässt sich gut bei einem Bummel rund um die zentrale Piazza Pio II erkunden.

7–8

Von Pienza geht es weiter bergauf zur Abzweigung nach <u>Montepulciano</u>. Suchen Sie sich einen Parkplatz außerhalb der Stadtmauern. Das herrlich gelegene Bergstädtchen gehört zu den schönsten der Toskana.

8–9

Der 35-teilige Freskenzyklus zum Leben des des hl. Benedikt im Großen Kreuzgang der Abbazia di Monte Oliveto Maggiore gilt als einer der schönsten der Renaissance.

Anschließend fahren Sie wieder bergab, dann rechts in Richtung Pienza bis zum Abzweig nach Torrita di Siena (rechts), dort biegen Sie aber links ab auf die Straße nach Petroio. Fahren Sie durch Petroio und Castelmuzio auf der SP71 bis nach Montisi. Durch den kleinen mittelalterlichen Ort <u>Montisi</u> geht es nach San Giovanni d'Asso und bei der nächsten Kreuzung rechts Richtung <u>Abbazia di Monte Oliveto Maggiore</u>, die man 3 km hinter <u>Montefresco</u> erreicht. Friedlich liegt die imponierende Klosteranlage der Benediktiner (13. Jh.) im Hügelland der <u>Crete Senesi</u>. Ihr Großer Kreuzgang mit dreistöckiger Loggia enthält einen Freskenzyklus Luca Signorellis und Sodomas zum Leben des Ordensgründers, des hl. Benedikt. Die Rückfahrt nach Siena erfolgt über die SR451 bis Buonconvento, wo Sie wieder auf die SS2 gelangen.

KLEINE PAUSE

In Montalcino kehrt man früher oder später immer auf einen Brunello ein. In der **Enoteca Grotta del Brunello** gibts zudem herrliche Aufschnittplatten mit lokalen Spezialitäten (Via Costa Garibaldi 3, Tel. 05 77 84 71 77, tgl. 9–19.30).

Halbinsel Gargano

Was?	Tour
Länge	208 km
Dauer	3–4 Std.
Start	Nördlich von Foggia ✛ 228 B4
Ziel	San Severo/Autostrada A14 ✛ 228 B5

Diese Erkundungsfahrt führt über den Sporn des italienischen »Stiefels« in die bergige apulische Halbinsel an der Adria.

Meist geht es auf dieser Tour an der Küste entlang (hier an der Baia delle Zagare), mit kleinen Abstechern ins Landesinnere.

1–2

Verlassen Sie die A14 bei der Ausfahrt Foggia und fahren Sie auf der SS89 Richtung Manfredonia. Kurz vor dem Ort zweigt die SS159 ab zur romanischen Kirche Santa Maria di Siponto (12. Jh.), zwischen den Ruinen der antiken Hafenstadt Sipontum gelegen.

2–3

Nach etwa 3 km erreichen Sie die alte Residenzstadt Manfredonia. Die Burg, erbaut von König Manfred (1232–1266), beherbergt heute ein Museum zur Geschichte des Gargano.

3–4

Halten Sie sich nun 15 km nordöstlich auf der SS89, bis es links abgeht zum etwa 800 m hoch gelegenen Ort Monte

Sant'Angelo mit seiner in Italien hochverehrten Wallfahrtskirche: Der Legende nach erschien im Jahr 493 an der Stelle des heutigen Santuario di San Michele Arcangelo der Erzengel Michael dem hl. Laurentius, Bischof von Sipontum.

4–5

Weiter geht die Fahrt von Monte Sant'Angelo nach Osten in Richtung Adria und Mattinata, bis Sie östlich der Baia delle Zagare zur Grotta Smeralda (Smaragd-Grotte) gelangen, eine der schönsten ihrer Art an diesem Teil der Küste.

5–7

Von der Baia delle Zagare geht es nach einem Abstecher ins Landesinnere zur Testa del Gargano (mit Felsentor Arco San Felice) zurück zur Küste nach Vieste an der Ostspitze der Halbinsel, einem der schönsten Badeorte Apuliens.

6–7

Entlang der Küste erreichen Sie den schmucken, nordwestlich von Vieste gelegenen Fischerort Peschici, zugleich ein guter Ausgangspunkt für eine Tour zum Parco Nazionale del Gargano. Sie biegen hinter Peschici beim Dorf Valazzo von der Küstenstraße nach Süden ab und fahren landeinwärts nach Vico del Gargano, ein Zentrum der Olivenöl-Produktion.

Die Altstadt von Vieste wurde auf einem sich weit ins Meer schiebenden Felsvorsprung errichtet, der Punta San Francesco.

7–8

Über ein Serpentinensträßchen gelangen Sie ins Herz der
Foresta Umbra (»Schattiger Wald«) auf ein Kalkplateau mit
reichem alten Pinien- und Laubbaum-Bestand, wo man auch
auf seltene Orchideen oder Hirsche und Mufflons trifft.

8–9

Durch Waldlandschaft führt die SS528 nach Süden bis zum
Abzweig der SS272 westlich von Monte Sant'Angelo. Nach
einer Fahrt durch das Pilgerstädtchen San Giovanni Rotondo und San Marco in Lamis endet die Tour bei der Auffahrt
zur A14 in San Severo.

KLEINE PAUSE

Zum Mittagessen bietet sich die urig in einer Höhle eingerichtete **Locanda del Dragone** (€€) in Vieste an – Küche und
Weinkeller bieten gleichermaßen Niveauvolles.

Strandleben an der Baia di Sfinale südöstlich von
Peschici (Apulien): Immer gut zu wissen, dass ein
Lifeguard den Überblick behält.

Praktische Informationen

Was vor der Reise wichtig ist und wie Sie vor Ort gut zurechtkommen, erfahren Sie hier.

Seite 200–212

Auskunft

Italienische Zentrale für Tourismus (ENIT):
Viele Informationen zu Italien, das verwaltungstechnisch vom Aostatal bis Sizilien in 20 Regionen unterteilt ist, bekommt man gebündelt beim italienischen Fremdenverkehrsamt ENIT. Auf dem Portal www.italia.it stellt es vor allem die Top-Destinationen vor. Auf der Website www.enit.it finden Sie unter dem Stichwort »Prospekte« eine Auswahl an Prospekten zum Download.

Für weitere Informationen können Sie die ENIT unter folgenden Anschriften kontaktieren:

In Deutschland: Italienische Zentrale für Tourismus (ENIT), Barckhausstraße 10, 60325 Frankfurt am Main Tel. 069 23 74 34, Mo–Fr 9.15–13 Uhr

In Österreich: Italienische Zentrale für Tourismus (ENIT), Mariahilferstraße 1b, 1060 Wien, Tel. 0043 1 5051639, www.enit.at

In der Schweiz: Italienische Zentrale für Tourismus (ENIT), c/o Italienisches Generalkonsulat, Tödistrasse 65, 8002 Zürich, Tel. 0041 04 45 44 07 97, E-Mail zurigo@enit.it

Informationen vor Ort

In allen Orten, die touristisch von Interesse sind, informieren entweder die Fremdenverkehrsbüros der Region oder der Gemeinde. Zumeist werden sie als Accoglienza turistica oder Infopoint ausgewiesen. Wo der Service der öffentlichen Hand zu wünschen übrig lässt, springt die landesweit tätige Initiative »Pro Loco« (www.unioneproloco.it) ein und stellt Infos zu Sehenswürdigkeiten, Gastronomie, Festen und sonstigen Events. Vielerorts bietet Pro Loco auch Stadtführungen an.

Elektrizität

In Italien herrscht 220 Volt Wechselstrom. Neben den Steckdosen für Eurostecker trifft man aber auch noch auf die älteren dreipoligen Dosen, einen Adapter dafür bekommen Sie in der Regel an der Hotelrezeption – und ansonsten in jedem Elektrogeschäft.

Ermäßigungen

In den staatlichen Museen ist der Eintritt für EU-Bürger unter 18 Jahren frei, 18- bis 25-Jährige zahlen den halben Preis. Am 1. Sonntag im Monat ist der Eintritt in allen staatlichen Museen frei. Vor allem in den größeren, touristisch bedeutsamen Städten wie Mailand, Florenz und Rom lassen sich mit einer City Card oder einem City Pass für Touristen Sightseeing-Kosten senken. In der Regel reduzieren sich damit nicht nur die Eintrittspreise für Museen und andere Attraktionen – für die Geltungsdauer der Card (25, 48, 72 Std oder mehr) kann man auch die öffentlichen Verkehrsmittel gratis nutzen.

Feiertage

1. Jan.	Neujahr (Capodanno)
6. Jan.	Dreikönigstag (Epifania)
März/April	Ostern/Ostermontag (Pasqua/Pasquetta)
25. April	Tag der Befreiung vom Faschismus (Festa della Liberazione)
1. Mai	Tag der Arbeit (Festa del Lavoro)
1. Juni	Fest der Republik (Festa della Repubblica)
24. Juni	Johannistag (San Giovanni, Stadtpatron)
29. Juni	St. Peter und Paul
15. Aug.	Mariä Himmelfahrt (Ferragosto)
1. Nov.	Allerheiligen (Tutti Santi)
8. Dez.	Tag der Unbefleckten Empfängnis (Immacolata Concezione)
25. Dez.	Weihnachten (Natale)
26. Dez.	Santo Stefano

Feste

Januar: Am Neujahrstag findet in Florenz die Regata dei Canottieri statt, eine historische Ruderregatta auf dem Arno. Neapel feiert am 17. Januar einen beliebten Schutzpatron – Sant'Antonio – mit Freudenfeuern in den Altstadtvierteln, zudem werden Haustiere aller Art zur Segnung in die Kirchen gebracht.

Februar/März: Der Karneval von Venedig ist weltberühmt, so zauberhaft wie in der Lagunenstadt wird er nirgendwo sonst gefeiert. Einen ganz anderen Charakter haben die Festivitäten in Italiens zweiter Karnevalshochburg, Viareggio, wo mit parodistischen Wagen beim großen Umzug Politiker auf die Schippe genommen werden.

März: Wenn Siziliens Mandelbäume blühen, feiert Agrigent die Sagra del Mandorlo in

Fiore mit Musik, Gesang, Folkloretanz und Feuerwerk (http://sagradelmandorloinfiore.com/).

März/April: Die Karwoche wird vielerorts in Italien – vor allem aber in Apulien – mit beeindruckenden Prozessionen gefeiert, z.B. in Bari, Bitonto und Gallipoli. Zu den spektakulärsten ihrer Art zählt die Karfreitagsprozession in Taranto.

Mai: Mittelalterliche Riten inspirieren die traditionelle dreitägige Frühlingsfeier, die man in Assisi (Umbrien) Anfang Mai feiert (www.calendimaggiodiassisi.com). Cagliari auf Sardinien zieht vom 1. bis zum 4. Mai Schaulustige von nah und fern in seinen Bann, wenn der heilige Efisio mit einer farbenprächtigen Prozession geehrt wird. In der ersten Maiwoche feiert Bari seinen Schutzpatron Nikolaus, dessen Gebeine der Legende nach einst übers Mittelmeer nach Bari gelangt sein sollen, mit historischen Umzügen, Konzerten und Theateraufführungen.

Mai bis Juli: Von Anfang Mai bis in den Juli hinein lädt Florenz zum Maggio Musicale Fiorentino (www.maggiofiorentino.com), einem der renommiertesten europäischen Klassik-Musikfestivals mit klassischen Konzerten und Opernaufführungen (http://operadifirenze.it).

Mai bis November: Auf der Biennale di Venezia (alle zwei Jahre, wieder 2021, 2023) kann man sich einen Überblick über Themen und Trends der internationalen Kunstszene verschaffen, in geraden Jahren findet am selben Standort die internationale Architekturbiennale statt.

Juni bis September: Bari lockt mit Jazz.

Mitte Juni bis Mitte September: Beim Lake Como Festival spielen Orchester und Solisten Klassik in Belaggio und anderen Orten am Ufer des Comer Sees.

Juli: Am 2. Juli wird der Palio di Siena ausgetragen, das weltberühmte mittelalterliche Reiterturnier im Herzen der Toskanastadt (2. Termin ist der 16. Aug.). Ebenfalls im Juli macht das Puccinifestival den kleinen Ort Torre del Lago (Toskana) alljährlich zum Mekka für Klassikfans. Mit Umbria Jazz lockt das renommierteste italienische Jazzfestival nach Perugia. Beim Festival Tener-a-Mente wird das herrlich gelegene Anfiteatro del Vit-

toriale in Gardone am westlichen Ufer des Gardasees zur Bühne für internationale Stars (www.anfiteatrodelvittoriale.it).

August: Das Gipsyrock-Festival auf Sizilien (1./2. Woche) ist ein noch relativ junges Event, bei dem internationale Indie-Bands vor der mittelalterlichen Kulisse des kleinen Orts Castelbuono auftreten.

Ende August/September: Am Lido di Venezia finden die Internationalen Filmfestspiele von Venedig statt – für Cineasten ein Muss.

Ende September/Oktober: Beim Verdi-Festival in Parma (Emilia Romagna) werden zu Ehren des Komponisten Opern und Konzerte in Theatern und Palazzi aufgeführt, Ausstellungen und Lesungen bereichern das Festivalprogramm.

September bis November: Nach der Ernte feiert man im ganzen Land, vor allem in kleinen ländlichen Orten, kulinarische Spezialitäten mit Naschmärkten. Zu den Höhepunkten gehören das Esskastanienfest (Ende Okt.) im sizilianischen Tusa, die Trüffelfeste Mitte November (z.B. in Alba im Piemont und in Gubbio in der Toskana) sowie die Tage der offenen Ölmülen in Umbrien entlang der Strade dell'Olio dell'Umbria oder auch das Polentafest in Vigasio in Venetien.

Dezember: Weihnachtsmärkte mit unwiderstehlichen Leckereien locken in kleineren und größeren Städten, mit grandioser Kulisse beispielsweise in Rom auf der Piazza Navona. An Silvester trifft man sich auf der zentralen Piazza zu Feuerwerk und Spumante.

Geld

Italien gehört zur Eurozone. Für die Schweiz gilt: 1 € = ca. 1,16 CHF, 1 CHF= 0,86 Euro (den tagesaktuelle Wechselkurs finden Sie jeweils auf www.oanda.com).

Kreditkarten: Die meisten Banken und Geschäfte, Hotels und Autovermieter etc. akzeptieren die gängigen internationalen Kreditkarten (carta di credito).

Quittungen: Laut Gesetz muss der Kunde alle Rechnungen und Zahlungsbelege, auch den Bon für ein Glas Wasser an der Bar, mit sich führen.

Sperrnummern: Unter der einheitlichen Sperrnotruf-Nummer 0049 116 116 (www.sperr-notruf.de) kann man bei Verlust Bank-

und Kreditkarten, Handys, Online-Banking-Zugänge sowie die elektronische Identitätsfunktion des Personalausweises sperren lassen. Für Österreich gilt die Telefonnummer 0043 1 204 88 00. Die Schweiz hat keine einheitliche Notfallnummer; die wichtigsten sind: 0041 44 659 69 00 (Swisscard); 0041 44 828 31 35 (UBS Card Center); 0041 58 9 58 83 83 (VISECA); 0041 44 8 28 32 81 (PostFinance). Mastercard-Inhaber können den Verlust in Italien auch unter 80 0 87 0 8 66 melden, für American Express rufen Sie in Italien die Hotlinenummer 80 0 91 49 12 an. Empfehlenswert ist es, sich vor der Abreise beim kartenausgebenden Institut nach der jeweiligen Notfallnummer zu erkundigen, bei der Kartensperrung wird man nach der Kartennummer gefragt, diese sollte man deshalb notieren und zu den Reiseunterlagen packen.

Trinkgeld: Freundlich ist es, einen guten Service mit 10 % der Rechnungssumme zu honorieren; Stadtführer, Taxifahrer, Hotelpersonal bekommen etwas Kleingeld.

Gesundheit

Prinzipiell können Sie mit Ihrer Europäischen Krankenversicherung, die in Deutschland besteht, auch ärztliche Dienstleistungen in Italien in Anspruch nehmen. Einschränkungen gibt es bei der Wahl von Praxis und Arzt: Nur beim staatlichen Gesundheitsdienst – in einem Krankenhaus und beim ärztlichen Notdienst (*pronto soccorso*) – wird die Leistung direkt über Ihre Kasse abgerechnet. Wenn Sie eine Facharztpraxis aufsuchen, müssen Sie die Rechnung gleich dort bezahlen. Die Kosten können Sie sich zu Hause von der Krankenkasse erstatten lassen, oft werden sie jedoch nicht in vollem Umfang erstattet. Es empfiehlt sich daher, eine Auslandskrankenversicherung abzuschließen, die im Notfall auch die Kosten für den Rücktransport übernimmt.

Notfall: Mit der nächsten Notdienst-Einrichtung verbunden wird man, wenn man die Nummer 112 wählt. Wenn Sie sich von einem deutsch- oder englischsprechenden Facharzt untersuchen und beraten lassen möchten, hilft man Ihnen an der Rezeption Ihres Hotels bei der Suche nach einer passenden Praxis.

Apotheke: Medikamente erhalten Sie auf Rezept und im freien Verkauf in einer *farmacia* (Apotheke). Gekennzeichnet sind diese mit einem grünen Neon-Kreuz, übliche Öffnungszeiten (mit lokalen Unterschieden) sind Mo 16–20, Di–Sa 8.30–13, 16–20 Uhr. Nacht- oder Sonntagsdienstapotheken findet man im Internet, indem man den Ortsnamen und den Begriff *farmacia di turno* eingibt.

Trinkwasser: Sie können bedenkenlos Wasser aus dem Hahn und aus den vielen öffentlichen Trinkbrunnen trinken; es sei denn, der Wasserspender ist mit dem Hinweis *Acqua non potabile* gekennzeichnet.

In Kontakt bleiben

Post: Hauptpostämter (*ufficio postale*) sind in der Regel montags bis freitags von 8.30 bis 19 Uhr, samstags bis 12.30 geöffnet. Briefmarken (*francobolli*) gibt es in Postämtern und Tabacchi-Läden, Postkarten und Standardbriefe innerhalb Europas kosten 1,10 €. Finger weg vom gelben Zusteller globalpostservice: Er kostet das Doppelte, und die Post kommt nicht immer an!

WLAN und Internet: Alle besseren Hotels verfügen über Breitbandanschlüsse auf dem Zimmer oder in der Lobby. Auch in etlichen Bars, Cafés und Restaurants kann man kostenlos surfen.

Mobiltelefon (*cellulare* oder *telefonino*): Innerhalb der EU sind die Roaming-Gebühren abgeschafft; es gelten die Tarife im Heimatland.

Internationale Vorwahlen:
Deutschland: 0049
Österreich: 0043
Schweiz: 0041
Italien: 0039

Italienische Vorwahlen: Wenn Sie aus dem Ausland oder mit dem Handy eine italienische Festnetznummer anrufen, müssen Sie die Null der Ortsvorwahl stets mitwählen, z. B. +39 für Italien und 041 für Venedig. Mobilfunknummern haben keine vorangestellte Null.

Notrufe
EU-Notruf: 112
Polizei (*Polizia*): 113

Feuerwehr (*Vigili del fuoco*): 115
Notarzt/Krankenwagen (*Ambulanza*): 118
ADAC-Notruf: +49 89 22 22 22 (D), 03 92 10 41
(Italien)
Pannenhilfe ACI: 80 31 16/800 11 6800 (von
ausländischen Handys)

Reisedokumente

Bei der Einreise genügt für EU-Bürger und
Schweizer ein Personalausweis oder Reise-
pass. Kinder benötigen einen eigenen Aus-
weis. Da in Italien die Hotels ihre Gäste poli-
zeilich melden müssen, benötigen Sie bei
jedem Check-In ein Ausweisdokument. Wer
mit dem Auto nach Italien reist, muss den
nationalen Führerschein und die Fahrzeug-
papiere dabeihaben.

Reisezeit

Italien hat zu jeder Jahreszeit seinen Reiz. In
welcher Saison das Land am schönsten ist,
hängt ganz von der Art des Urlaubs ab und
von der Region, die Sie bereisen möchten.
Auf Badetemperaturen erwärmt sich das
Meer im Juni, dann bleibt es bis in den September, im Süden bis in den Oktober hinein
angenehm warm. Wer es einrichten kann,
sollte für einen Urlaub am Meer Vor- oder
Nachsaison nutzen, Denn in den südlichen
Regionen ist es im Juli und August bisweilen
extrem heiß. Was auch noch gegen einen
Badeurlaub im August spricht: In der klassischen Urlaubssaison scheint das halbe Land
am Meer zu sein. An vielen Stränden, vor allem wenn sie von einer der Metropolen gut
mit dem Auto zu erreichen sind, herrscht
dann eine Atmosphäre wie auf dem Rum-
melplatz. Wer's ruhiger mag und dennoch
im Hochsommer Badeferien machen möchte, sollte weiter in den Süden fahren und
die sehr bekannten Orte meiden. Eine gute
Alternative zu den Stränden Liguriens und
der Toskana sind die der mittelitalienischen
Region Marken, wo die schönen Strände am
Fuße des Monte Conero Badefreuden und
erholsame Ruhe bieten. Auch ganz unten, im
Salento, lassen sich noch herrliche Bade-
strände ohne Touristenmassen finden.
Für Wander- und Radtouren sind die Monate
April, Mai oder auch die zweite September-
hälfte sowie der Oktober ideal: vor allem im

Süden des Landes kann man dann auch immer noch getrost Badepausen einlegen. Der
Herbst empfiehlt sich zudem als Genießer-
zeit. Die Ernte ist eingebracht, und nun werden Getreide, Obst und Gemüse allerorten
zu lokalen Spezialitäten verarbeitet.
Für einen Städteurlaub empfehlen sich Mai
und Oktober – da regnet es selten, die Tem-
peraturen liegen meist noch unter 30 Grad.
Venedig erlebt die erste Hochsaison des
Jahres bereits im Februar, zum Carnevale
di Venezia besuchen rund eine Million Gäste
die Lagunenstadt. Wer sich ins Getümmel
wagen und übernachten möchte, sollte sich
allerdings schon ein Jahr im Voraus eine
Unterkunft gesichert haben.
Ganz im Süden, in Kalabrien, gibt es Skigebiete – im Regionalpark Aspromonte sogar
mit Meerblick. Echte Wintersportfans wird
es dennoch eher nach Südtirol ziehen, wo
Skigebiete bis ins späte Frühjahr hinein mit
guten Bedingungen für den Brettsport locken. Besonders reizvoll ist die Übergangs-
zeit: Ende März, Anfang April herrschen in
den Hochlagen noch gute Wintersportver-
hältnisse – unten aber, in den weiten Tälern
bei Bozen, blühen schon die Apfelbäume
und verwandeln die Landschaft in ein rosa-
weißes Blütenmeer.

Sicherheit

Ihre Wertesachen sollten sie wie immer auf
Reisen am Körper und gut gesichert tief in
der Tasche tragen. Größere Geldbeträge,
Kreditkarten, Schmuck bleiben besser im
Hotelsafe. Für den Fall der Fälle nehmen Sie
Fotokopien wichtiger Dokumente mit auf die
Reise. Der beste Platz fürs Auto ist eine be-
wachte Garage. Unwetter- und andere War-
nungen für das Reisegebiet erfährt man
über den weltweit agierenden Dienst www.
global- monitoring.com.

Zollbestimmungen

Innerhalb der Europäischen Union (EU) ist
der Warenverkehr für private Zwecke weitgehend zollfrei; wer mit auffällig großen
Mengen unterwegs ist, muss allerdings bei
Zollkontrollen nachweisen bzw. glaubhaft
machen, dass die Waren nicht kommerziell
vertrieben werden sollen. Zollfrei bei der

Wiedereinreise in die Schweiz sind für Personen ab 17 J. z.B. 250 Zigaretten, 5 l Wein, 1 l Spirituosen sowie weitere Reisemitbringsel im Wert von bis zu 300 CHF (aktuelle Infos unter www.zoll.de und www.ezv.admin.ch). Bargeldbeträge ab einer Höhe von 10 000 € müssen grundsätzlich beim Zoll angezeigt werden.

ANREISE

Italiens wichtigste internationale Flughäfen sind Rom-Fiumicino und Milano-Malpensa, zudem gibt es direkte nationale und europäische Flüge zu größeren Städten wie Florenz, Mailand oder Neapel. Fährverbindungen nach Griechenland bestehen von Venedig, Ancona und Bari.

Ankunft in Rom

Mit dem Fugzeug: Roms wichtigster Flughafen Leonardo da Vinci oder Fiumicino (Tel. 06 6 59 51, www.adr.it) liegt 36 km westlich des Stadtzentrums und verfügt über drei Terminals: T1 (Inlandsflüge), T2 (Charter Inland/International) und T3 (International). Zu den Service-Einrichtungen gehören Touristen-Information, Banken, Zimmerreservierung und Autovermietung. Ein Taxi ins Zentrum kostet etwa 45 € (Fahrzeit gut 30–40 Min.). Legale Taxis haben ein entsprechendes Schild auf dem Dach, eine Lizenznummer sowie die Aufschrift »Roma Capitale« auf der Tür. Leonardo-Express-Züge verkehren zur Stazione Centrale Roma Termini (30 Min.; ca. 14 €), andere mit Zwischenstopp (45 Min.; ca. 8 €). Weitere Verbindungen: Trastevere, Tiburtina und Ostiense. Busse von Co.Tral (Tel. 8 00 17 44 71, www.cotralspa.it) fahren außerhalb der Ankunftshalle zum Bahnhof Tiburtina (alle 90 Min.; 5 €), diejenigen von Terravision (Tel. 06 97610632, www.terravision.eu) nach Roma Termini (60 Min., mit vier Zwischenstopps 6 €, bei Vorbuchung online 4 €). Mit dem Sit Bus Shuttle geht es direkt und bequem in den Vatikan oder zur Stazione Roma Termini (ca. 70 Min.), einfache Fahrt 6 €, Hin- und Rückfahrt 11 €.
Mit dem Zug: Die meisten nationalen und internationalen Züge nach Rom enden in der Stazione Centrale Roma Termini (Tel. 89 20 21 in Italien, +39 06 68 44 54 75 aus dem Ausland, www.trenitalia.com) am Ostrand des Zentrums. Dorthin gelangt man mit den Metro-Linien A und B, auch der ZOB ist nebenan. Taxistand vor dem Haupteingang. Manche Fern- und Nachtzüge enden in Ostiense oder Tiburtina (südlich/nordöstlich des Zentrums) an der Metro-Linie B (Stationen Tiburtina bzw. Piramide für Ostiense) – ein Taxi in die Innenstadt ist von dort aber auch nicht teuer.

Ankunft in Mailand

Mit dem Flugzeug: Der Flughafen Malpensa (Tel. 02 23 23 23, www.airportmalpensa.com) 50 km nordwestlich der Stadt verfügt über zwei Terminals, Touristen-Information, Hotelreservierung, Autovermietung, Bars, Restaurants, Läden und Banken. Ein Taxi nach Mailand kostet rund 80 €, Fahrzeit je nach Verkehr 35 bis 60 Min. Direktverbindung per Zug mit dem Malpensa Express (Tel. 02 85 11 43 82, www.malpensaexpress.it) zum Bahnhof Milano Cadorna alle 30 Min. (11 €; Fahrzeit 35 Min.). Stündlich verkehren auch Züge nach Milano Centrale (11 €; Fahrzeit 50 Min.). Der Bahnhof Malpensa ist außerdem angebunden an die Hochgeschwindigkeitsstrecke Turin–Mailand–Rom. Busverbindung des Malpensa Shuttle (Tel. 02 58 55 31 85, www.malpensashuttle.it; 10 €; 45–60 Min.) alle 20 Min. zum Bahnhof Milano Centrale.

Ankunft in Venedig

Mit dem Flugzeug: Der Aeroporto Marco Polo (Tel. 04 12 60 92 60, www.veniceairport.it) am Nordende der Lagune ist 7 km per Schiff und 12 km auf der Straße von der Stadt entfernt. Service-Einrichtungen: Geldwechsel, Banken, Post, Bars, Restaurants und Läden. Ein Taxi zum Piazzale Roma (auf dem Festland, nicht in Venedig selbst) kostet um die 40 € (Fahrzeit 15–25 Min.), eine Fahrt per Wassertaxi (*taxi d'acqua*) nach Venedig ab 110 € (Fahrzeit 20–35 Min.) vom Consorzio Motoscafi www.motoscafivenezia.it/de.
Die Linienschiffe von Venicelink (www.venicelink.com) verkehren auf drei Routen ins Zentrum, Einzelfahrscheine kosten (für Touristen) 7 €, daher empfiehlt sich meist ein Pass für 24 (48, 72) Stunden oder 7 Tage.

         PRAKTISCHE INFORMATIONEN

Ankunft in Pisa/Florenz

Mit dem Flugzeug: Wichtigster Flughafen der Toskana ist Pisas Aeroporto Galileo Galilei (Tel. 050 84 93 00, www.pisa-airport.com), 91 km westlich von Florenz. Ein Taxi ins Zentrum von Pisa kostet 12 € (nachts und an Feiertagen ein Zuschlag von 2,60 €, pro Koffer 0,65 €). Florenz ist vom Flughafen Pisa gut erreichbar mit regelmäßig verkehrenden Direktzügen (1 Std./9,90 Euro) oder mit dem Bus Terravision (je nach Verkehr ca. 1 Std. /4,99 Euro, www.terravision.eu),

Ankunft in Neapel

Mit dem Flugzeug: Der Aeroporto Capodichino mit seinen zwei Terminals (Tel. 08 17 89 61 11, www.gesac.it; www.naples-airport.info) liegt 6 km nordöstlich der Stadt und verfügt u.a. über eine Touristen-Information. Ein Taxi ins Zentrum kostet etwa 25 € (Fahrzeit 20–30 Min.). Außerdem verkehren Linienbusse der CLP (www.clpbus.it) zur Stazione Centrale und Piazza Municipio (Fahrzeit 20–30 Min.).

UNTERWEGS IN ITALIEN

Mit dem Zug: Eisenbahnverbindungen werden (bis auf wenige Privatbahnen) unterhalten von der staatlichen Gesellschaft Trenitalia, einer Tochtergesellschaft der Ferrovie dello Stato Italiane (Tel. 89 20 21 in Italien, +39 06 68 47 54 75 aus dem Ausland, www.trenitalia.com). Vor allem zwischen Mailand und Rom, aber auch nach Venedig verkehren die Hochgeschwindigkeitszüge Frecciarossa und die fast ebenso schnellen Frecciargento – Reservierung bei beiden erforderlich. Beinahe hundert italienische Städte sind zudem verbunden durch das komfortable Netz der Frecciabianca- und InterCity-Schnellzüge (Reservierung empfohlen). Oft recht langsam – dafür sehr preisgünstig – sind die Regionali (R), die fast an jeder Station halten. Die Nachtzüge Inter Citynotte (ICN) fahren lange Distanzen und bieten mehrere Wagenklassen, darunter Schlaf- und Liegewagen (*cuccette*). Reservierung obligatorisch (Aufschlag für Schlafwagen 20–50 €). Fahrkarten sind erhältlich an Bahnhöfen, Verkaufsstellen von Trenitalia oder online unter www.trenitalia.com. Die Fahrpreise richten sich nach Entfernung, Zug-Typ und Wagenklasse (1./2. Klasse), in den Frecciarossa-Zügen nach den Kategorien Standard, Premium, Business und Executive. Gleichzeitiger Kauf von Hin- und Rückfahrkarte (*andata e tornata*) ist nicht preiswerter als deren Einzelerwerb. Reservierungen sind obligatorisch für Freccia-Züge, empfehlenswert auch für Intercitys und generell rechtzeitig vorzunehmen in der Sommer-Saison (Juni–Mitte Sept.). Vor Fahrtantritt muss die Fahrkarte entwertet werden in den gelben Stempelmaschinen am Bahnsteig. Schwarzfahrer werden (auch im städtischen Nahverkehr) mit 55 € zur Kasse gebeten, die zusätzlich zum Fahrpreis zu entrichten sind. Pässe von InterRail (www.interrail.eu) und Eurail (www.eurail.com) sind auch in Italien gültig (das keine eigenen Trenitalia-Pässe anbietet).

Mit dem Bus: Überlandbusse kleinerer Gesellschaften halten gewöhnlich in Bahnhofsnähe oder auf dem Hauptplatz einer Stadt. Fahrkarten sind erhältlich am örtlichen Schalter des Unternehmens oder im Bus, Platz-Reservierungen nicht immer möglich. Regionalbusse verbinden kleinere Orte, ihr Fahrplan ist in der Regel abgestimmt auf Schul- und Arbeitszeiten der Einwohner (weshalb sie am Wochenende oder in der Ferienzeit zuweilen weniger häufig verkehren).

Schiffsverkehr im Inland: Fährverbindungen zu den Inseln bestehen außer nach Sizilien und Sardinien auch nach Capri und Ischia (von Neapel und Sorrent, im Hochsommer auch Tragflächenboote) oder Elba (Information und Vorbuchung unter www.traghetti.com). Örtlichen Linienschiffsverkehr gibt es auch auf den großen oberitalienischen Seen (Lago di Garda, di Como und Maggiore).

Mit dem Auto: Italien verfügt über exzellente Autobahnen (*autostrade*, markiert mit A auf Schildern und Karten), als wichtigste die Nord-Süd-Verbindung A1/A3 von Mailand über Bologna, Florenz, Rom und Neapel bis Messina. Viel befahren sind auch im Osten die A14 von Bologna nach Tarent sowie die West-Ost-Magistrale A4 von Turin über Venedig nach Triest. Die Auffahrten der italienischen Autobahnen sind meist kurz, je nach Verkehr muss man oft warten. Fast alle Autostrade sind mautpflichtig – Schein ziehen bei der Auffahrt, zahlen bei Verlassen der Autobahn. Außer bar oder mit Kreditkarte können Sie auch mit der Viacard zahlen, die man u.a. an den Grenzübergängen sowie an Tankstellen bekommt. Benzin gibt es in den Versionen (*super*) bleifrei (*senza piombo*), Diesel (*gasolio*) sowie LPG-Flüssiggas. An Selbstbedienungs-Tankstellen, die rund um die Uhr geöffnet haben (24 ore), kann man am Automaten mit 5-, 10- und 20-€-Noten zahlen.

Straßenverkehrsordnung: Als Geschwindigkeitsbegrenzung gelten 50 km/h innerhalb geschlossener Ortschaften, außerorts 90 km/h, 110 km/h auf Schnellstraßen und zwischen 110 und 130 km/h auf den Autostrade. Außerhalb von Ortschaften auch tagsüber mit Abblendlicht fahren, ebenso in Tunnels, auch wenn sie hell erleuchtet sind. Die Alkohol-Grenze am Steuer liegt bei 0,5 Promille – bei höheren Werten wird der Führerschein für 2 Wochen bis 3 Monate konfisziert.

Autoverleih: Wenn Sie in Italien ein Auto mieten wollen, reservieren Sie am besten schon vor der Abreise. Eine Übersicht über die Angebote internationaler und lokaler Anbieter bietet das Portal www.billiger-mietwagen.de. Auf einen Blick können Sie dort auch die Vertragsbedingungen (Kilometerobergrenze, Kostenbeteiligung im Schadensfall etc.) vergleichen.

ÜBERNACHTEN

Vor allem in Nord- und Mittelitalien erwartet den Besucher eine Vielzahl an Übernachtungsmöglichkeiten, wobei auch internationale Hotelketten wie Best Western und Hilton vertreten sind, zudem italienische wie Starhotels und Boscolo. Neben Luxushotels in alten Palazzi gibt es gediegene kleinere Adressen, und wer das Land ganz authentisch erleben möchte, der mietet sich in Familienpensionen und Unterkünften des Agriturismo ein oder lässt sich in einer Privatvilla, Ferienwohnung oder einem Bauernhaus nieder.

Zimmersuche: Bei Reisen in einen beliebten Urlaubsort Italiens empfiehlt sich rechtzeitige Reservierung (die man sich immer telefonisch oder per Email bestätigen lassen sollte). Ruhiger zu geht es gewöhnlich au-

ßerhalb der Saison im November und Januar/Februar. Stets beachten sollten Sie aber auch lokale Festivitäten wie die Modemessen in Mailand, in denen Hotels oft ausgebucht und Zimmerpreise auf Höchstniveau sind. Saisonbedingt schwanken die Zimmerpreise bis zu 30 Prozent: Während viele Hotels zwischen Vorsaison (*bassa stagione*) und Hauptsaison (*alta stagione*) unterscheiden, verlangen andere das ganze Jahr über (*tutto l'anno*) feste Preise. Oft gibt es Ermäßigungen bei Online-Buchung. Im Zimmer und an der Rezeption müssen die Preise gut sichtbar angeschlagen sein. Steuern sind gewöhnlich im Preis inbegriffen. Das Frühstück ist häufig nicht im Übernachtungspreis enthalten – wenn ein üppiger Zuschlag verlangt wird und Ihnen morgens eine Kleinigkeit genügt, sind Sie mit Cappuccino und Sandwich in einer Bar um die Ecke besser bedient.

Eine Auswahl empfehlenswerter Adressen finden Sie in diesem Buch auf den »Wohin zum ...«-Seiten. Weitere Informationen bieten die örtlichen Touristen-Informationen sowie Websites wie www.booking.com, www.agriturismo.net und www.agriturismo.it, www.fewo-direkt.de, www.homelidays.com).

ESSEN UND TRINKEN

Essen als sinnlicher Genuss ist für Italiener unentbehrlich – wo man auch hinkommt, man schmeckt die typischen Ingredienzien der Region und Saison. Schon der Einkauf von Köstlichkeiten, auf dem Markt oder in kleinen Läden, ist ein Vergnügen für sich, und solche Entdeckungstouren gehören oft zum Schönsten eines Italien-Urlaubs. Italiener beginnen Ihren Tag gern in der Bar – mit einem Frühstück (*prima colazione*) im Stehen, ab 7 Uhr bekommt man Espresso, Cappuccino, belegte Brötchen (*panini*) und die beliebten süßen Hefeteilchen (*cornetti*). Mittagessen (*pranzo*) wird gewöhnlich zwischen 12.30 und 14/15 Uhr serviert, das opulentere Abendessen (*cena*) ab halb acht, wobei Italiener häufig auch erst viel später essen gehen. Ein vollständiges Menü umfasst kalte und warme Vorspeisen (*antipasti*), ersten Gang (*primo piatto*) mit Suppe, Pasta oder Risotto und Hauptgang (*secondo piatto*) mit Fisch oder Fleisch. Beilagen (*contorni*) und Salat (*insalata*) muss man oft separat ordern. Abgerundet wird die Mahlzeit mit Dessert (*dolce*) oder Käse (*formaggio*). Allerdings gönnen sich auch die meisten Italiener die komplette Abfolge nur zu besonderen Anlässen. Es ist also kein Problem, wenn Sie nur Antipasti und den ersten Gang, oder Hauptgericht und Beilage bestellen und statt Dolce nur einen Espresso ordern. Allerdings wird es nicht gern gesehen, wenn man sich mit einer Winzigkeit allzu lange plaudernd am Tisch aufhält, während andere Gäste auf einen Tisch warten.

Typologie der Lokale: Ristorante bezeichnen sich die feineren Speiselokale, die teilweise nur am Abend ihre Türen öffnen. Osteria nannten sich früher die einfachen Gasthöfe, heute kokettieren gerade schicke Lokale mit diesem Understatement- Titel. Einfache – und meist herrlich bodenständige – Küche erwartet einen in der Trattoria, wo *alla casalinga* (nach Hausfrauenart) gekocht wird. Manchmal gibt es keine Karte – nur eine Tafel, auf der die Tagesgerichte angeschrieben sind. Wer kein Italienisch spricht, hat vor allem in ländlichen Gegenden am besten Wörterbuch oder eine Translater-App dabei.

AUSGEHEN

Ein Abend auf dem Sofa, das ist für Italiener – zumal für die jungen – in der Regel keine Option. Ein großes Programm für den Abend braucht es dabei nicht, man putzt sich raus, trifft sich mit Freunden auf der Piazza, geht eine Pizza essen und macht eine Passeggiata, einen Spaziergang, der fast immer auch zu einer Eisdiele führt. In den größeren Städten bietet sich natürlich auch kulturelle Vielfalt für den Abend an – Oper, Konzerte, Drama oder Ballett. Weltruf genießt die Mailänder Scala, Florenz hat mit seinem Teatro del Maggio Fiorentino ein Opernhaus mit erstklassiger Akustik. In der antiken Arena von Verona sorgt allein schon die 2000 Jahre alte Kulisse für Gänsehaut. Einen Jazz-Club hat jede kleinere Stadt, die auf sich hält – zumindest, wenn es eine Universität und damit nachtaktives Publikum gibt. Im Sommer locken im ganzen Land Musikfestivals – Klassik, Jazz und Rock, Apulien heizt bei seinem populäre Tarantella-Tanz-Festival ein. Mittelalterliche Plätze verleihen den Veranstaltungen einen unnachahmlichen atmosphärischen Rahmen. Einen Überblick über Orte und Termine gibt die Website www.italia.it/de/reisetipps/kultur-und-veranstaltungen/musikfestivals-in-italien.html

EINKAUFEN

Italien ist ein Dorado für erstklassige Textilien. Suchen Sie modische Kreationen mit Designerlabel, sind Sie in den Edel-Boutiquen von Armani, Versace, Gucci & Co an der richtigen Adresse, die standesgemäß an den Prachtstraßen der großen Städte anzutreffen sind. Vielerorts bieten Ateliers auch Maßgeschneidertes an. Sollten Sie länger an einem Ort verweilen und Zeit für die Anproben haben, ist das die Chance auf ein perfektes Outfit, das lange Freude macht. Günstige und oft erstaunlich gute Textilien und Lederwaren kann man selbst in kleineren Orten gelegentlich auf dem Wochenmarkt finden – auf denen Schuhe, Gürtel und Dessous mit der gleichen Leidenschaft angeboten werden wie Salami und Oliven. In der Umgebung der Modemetropole Mailand gibt es Outletcenter mit Designermode zum Schnäppchenpreis. Mit etwas Glück kann man hier tatsächlich ein paar Perlen aus der Angebotsflut fischen. Aber prüfen Sie mit kritische, Auge, wenn Ihnen etwas gefällt: So manches Stück, das hier verramscht wird, ist nicht ohne Grund (sondern wegen Qualitätsmängeln) in den Sonderverkauf gekommen. Jede Region Italiens hat ihre besonderen Produkte und pflegt ihre Kunsthandwerkstraditionen – Como ist die Stadt der Seide (fantastische Dessous, Krawatten, Tücher!), Venedig hat sein weltberühmtes Murano-Glas, Florenz sein handgeschöpftes Buntpapier, Apulien steht für Töpferwaren, in Umbrien wird Schönes aus Olivenholz gemacht. Die kulinarische Vielfalt des Landes ist schlicht unschlagbar, und viele regionale Spezialitäten eignen sich hervorragend als Mitbringsel – Olivenöl aus Umbrien oder Apulien, Limoncello, der erfrischende Zitronenlikör von der Amalfiküste, feinste Haselnusscreme aus dem Piemont, getrocknete

Tomaten, scharfe Peperoncini-Schoten des höchsten Schärfegrades aus Sizilien. Auch Käse und Schinken, vakuumverpackt, halten ein paar Reisetage durch und bringen zu Hause Urlaubsaroma auf den Tisch.

SPRACHE

Immer zu gebrauchen

Ja/Nein	**sì/no**
Bitte	**per favore**
Danke	**grazie**
Keine Ursache/bitte	**di niente/prego**
Entschuldigung	**mi dispiace**
Auf Wiedersehen	**arrivederci**
Guten Morgen	**buongiorno**
Gute Nacht	**buona notte**
Wie geht es Ihnen?	**Come sta?**
Wie viel kostet das?	**Quanto costa?**
Ich hätte gern ...	**Vorrei ...**
Offen	**aperto**
Geschlossen	**chiuso**
Heute	**oggi**
Morgen	**domani**
Montag	**lunedì**
Dienstag	**martedì**
Mittwoch	**mercoledì**
Donnerstag	**giovedì**
Freitag	**venerdì**
Samstag	**sabato**
Sonntag	**domenica**

Nach dem Weg fragen

Ich habe mich verlaufen	**Mi sono perso/a**
Wo ist ...?	**Dove si trova ...?**
... der Bahnhof	**... la stazione**
... die Bushaltestelle	**... la fermata del bus**
... die Bank	**... la banca**
... die Toilette	**... il gabinetto, il bagno**
Biegen Sie links ab	**volti a sinistra**
Biegen Sie rechts ab	**volti a destra**
Gehen Sie geradeaus	**vada dritto**
An der Ecke	**all'angolo**
die Straße	**la strada**
das Gebäude	**l'edificio**
die Ampel	**il semaforo**
die Kreuzung	**l'incrocio**
die Seitenstraße	**la strada laterale**
der Wegweiser nach ...	**l'indicazione per ...**

Im Notfall

Hilfe!	**Aiuto!**
Könnten Sie mir bitte helfen?	**Mi potrebbe aiutare?**
Sprechen Sie Englisch/Deutsch?	**Parla inglese/tedesco?**
Ich verstehe nicht	**Non capisco**
Rufen Sie mir bitte schnell einen Arzt	**Mi chiami presto un medico, per favore**

Im Restaurant

Ich möchte einen Tisch reservieren	**Vorrei prenotare un tavolo**
Einen Tisch für zwei Personen, bitte	**Un tavolo per due persone, per favore**
Bringen Sie uns bitte die Speisekarte	**Ci porta la lista, per favore**
Was ist das?	**Cosa è questo?**
Eine Flasche/ein Glas ...	**una bottiglia di/un bicchiere di ...**
Die Rechnung, bitte	**Il conto, per favore**

Übernachten

Haben Sie ein Einzel-/Doppelzimmer?	**Ha una camera singola/doppia?**
mit/ohne Badewanne/Toilette/Dusche	**con/senza vasca/gabinetto/doccia**
Ist das Frühstück im Preis enthalten?	**È inclusa la prima colazione?**
Ist das Abendessen im Preis enthalten?	**È inclusa la cena?**
Gibt es einen Zimmerservice?	**C'è il servizio in camera?**
Kann man das Zimmer sehen?	**È possibile vedere la camera?**
Ich nehme dieses	**Prendo questa**
Danke für Ihre Gastfreundschaft	**Grazie per l'ospitalità**

Zahlen

0	**zero**
1	**uno**
2	**due**
3	**tre**
4	**quattro**
5	**cinque**
6	**sei**
7	**sette**
8	**otto**
9	**nove**
10	**dieci**

11	**undici**
12	**dodici**
13	**tredici**
14	**quattordici**
15	**quindici**
16	**sedici**
17	**diciassette**
18	**diciotto**
19	**diciannove**
20	**venti**
21	**ventuno**
22	**ventidue**
30	**trenta**
40	**quaranta**
50	**cinquanta**
60	**sessanta**
70	**settanta**
80	**ottanta**
90	**novanta**
100	**cento**
101	**cento uno**
110	**centodieci**
200	**duecento**
300	**trecento**
1000	**mille**
2000	**duemila**
10 000	**diecimila**
1 Million	**un milione**

Speisekarte A–Z

acciughe	Sardellen	**budino**	Pudding
acqua	Wasser	**burro**	Butter
affettati	geräucherte Wurst-scheiben	**cacciagione**	Wildbret
affumicato	geräuchert	**cacciatora, alla**	nach Jägerart
aglio	Knoblauch	**caffè corretto**	Espresso mit Likör
agnello	Lamm	**caffè freddo**	Eiskaffee
anatra	Ente	**caffè latte**	Milchkaffee
antipasti	Vorspeisen	**caffè lungo**	schwacher Kaffee
arista	Schweinebraten	**caffè macchiato**	Espresso mit etwas Milch
arrosto	Braten	**caffè ristretto**	starker Kaffee
asparago	Spargel	**calamari**	Tintenfisch
birra	Bier	**capperi**	Kapern
bistecca	Steak	**carciofo**	Artischocke
bollito	Suppenfleisch	**carne**	Fleisch
braciola	Schnitzel, Steak	**carota**	Möhre, Karotte
brasato	geschmort, Schmor-braten	**carpa**	Karpfen
brodo	Brühe	**casalingo**	hausgemacht
bruschetta	geröstetes Knoblauch-brot (oft mit Tomaten)	**cassata**	sizilianische Eisbombe mit Fruchtstückchen

cavolfiore	Blumenkohl
cavolo	Kohl
ceci	Kichererbsen
cervello	Hirn
cervo	Hirsch
cetriolino	Essiggurke
cetriolo	Gurke
cicoria	Chicorée
cinghiale	Wildschwein
cioccolata	Schokolade
cipolla	Zwiebel
coda di bue	Ochsenschwanz
coniglio	Kaninchen
contorni	Beilagen, Gemüse
coperto	Gedeck
cornetto	Hörnchen, Croissant
coscia	Schenkel, Keule
cotoletta	Kotelett, Schnitzel
cozze	Miesmuscheln
crema	Sahne, Creme, Cremesuppe
crostini	geröstete Weißbrot-scheiben mit pikantem Belag
crudo	roh
digestivo	Digestif
dolci	Kuchen, Süßspeisen
erbe aromatiche	Kräuter, Gewürz-kräuter
fagioli	Bohnen
fagiolini	kleine grüne Bohnen

faraona	Perlhuhn
farcito	gefüllt
fegato	Leber
finocchio	Fenchel
formaggio	Käse
forno, al	überbacken, gebacken
frittata	Omelett
fritto	frittiert, gebacken
frizzante	kohlensäurehaltig
frullato	geschlagen, gequirlt
frutta	Obst
frutti di mare	Meeresfrüchte
funghi	Pilze
gamberetti	Shrimps, Garnelen
gelato	Eiscreme, Speiseeis
ghiaccio	Eis (gefrorenes Wasser)
gnocchi	Kartoffel-, Teigklößchen
granchio	Krabbe
gran(o)turco	Mais
griglia, alla	gegrillt
imbottito	gefüllt
insalata	Salat
IVA	Mehrwertsteuer
latte	Milch
lepre	Hase
lumache	Schnecken
manzo	Rindfleisch
merluzzo	Kabeljau
miele	Honig
minestra	Suppe
molluschi	Weichtiere
olio	Öl
oliva	Olive
ostrica	Auster
pancetta	Bauchspeck
pane	Brot
panna	Sahne, Rahm
parmigiano	Parmesankäse
passata	Püree, Mus
pastasciutta	Nudelgerichte
pasta sfoglia	Windbeutel
patate fritte	Pommes frites, Röstkartoffeln
patatine fritte	Pommes frites
pecora	Schaf
pecorino	Schafskäse
peperoncino	Chilischote, Peperoni
peperone	Paprikaschote
pesce	Fisch
petto	Brust
piccione	Taube
piselli	Erbsen
pollame	Geflügel
pollo	Hähnchen, Huhn
prosciutto	Schinken
ragù	Fleischsauce, Ragout
ripieno	gefüllt, Füllung
riso	Reis
salsa	Sauce
salsiccia	Wurst
saltimbocca	Kalbsschnitzel mit Schinken und Salbei
secco	trocken
secondo piatto	Hauptgericht
senape	Senf
servizio compreso	Bedienung im Preis enthalten
sogliola	Seezunge
spuntini	Snacks
succo di frutta	Fruchtsaft
sugo	Sauce
tonno	Thunfisch
uovo alla coque	weich gekochtes Ei
uovo al tegame/ fritto	Spiegelei
uovo sodo	hart gekochtes Ei
uova strapazzate	Rührei
verdura	Gemüse
vino bianco	Weißwein
vino rosato	Roséwein
vino rosso	Rotwein
vitello	Kalbfleisch
zucchero	Zucker
zucchini	Zucchini
zuppa	Suppe

Reiseatlas

Legende

- A14 – Autobahn mit Anschlussstelle
- E 55 – Schnellstraße mit Europastraßennr.
- SS16 – Fernstraße mit Nummer
- Hauptstraße
- Nebenstraße
- Straße in Bau; Straße in Planung
- Staatsgrenze
- 2 ★★ TOP 10
- 11 Nicht verpassen!
- 12 Nach Lust und Laune!

1 : 1 600 000

0 – 25 – 50 km

0 – 15 – 30 mi

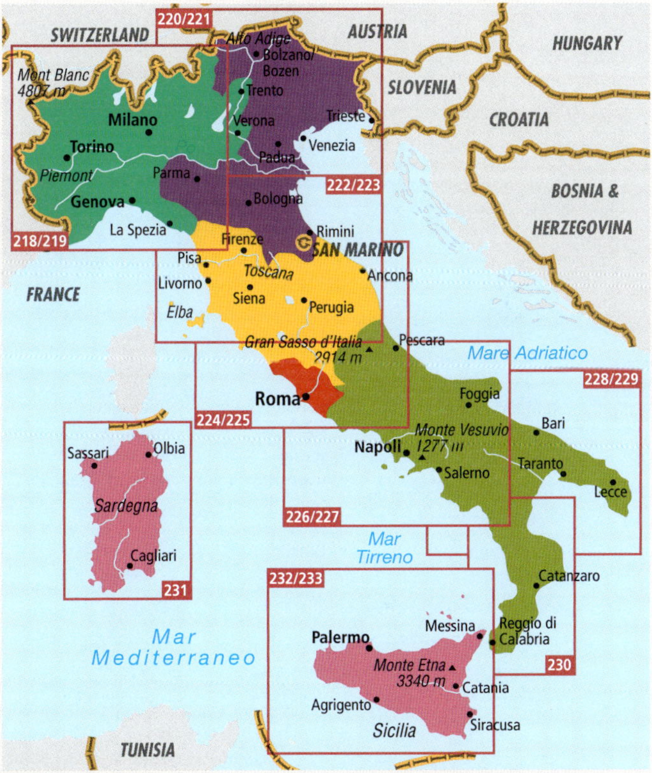

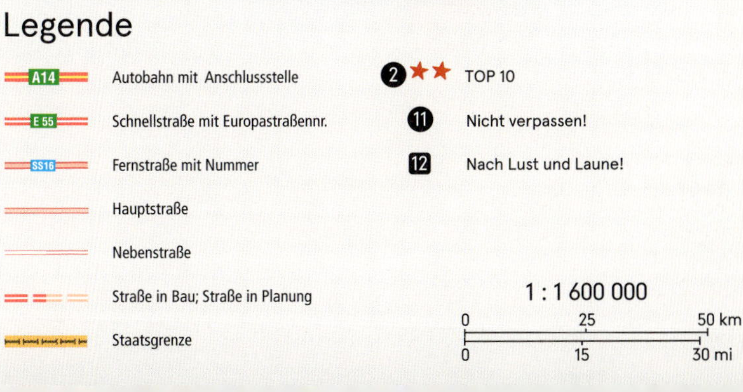

P.le Socrate
S. Giuseppe
B. Telesio
Via Trionfale
Viale Angelico
delle Milizie
Via Damiata
Lepanto
Giulio
Circonval. Trionfale
Via T. Campanella
Via G. Bruno
L.go Trionfale
Via V. Arminjon
Via Otranto
Dalla Chiesa
Via C.A.
Cesare
Via Duilio
Via A. Regolo
P.za dei Quiriti
Viale delle Medaglie d'Oro
Doria
A.
Via Leone IV
Via Vespasiano
Ottaviano-S. Pietro Musei Vaticani
Via Scipioni
Via Germanico
Via Pompeo Magno
P.za Cola di Rienzo
P.le degli Eroi
Via R. Caracciolo
Via la Goleta
Via Tolemaide
Giulio
Via Ottaviano
degli
SS. Rosario
Via Silla
Via Cicerone
di
Via Cipro
Via F. Caracciolo
Via Tunisi
Candia
Via S. Veniero
Via Vaticano
Via Catone
P.za dell'Unità
Cola
Via Virgilio
Via Plinio
Via Orazio
S. Maria d. Grazie
Cipro
P.za di S. Maria d. Grazie
Via Melaria
Emo
Viale Vaticano
B. di
Via Michelangelo
Piazza del Risorgimento
Via
Via Tibullo
Via Terenzio
Via Ovidio
Boezio
Via Cassiodoro
Via Tacito
S. Maria Mediatrice
Viale Vaticano
Pinacoteca Vaticana
Musei Vaticani
Via del Pellegrini
Via di P.ta Angelica
Via S. Porcari
Via Mascherino
Via del Falco
Crescenzio
S. Maria del Carmine
Via Alberico II
Via G. Vitelleschi
Piazza Adriana
Crescenzio
Giardini
Accademia delle Scienze
Via d. Belvedere
Via del Plauto
Borgo
Pio
Piazza Adriana
CITTA DEL VATICANO
Vaticano
Castel Sant' Angelo
Casa d. Mu
Collegio Etiopico
Cappella Sistina
Borgo Sant' Angelo
Corridori
P.za Pia
Largo Giovanni XXIII
Lgt. Castello
Governatorato
Basilica di San Pietro
P.za San Pietro
Palazzo Giraud
S. Maria in Traspontina
Via d. Conciliazione
Via Pio X
Radio Vaticana
Piazza S. Marta
Palazzo del Sant' Uffizio
P.za San Pietro
S. Michele
S. Spirito in Sassia
Lgt in Sassia
Lgt. Tor
Via Nicolò V
Aula delle Udienze Pontificie
P.ta Cavalleggeri
S. Spirito
Ponte
Corso V. Emanuele II
Paola
Via B.S. Spirito
Aurelia
Via d. P.ta Cavalleggeri
L.go di P. Cavalleggeri
Gall. P. Amedeo S.A.
P.ta S. Spirito
P.za Pr. Amedeo
D. Rovere
S. Giovanni d. Fiorentini
Palazzo Sacchetti
Via B. Nuovi
Via del Penitenzieri
Via Sugarelli
Via Vecchi
Divi Gregorio VII
Via Crocifisso
Via Innocenzo III
Via Paolo II
Via A. De Gasperi
Gianicolo
Via della Lungara
Lgt. dei Gonfalone
S. Gregorio VII
Gregorio VII
Via del Cottolengo
Via di Monte del Gallo
S. Maria alle Fornaci
Via Nicolò V
Via di S. Pietro
Via D. Silveri
Fornaci
Via della Lungara
Lgt. Sangallo
L.go L. Perosi
Giulia
Monte di Gallo
Via d. Gelsomino
Monte del Gallo
Monte del Gallo
Stazione San Pietro
Museo Tassiano
S. Onofrio
M. Gianicolo
Via d. Orti d'Alibert
Ponte G. Mazzini
Lgt. dei
Via
Via A. Ceriani
Maria Addolorata
Via delle Fornaci
Via G. Missori
Via d. Mura
Chiesa Rumena
Faro del
Via d. Mantellate
Fiume Tev
Via S. Evaristo
P.za F. Borgoncini Duca
della Cava Aurelia
Vicolo del Vicario
Nuova
S. Francesco di Sales
Via della Penitenza
Villa Farnesina
Via B. Roverella
Via S. Silverio
Via A. Argilla
Villa Lovatti
Villa Abamelek
P.le Anita Garibaldi
Villa
Via dei Riari
Galleria Palazzo Corsini
Farnesina
Roma
300 m
300 yd
Torre del Drago
Gianicolo
P.le
Orto Botanico
Palazzo Torlonia
Porta Settimiana
Villa Abamelek
Aurelia
Giuseppe Garibaldi
Corsini
S. Maria d. Scala
Via Aurelia Antica
Villa
Villa Medici
Porta S. Pancrazio
Acqua Paola
S. Pietro in Montorio
P.za S. Pietro in Montorio
Garibaldi
Casa dei Teatri
Viale Casino Algardi
Viale del Maglio
Il Vascello
Medici
P.le Aurelio
G. Medici
Mausoleo Garibaldi
214 Villa Doria Pamphilj
Cappella Pamphilj
I Quattro
Venti
P.za S. Pancrazio
Via A. Algardi
Via di S. Pancrazio
Venti
Via G. Bruzzesi
Via Mercantini
Viale Trenta Aprile
Viale Nicola Fabrizi
TRASTEVER

Fiume Tevere
Lgt. Michelangelo
Via L. di Savoia
Cesare
Via F. Carrara
15 MAXXI Viale
Monte
P.le
Canestre
Galleria e Museo Borghese 16
Scipioni
P.ta del Popolo
P.le Flaminio
Pincio
S. Paolo de Brasile
Viale W. Goethe
Villa Borghese
Flaminio S. Maria d. Popolo
Viale delle Magnolie
Pompeo Magno
Via M. Cristina
P.za del Popolo
P.le Napoleone I
del
Galoppatoio
Gracchi
Ponte Margherita
Via A. Brunetti
Viale dell' Obelisco
Muro
Piazzale Brasile Corso
Rienzo
Liberta
Casa di Goethe
Casina Valadier
Torto
P.ta Pinciana
Valadier
Via M. Cristina
Villa Medici
Via Lazio
Via Vitt. Veneto
Via Ennio O. Visconti
S. Giacomo
Via S. Giacomo
Viale Trinità dei Monti
Via Porta Pinciana
Via Aurora
Via Emilia
Caro
P. Cossa
Via dei Greci
Spagna
Via Ludovisi
Cicerone
G. G. Belli
Via d. Frezza
Vittoria
SS. Trinità dei Monti
Via Crispi
Via Liguria
Chiesa Valdese
Ara Pacis
P.za Augusto Imperatore
Croce
P.za di Spagna 17
S. Isidoro
Via Vitt. Veneto
Cavour
Ripetta
Mausoleo di Augusto
Lgo dei Lombardi
S. Carlo al Corso
Boca di Leone Frattina
Scalinata della Trinità dei Monti
Purificazione
Via d. San Basilio
Ponte Cavour
S. Rocco
L.go Schiavoni
V. d. Carrozze
Bocca di Borgognona
P.za Mignanelli
V. Gregoriana
Sistina
P.za Barberini
Ex Palazzo di Giustizia
Tomacelli
S. Lorenzo in Lucina
Via di Borgognona
Via Due Macelli
Barberini Via Barberini
P.za dei Tribunali
Via dell' Arancio
Via della Vite
S. Andrea d. Fratte
Tritone
Via Rasella
Madre Mutilati
F. Borghese
Via delle Convertite
Via del Bufalo
Via dei Giardini
P.za Ponte Umberto
Palazzo del Parlamento
P.za S. Silvestro V.
Via delle Scuderie
Giardino del Quirinale
di Nona
Montecitorio
Galleria Alberto Sordi
Fontana di Trevi 18
Panetteria
del Quirinale
S. Salvatore
S. Simeone
Via in Campo Marzio
Palazzo del Quirinale
S.S. in Lauro
Via Maschera
P.za di Montecitorio
P.za di Colonna
Via della Dataria
P.za de Quirinale
Palazzo Taverna
P.za Cinque Lune
S. Luigi d. Francesi
Via d. Murate
Palazzo della Consulta
Palazzo dell' Espizizi
S. Maria d. Anima
Via del Seminario
Tempio di Adriano
V. della Pilotta
Palazzo Consulta
Chiesa Nuova
P.za Navona 24
S. Macuto
Villa Colonna
Palazzo Pallavicini Rospigliosi
Pantheon 13
S. Maria s. Minerva
Palazzo Odescalchi
Palazzo Colonna
Corso
Museo di Roma
P.za Minerva
Collegio Romano
Palazzo Doria-Pamphilj
SS. Apostoli
L.go Magnanapoli
Pal. della Cancelleria Museo Barracco
P.za S. Andrea della Valle
P.za Grazioli
Palazzo Bonaparte
Via IV Novembre
SS. Domenico e Sisto
Pza Campo de' Fiori 25
P.za Paradiso
Palazzo Altieri
Foro di Traiano
Mercati Traianei
Palazzo Falconieri
Palazzo Farnese
V. Emanuele II V. d. Plebiscito
Chiesa del Gesù
Palazzo Venezia
P.za Venezia
Teatro di Pompeo
Area Sacra
S. Marco
Monumento Naz. a Vittorio Emanuele II
Foro di Augusto
Via M. dei Monti
Tebaldi
P.za d. Quercia
V. d. Botteghe Oscure
Crypta Balbi
P.za d' Aracoeli
Via Cavour
Farnesina
P.za S. Vincenzo Pallotti
Palazzo Mattei
Musei Capitolini
S. Luca
V. del Colosseo
Trilussa
Ponte Sisto
Lgt. dei Vallati
Teatro di Marcello
Palazzo Senatorio
Arco di Settimio Severo
Basilica Aemilia
Basilica di Massenzio
S. Maria in Trastevere
Lgt. dei Cenci
Palazzo dei Conservatori
M. Capitolino 23
Basilica Giulia
Casa d. Vestali
Tempio di Venere e Rom
S. Calisto
Ponte Garibaldi
Isola Tiberina
P.za Consolazione
Foro Romano 12
Antiquarium Forense
Trastevere 26
Lgt. d. R. Sanzio
Ponte Cestio
S. Bartolomeo all' Isola
Ponte Fabricio
Arco di Tito
Arco di Costantino
L. Manara
P.za S. Sonnino
Ponte Rotto
Tempio di Portunus
M. Palatino
S. Bonaventura
S. Cosimato
Lungaretta
P.za in Piscinula
Ponte Palatino
Arco di Giano
Casa di Livia
Palazzo dei Flavi
Villa Mills
Trastevere
S. Cecilia
P.za dei Ponziani
Tempio di Ercole Vincitore
P.za di S. Anastasia
Domus Augustana
Stadio di Domiziano
N. d. Grande
P.za Mercanti
P.za in Cappella
P.za Bocca d. Verità
S. Maria in Cosmedin
S. Anastasia
Terme Severiane
E. Morosini
Madonna dell'Orto
S. Vincenzo de Paoli
Circo
Massimo
S. Francesco
Ripa
Parco S. Alessio
Via di S. Gregorio
215

Galleria e Museo Borghese 16
Villa Borghese
Galoppatoio
Viale delle Magnolie
Viale W. Goethe
Viale S. Paolo de Brasile
P.za Canestre
Villa Medici
Viale Trinità dei Monti
Muro Torto
Piazzale Brasile Corso
P.ta Pinciana
Chiesa Luterana
P.za d' Italia
PIAZZA FIUME
Corso d' Italia
P.le Porta Pia
Viale P.
S. Camillo
Via Pinciana
Via Po
Via Puccini
Via Campania
Via Sardegna
Via Abruzzi
Via Sicilia
Via Toscana
Via Marche
Via Romagna
Via Puglie
Via Sicilia
Boncompagni
P.ta Salaria
XX Settembre
Villa Bonaparte
Viale P. Cro
SS. Trinità dei Monti
P.za di Spagna 17
Scalinata della Trinità dei Monti
S. Isidoro
S. Andrea d. Fratte
Croce
P.za di Spagna
Via Condotti
Via Borgognona
Via Frattina
Via della Vite
P.za Mignanelli
V. Gregoriana
Sistina
Via Due Macelli
Tritone
Via Ludovisi
Via Vitt. Veneto
Via L. Bissolati
Via Liguria
Via Lucullo
Palazzo Margherita
Friuli
Piemonte
Via Sallustiana
Cernaia
Via Goito
Chiostro d. Certosa
S. Maria d. Vittoria
Via Aureliana
S. Maria d. Angeli
Terme di Diocleziano
A.C.I.
Vle E. de Nicola
S. Cuore
Galleria Alberto Sordi
Fontana di Trevi 18
Palazzo del Quirinale
P.za de Quirinale
M. Quirinale
Via del Quirinale
Giardino del Quirinale
Via Rasella
Via dei Giardini
Gall. Naz. d' Arte Antica
Palazzo Barberini
P.za Barberini
Via delle Scuderie
Panetteria
Via del Traforo
Via Quattro Fontane
Via Nazionale
Teatro dell'Opera
Palazzo Massimo alle Terme 19
P.za della Repubblica
L. Einaudi
P.za dei Cinquecento
Termini
Stazione Roma Termini
San Vitale
Palazzo delle Esposizioni
Palazzo Consulta
Palazzo Pallavicini Rospigliosi
Via della Consulta
Via del Quirinale
Via A. Depretis
P.za del Viminale
Via Milano
Via Cavour
P.za dell' Esquilino
Casa dell'Architettura
S. Maria Maggiore 20
S. Maria Maggiore P.za
Via Cimarra
San Lorenzo in Panisperna
Panisperna
S. Prassede
M. Viminale
Palazzo Odescalchi
Palazzo Doria-Pamphilj
Palazzo Bonaparte
Palazzo Colonna
P.za dei SS. Apostoli
Villa Colonna
L.go Magnanapoli
Via IV Novembre
Mercati Traianei
Foro di Traiano
Col. Traiana
Via Panisperna
SS. Domenico e Sisto
SS. Sergio e Bacco
V. degli Zingari
P.za Zingari
Via Cavour
S. Martino ai Monti
L.go Giacomo Leopardi
P.za Venezia
Palazzo Venezia
S. Marco
Monumento Naz. a Vittorio Emanuele II
P.za d' Aracoeli
P.za del Campidoglio
Musei Capitolini
Palazzo Senatorio
Palazzo dei Conservatori
M. Capitolino 23
P.za Consolazione
Via dei Fori Imperiali
Foro di Augusto
Via Alessandrina
S. Luca
Arco di Settimio Severo
Basilica Emilia
Basilica Giulia
Casa d. Vestali
Foro Romano 12
Madonna dei Monti
Via M. dei Monti
Via Baccina
Basilica di Massenzio
Tempio di Venere e Roma
Antiquarium Forense
P.za S. Pietro in Vincoli
Monte Oppio
Parco di Traiano
Colle Oppio
Terme di Traiano
Traiano
Mecenate
Arco di Tito
Arco di Costantino
Colosseo 11
P.za del Colosseo
San Clemente 22
S. Clemente
Labicana
Domus Aurea di Nerone
Tempio di Portunus
Arco di Giano
Casa di Livia
Palazzo dei Flavi
S. Bonaventura
Villa Mills
Stadio di Domiziano
M. Palatino
S. Teodoro
Domus Augustana
Terme Severiane
Via C. Vibenna
Via di S. Gregorio
Parco
Antiquarium del Celio
Basilica SS. Giovanni e Paolo
S. Maria in Cosmedin
S. Vincenzo de Paoli
S. Anastasia
P.za di S. Anastasia
Circo Massimo
S. Alessio
S. Gregorio Magno
Celimontana
S. Giovanni in Laterano
S. Marcellino
SS. Quattro Coronati
216

Bologna
Reggio Emilia
Alessandria
Cagliari
Via Nomentana
Via A. Vesalio
C. Redi
Via C. Celso
D
Lorenzo
San d'Alando
Lucuccio
Stamira
Via R. Calabria
Via Cremona
Piazza Ruggero
di Sicilia
Via Eleonora
F
Corpus Domini
dei
Villini
Piazza Galeno
Via A. Musa
Piazza Salerno
Via Siracusa
Via Benevento
Via Como
Via Catania
S. Ippolito
Via di Ippolito
Via Adalbert
5
Via di Villa Patrizi
Piazza Girolamo Fabrizio
Via G. B. Morgagni
Via G. M. Lancisi
Via Treviso
Via Chieti
Via Forli
Imperia
Piazzale delle Provincie
Viale delle Provincie
Via della Lega Lon
le P.za della Croce Rossa
del Policlinico
Viale Regina
Brianza
M
Policlinico
Via A. Borelli
Viale Ippocrate
Via M. De Luzzi
Via Giano della Bella
Via Cupa
Viale
Gaeta
Elena
Via Antonio Scarpa
Vic. de Poggiolo
Rebello
Via Mentana
S. Martino d. B.
M
Castro Pretorio
C. Pretorio
Biblioteca Nazionale
Viale del Policlinico
Via Castro Laurenziano
Via dei Canneti
Via Tiburtina
Cimitero
4
denza
Vicenza
Marghera
Via Monzambano
dell' Università
San Lorenzo Fuori le Mura
cuore
Varese
Mille
Milazzo
Palestro
Viale
Viale
P.za Confienza
Viale d. Scienze
Piazzale S. Lorenzo
di Campo
Magenta
Via Castro Pretorio
Viale P. Gobetti
P.le Aldo Moro
Via Cesare de Lollis
Piazzale del Verano
Via del Verano
Verano
Roma Termini
Marsala
Via dei Frentani
Via d. Liburni
Via d. Marrucini
Via dei Ramni
Villa Mercede
Via dei Volsci
3
Pretoriano
Via Caudini
Via Dauni
Via dei Dalmati
Via dei Reti
Via Pelasgi
P.za dei Siculi
Via d. Tizi
Via Tiburtina
Giovanni
Rattazzi
Turati
Cappellini
Giolitti
Via Porta di
Lorenzo
Via di Porta Tiburtina
Via d. Salentini
Via dei Corsi
P.za Parco Caduti
Via Latini
Chiesa dell' Immacolata
L.go d. Osci
Via dei Sabelli
Via dei Sardi
Largo S. Passamonti
Circonvallazion
Filippo
Amedeo
Mamiani
P.za P. S. Lorenzo
P.le Tiburtina
Via dei Sabelli
Via d. Equi
Via d. Aurunci
Via dei Marsi
Roma
300 m
300 yd
one III
Via Filippo Turati
Via
Via dei Campani
Via dei Lucani
P.za Vittorio
M
Vittorio Emanuele
Emanuele II
Via Pr. Eugenio
Via Principe Amedeo
Via P. Umberto
Bixio
Giovanni Giolitti
Roma – Giardinetti
Viale dello Scalo di San Lorenzo
Via Picc
2 mi
Machiavelli
Fossolo
Via
Conte
Nino
Verde
Via Balilla
Via d. Bruzi
Via Prenest
P.za Dante
Giusti
Petrarca
Manzoni
Via Porta Maggiore
Via
Piazza di Porta Maggiore
Via del Pigneto
Via L'Ar
Galilei
L. Ariosto
Villa Altieri
Via di S. Croce in Gerusalemme
Via G. Passalacqua
Luzzatti
Statilia
Via Casilina
Viale Castrense
Stazione Ponte Casilino
Via Casilina
Via
Viale
M
Manzoni
Via S. Quintino
Acquedotto Neroniano
Villa Wolkonski
Via G. B. Piatti
Via G. Sommeiller
Via S. Grandis
Via Toti
Piazza Santa Croce in Gerusalemme
Lodi
Gallarate Casilina
Via C
S. Antonio da Padova
Merulana
Via M. Bolardo
Via Berni
Tasso
E. Filiberto
Ludovico
Savoia
Biancamonti
Sessoriana
Via Acireale
M
Lodi
Piazza Lodi
I
P.za di Porta San Giovanni
Scala Santa
Via Carlo Felice
Viale Castrense
Via Nola
Via La Spezia
Via Voghera
Aradam
21
D
San Giovanni in Laterano
P.za Pta S. Giovanni
P.le Brindisi
Pta Appio Asinara
M
San Giovanni
Via
E
La
Monza
F
217

Douaine
Thonon
Aigle
Wildhorn
3248 m
SWITZER-LAND
Hiesch
Nutenenpass
2478 m
Brig
ÈVE
nnemasse
Morzine
Monthey
9
Sierre
Sion
Gampel
Formazza
Cluses
Martigny
Sembranchen
Weißhorn
4505 m
Dom
4545 m
Simplon
San Maria
Maggiore
Sallanches
Agentiére
A 40
Mont Blanc
Mauvoisin
la Lechére
Matterhorn/Cervino
4478 m
Zermatt
Monte Rosa
4637 m
Domodóssola
Pallanzeno
Cannó
Verbania
Ugine
Mont Blanc/Monte Blanco
4807 m
Courmayeur
Morgex
Aosta
Nus
St. Vincent
Gressoney
Alagna
Valsesia
Scopello
Macugnaga
Omegna
Varallo
Borgosésia
E62
A26
Aro
Moutiers
Aime
Seez
La Thuile
10
Gran Paradiso
4061 m
Ceresole Reale
Gaby
Pont St.-Martin
Biella
Gattinara
Verrone
Borgomanero
Gall
Busto
A26
Carpignano
Sesia
A 43
Modane
Locana
Pont
Canavese
Courgné
Pavone
Canavese
A5
E27
Ivrea
Cavagliá
Santhiá
Novara
Vespolate
Rob
Balme
Garmagnano
Viú
Feletto
Cigliano
Vercelli
E25
Morta
Susa
Bussoleno
A32
Cirie
Caselle
Torinese
S. Giusto
Canavese
A4
Crescentino
Casale
Lo
Fenestrelle
Avigliana
Rivoli
TORINO
36
Chivasso
Brózolo
Moncalvo
A26
Cesama
Torinese
Perosa
Argentina
A55
Moncalieri
Gallareto
Calliano
Fubine
E25
Val
riancon
Ghigo
Pinerolo
Carmagnola
Santena
A21
E70
Asti
Alessandria
Spir
Villanova
Bibiana
Pralormo
Castellazzo
Bormida
Mont Dauphin
M. Viso
3841 m
Cavour
Racconigi
SS589
SP20
A6
Sommariva
del Bosco
E717
A33
Nizza
Monferrato
Ácqui
N
Pre
Embrun
Sampéyre
Saluzzo
Savigliano
Bra
Alba
Cortemília
Ovada
Busca
Fossano
Dogliani
SS30
Campo Ligure
barcelonnette
Argentera
Rocca la Meja
2831 m
Dronero
A33
Carru
Carru
Cairo Montenotte
Sassello
A10
Arer
Cúneo
Mondoví
Ceva
Cárcare
Varazze
Pianche
Borgo S. Dalmazzo
Bagnasco
Calizzano
Savona
Beuil
Isola
Pta. Marguaréis
2651 m
Garessio
SS28
Ormea
Finale Ligure
Loano
Albenga
Gauillaumes
FRANCE
Tende
Pieve di Teco
Triora
Alássio
A10
Entrevaux
218
Sospel
St. Martin-du-Var
Trucco
Ventimiglia
Taggia
San Remo
E80
Impéria
C

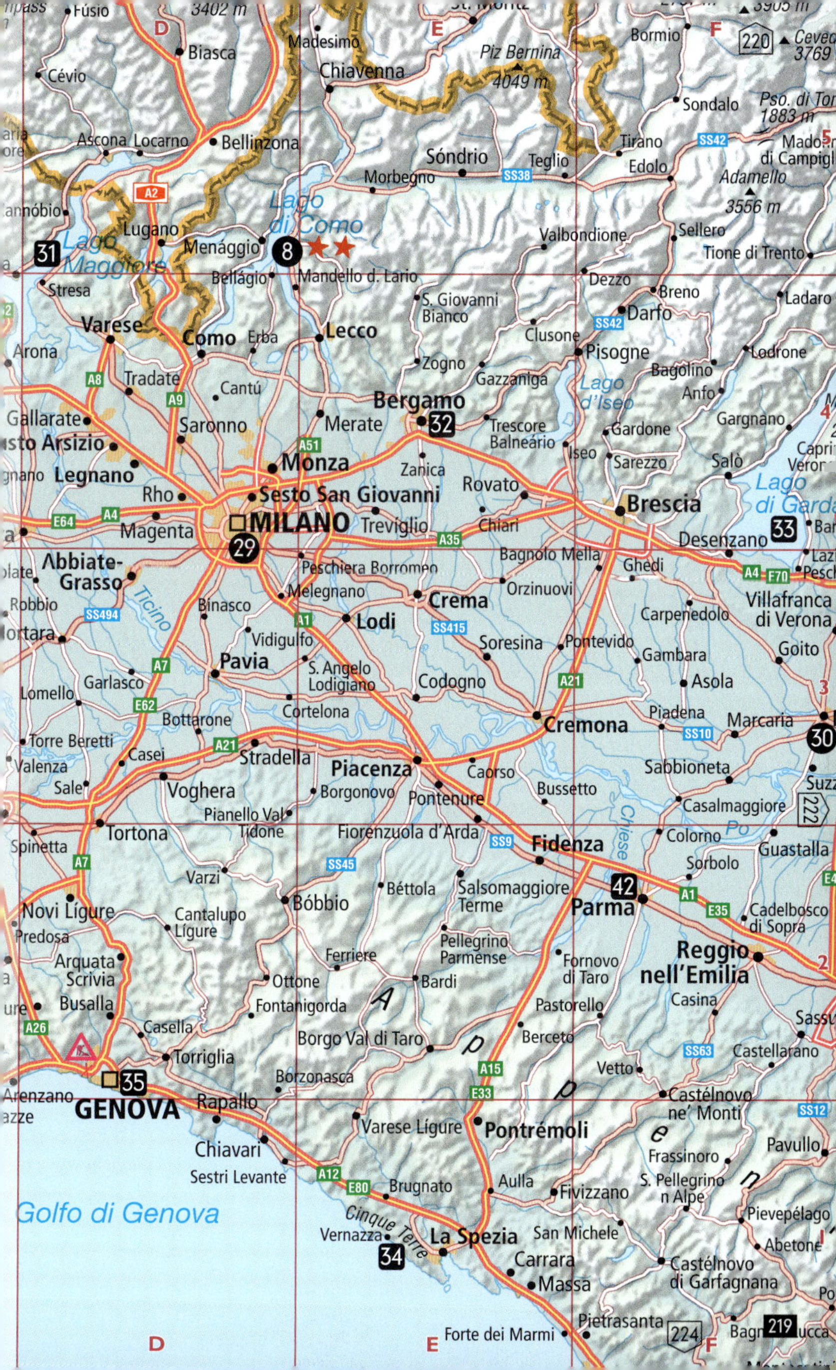

Fúsio
Biasca
3402 m
Madésimo
Chiavenna
Piz Bernina
4049 m
Bormio
220
Cevec
3769
Cévio
St. Moritz
Sondalo
Pso. di Tor
1883 m
Madon
di Campigl
Ascona Locarno
Bellinzona
Sóndrio
SS38
Teglio
Tirano
Edolo
SS42
aria
ore
A2
Morbegno
Adamello
3556 m
annóbio
Lugano
Lago Maggiore
Menággio
Bellágio
Lago di Como
8
Mandello d. Lario
Valbondione
Sellero
Tione di Trento
31
Stresa
Dezzo
Breno
Ladaro
S. Giovanni
Bianco
Darfo
Varese
Como
Erba
Lecco
Zogno
Clusone
SS42
Pisogne
Bagolino
Anfo
Lodrone
Arona
Tradate
A8
Cantú
Merate
Gazzaniga
Lago d'Iseo
Gardone
Gargnano
Capri
Veron
Gallarate
A9
Saronno
Bergamo
32
Trescore
Balneário
Iseo
Sarezzo
Salò
Lago di Garda
sto Arsizio
gnano
Legnano
Rho
A51
Monza
Zanica
Rovato
Brescia
33
Bar
E64
A4
Magenta
Sesto San Giovanni
MILANO
29
Treviglio
Chiari
Desenzano
A4 E70
Lazi
Pesch
Abbiate-Grasso
olate
Peschiera Borromeo
Melegnano
Bagnolo Mella
Ghedi
Villafranca di Verona
Robbio
Ticino
Binasco
A1
Crema
Orzinuovi
Carpenedolo
Goito
ortara
SS494
Lodi
SS415
Soresina
Pontevido
Gambara
Asola
3
Pavia
Vidigulfo
A7
S. Angelo Lodigiano
Codogno
A21
Piadena
Marcaria
Lomello
Garlasco
E62
Cortelona
Cremona
SS10
30
Torre Beretti
Bottarone
A21
Piacenza
Caorso
Sabbioneta
Suzz
Valenza
Casei
Stradella
Bussetto
Casalmaggiore
222
Sale
Voghera
Borgonovo
Pontenure
Po
Spinetta
Tortona
Pianello Val
Tidone
Fiorenzuola d'Arda
SS9
Fidenza
Colorno
Guastalla
A7
Varzi
SS45
Sorbolo
E4
Novi Lígure
Cantalupo Lígure
Bóbbio
Béttola
Salsomaggiore Terme
Parma
42
A1
E35
Cadelbosco di Sopra
Predosa
Ottone
Ferriere
Pellegrino Parmense
Fornovo di Taro
Reggio nell'Emilia
2
Arquata Scrivia
Fontanigorda
Bardi
Casina
Busalla
Pastorello
Casella
Borgo Val di Taro
Berceto
Sassu
A26
A15
Vetto
SS63
Castellarano
Torriglia
Borzonasca
E33
Castélnovo ne' Monti
Arenzano
35
Rapallo
Varese Lígure
Pontrémoli
Frassinoro
SS12
azze
GENOVA
Chiavari
Pavullo
Sestri Levante
A12
E80
Brugnato
Aulla
Fivizzano
S. Pellegrino n Alpe
Golfo di Genova
Cinque Terre
Vernazza
34
La Spezia
San Michele
Pievepélago
Carrara
Castélnovo di Garfagnana
Massa
Abetone
D
E
Forte dei Marmi
Pietrasanta
224
F
Bagn
219
Lucca

SWITZERLAND
Chur
Landquart
Davos
Piz Buin 3312 m
Galltür
See
Martina
Nauders
Reschenpass 1507 m
Reschen-see
Sölden
Zuckerhütl 3505 m
Brenner 1375 m
Gossensaß
Sterzing/ Vipiteno
Wildspitze 3770 m
Susch
Glurns
Mals
Unser Frau in Schnals
Schlanders/ Silandro
Natums
St. Leonhard in Passeier
Meran/ Merano
Klausen
Sarnthein
Ciana Cana
Savognin
Müstair
Prad
Lana
Livigno
Stilfser Joch 2757 m
Ortler 3905 m
Ulten
Terlan
Bozen/ Bolzano
St. Or
St. Moritz
Bormio
Cevedale 3769 m
Cles
Kaltern/ Caldaro
Leifers/ Laives
Piz Bernina 4049 m
Tassullo
Auer/ Ora
Moëna
Predazzo
hiavenna
imo
Sondalo
Pso. di Tonale 1883 m
Dimaro
Neumarkt/ Egna
Sóndrio
Tirano
Madonna di Campiglio
Salurn
Fiera di Pri
Teglio
Edolo
Adamello 3556 m
Cima Tosa 3173 m
Mezzolombardo
Morbegno
Valbondione
Sellero
Tione di Trento
Trento
Borgo Valsugana
Lam
mo
llo d. Lario
Dezzo
Breno
Ladaro
Sarche
Pergine Valsugana
Enego
S. Giovanni Bianco
Darfo
Lodrone
Arco
Riva
Rovereto
Tonezza
Asiago
ecco
Clusone
Pisogne
Bagolino
Torbole
Malcesine
Ráossi
Arsiero
Zogno
Gazzaniga
Lago d'Iseo
Anfo
Mt. Baldo 2218 m
Ala
Schio
Thiene
Bregan
Bergamo
Trescore Balneário
Gardone
Iseo
Gargnano
Caprino Veronese
Giazza
Vadagno
Cittade
Zanica
Rovato
Sarezzo
Salò
Lago di Garda
Vicen
Merate
Chiari
Brescia
Bardolino
Grezzana
Montecchio
P
an Giovanni
Treviglio
Desenzano
Lazise
Peschiera
Verona
Soave
Longare
Aba Teri
O
Bagnolo Mella
Ghedi
Villafranca di Verona
S. Bonifacio
hiera Borromeo
Crema
Orzinuovi
Carpenedolo
Goito
Isola della Scala
Montagna
Est
nano
Lodi
Soresina
Pontevido
Gambara
Nogara
Legnago
ngelo
iano
Codogno
Asola
Mantova
Ostiglia
Badia Polesine
Lendin
na
Cremona
Piadena
Marcaria
Suzzara
Poggio Rusco
Castelmassa
Piacenza
Caorso
Sabbioneta
Casalmaggiore
Moglia
Bondeno
orgonovo
Pontenure
Bussetto
Colorno
Guastalla
Mirandola
Fer
Fiorenzuola d'Arda
Fidenza
Sorbolo
Cadelbosco di Sopra
Poggio Renatico
Béttola
Salsomaggiore Terme
Parma
Reggio nell'Emilia
Carpi
Cento
io
Pellegrino Parmense
Fornovo di Taro
Casina
Modena
Castelfranco Emilia
Altedo
rda
Bardi
Pastorello
Sassuolo
Budrio
go Val di Taro
Berceto
Castellarano
Pozza

Hochfeiler 3510 m
3499 m
3668 m
3798 m
Ankogel 3252 m
St. Michael
D
E
F
AUSTRIA
Prettau
Matrei
Obervellach
A10
E55
Sand in Taufers/
Campo Tures
Huben
Winklern
Gmünd
Bruneck/
Brunico
Antholz
Lienz
Möllbrücke
Spittal an der Drau
Toblach/
Dobbiaco
Brixen/
Bressanone
Olang
SS49
Sillian
Innichen
Kötschach-
-Mauten
Hermagor
St. Ulrich/
Ortisei
37
Drei Zinnen
2998 m
Corvara
Forni Avoltri
Arnoldstein
V
Dolomiti
Cortina d'Ampezzo/
Anpezo
Sappada/
Bladen
Pontebba
Kran
Cianacei/
Canazei
Büchenstein
Tolmezzo
Chiusaforte
SS48
Marmoleda
3343 m
Pieve di Cadore
Ampezzo
A23
Gemona
Bovec
SLOVENIA
San Martino
di Castrozza
Forno di Zoldo
Longarone
Meduno
E55
Tolmin
di Primiero
Ponte n. Alpi
Bàrcis
S. Daniele
d. Friuli
Tricesimo
Cividale
Belluno
Maniago
Dignano
Lamon
Sédico
A27
Aviano
Udine
Gorizia
Feltre
Mel
Roveredo
Ajdo
Vittorio
Véneto
Pordenone
SS13
Palmanova
Stop
Follina
Quero
Coroipo
A34
Conegliano
Sacile
A28
Azzano
Decimo
Cervignano d. Friuli
A4
Cornuda
SS47
Spresiano
Portobuffolè
E70
Monfalcone
Bassano
Montebelluna
A27
Piave
Oderzo
Latisana
A4
Castelfranco
A27
SS53
Treviso
A4
San Stino
di Livenza
Grado
Resana
Scorze
Porotgruaro
Lignano
TRIESTE
eganze
SS14
San Dona
di Piave
Caorle
Bibione
Golfo di
Trieste
Koper
cenza
Piazzola
sul Brenta
Capodársego
A57
MESTRE
Eraclea
Piran
Marano
Lido di Jésolo
PADOVA
A4
Mira
VENEZIA
1
Abano
Terme
39
Piove di Sacco
Golfo di Venezia
Novigrad
Grožn
Monselice
Chióggia
A9
Este
Adige
Cavarzere
Poreč
Rovigo
CROATIA
indinara
Adria
Taglio di Po
Rovinj
Polesella
Crespino
Delta del Po
Copparo
Po
Mesola
Porto Tolle
Pula
Ferrara
Tresigallo
Codigoro
Portomaggiore
Comácchio
Argenta
E
223
F
221
SS16
Alfonsine

Piacenza
Caorso
Pontenure
orgonovo
Fiorenzuola d'Arda
SS9
Fidenza
Béttola
Salsomaggiore Terme
Parma
42
A1
E35
Pellegrino Parmense
Fornovo di Taro
Reggio nell'Emilia
Bardi
Pastorello
Casina
o Val di Taro
Berceto
A15
E33
Vetto
Castélnovo ne' Monti
SS63
Castellarano
Varese Lígure
Pontrémoli
Frassinoro
S. Pellegrino n Alpe
Pavullo
E80
Brugnato
Aulla
Fivizzano
Pievepélago
La Spezia
San Michele
Abetone
34
Carrara
Castélnovo di Garfagnana
Massa
Pontepetri
Pietrasanta
Bagni di Lucca
Forte dei Marmi
Massarosa
Montecatini
Viareggio
Lucca
51
A11
E76
A12
Monsummano Terme
Pisa
Fucecchio
Empoli
43
Cascina
Marina di Pisa
Vicarello
Pontedera
Castelfiorentino
Livorno
Collesalvetti
La Sterza
San Gimignano
Isola di Gorgona
Quercianella
A12
Volterra
Rosignano Marittima
Riparbella
SS468
Saline di Volterra
Cecina
Canneto
SS1
E80
Pomarance
Castagneto Carducci
SS4239
San Vicenzo
Campiglia Marittima
Massa Marittima
Riotorto
Bagno di Gavorrano
Piombino
Follonica
Portoferráio
Isola d'Elba
Castiglione della Pescaia
Grosseto
222
Isola Pianosa
224
Talamone
Sabbioneta
220
Suzzara
Casalmaggiore
Po
Colorno
Guastalla
Sorbolo
Cadelbosco di Sopra
E45
Mirandola
SS12
Carpi
Modena
A13
Castelfranco Emília
Sassuolo
Pozza
Zola
41
BOLOGNA
SS12
Zocca
Sasso Marconi
Frassinoro
Montese
Silla
A1
E35
Poretta Terme
SS64
Castigliore dei Pépo
Firenzuola
Borgo S. Lorenzo
Pistoia
Prato
Dicomno
FIRENZE
4
A1
S. Casciano
Figline
Reggello
SS429
RA3
Greve In Chianti
50
Poggibonsi
Montevarch
Gaiole In Chianti
Colle di Val d'Elsa
Monte San Savino
Siena
7
Sovcille
Rapolano Terme
Sinalunga
Buonconvento
Montepulcian
Montalcino
San Quirico D'orcia
SS223
SS2
Roccastrada
Paganico
Campagnatico
Castel del Piano
Arcidosso
Acquapend
Scansano
Ostiglia
SS434
Badia Polesine
Lendina
Poggio Rusco
Castelmassa
Moglia
Bondeno
Ferr
Poggio Renatico
Cento
Altedo
Arg
Budrio
Imola
Pianoro
Loiano
Brisighella
Casalmaggiore
Montecchio
Fiorenzuola
Piacenza
A
5
SS5
B
30
C
4
3
2
1
A
B
2
E45
Chiese
SS10

Rovigo
D
E
221
F
Rovinj
CROATIA
Adria
Taglio di Po
Polesella
Crespino
dinara
Po
Delta del Po
Copparo
Mesola
Porto Tolle
Pula
5
Ferrara
Codigoro
Tresigallo
Portomaggiore
Comácchio
Argenta
SS16
Alfonsine
io
Conselice
Massa Lombarda
Ravenna
Lugo
40
Russi
4
Mar Adriatico
la
Faenza
A14
Cérvia
hella
E45
Cesenático
Forli
SS9
Bellária
Cesana
Marradl
Rocca S. Casciano
Rimini
SS67
Cattólica
SAN MARINO
S. Sofia
Mercato
San Marino
Pesaro
Saraceuo
San Piero
In Bagno
Montecchio
SS16
Fano
no
Casinina
Bagno di Romagna
Stia
E78
SS3bis
Urbino
Fossombrone
Senigallia
E45
44
bbiena
Badia Tedalda
San Michele
Ostra
lo
SS71
Urbania
Falconara Marittima
Ancona
Ciuffenna
Subbiano
Cagli
Chiaravalle
archi
Sansepolcro
Pergola
Jesi
Osimo
nianti
SP3
Moie
A14
te
Arezzo
Citta di Castello
Sassoferrato
E55
Porto Rec
no
Cantiano
Scheggia
SS76
Filottrano
Cortona
Gubbio
Fabriano
Civita
45
San Serverino
Macerata
2
Umbertide
SS77
Port
Terontola
Ambra
Gualdo
Belforte
Po
lunga
Tadino
del Chienti
Tolentino
Castiglione
Lago
Magione
Camerino
Fermo
ulciano
Trasimeno
Perugia
SS3
Servigliano
irico
A1
46
Assisi
Serravalle
Sarnano
Offida
S2
E35
Torgiano
47
di Chienti
Citta della Pieve
SS3bis
Nocera Umbra
Amandola
Ascoli Piceno
Piazze
Foligno
SP209
Civite lla
Fabro
Marsciano
Bastardo
Monte Vettore
del Tron
Pissignano
2476 m
Todi
Norcia
Campli
endente
Spoleto
Triponzo
SS4
Aquasanta
an Lorenzo
Orvieto
48
Terme
Nuovo
Accumoli
Teram
223
Bolsena
SS3
Sambucheto
Amatrice
Villa
Acquasparta
226
gliano
Lago di
Baschi
Amelia
Leonessa
A24
Bolsena
D
Terni
E
Montereale
F

Viareggio
219
A12
A
Lucca
51
E76
A11
B
Monsummano Terme
Dicomino
In Bagno
C
Bagno di Roma
Stia
Pisa
43
Fucecchio
Empoli
Cascina
Pontedera
S. Casciano
FIRENZE
4
A1
Bibbiena
SS3bis
E45
Badia Te
Marina di Pisa
5
Vicarello
Castelfiorentino
Figline
Reggello
Luro Ciuffenna
Subbiano
SS71
Sans
Livorno
Collesalvetti
SS429
Greve In Chianti
RA3
Montevarchi
Arezzo
Ci
La Sterza
Quercianella
A12
San Gimignano
50
Poggibonsi
Gaiole In Chianti
Umbert
Rosignano Marittima
Riparbella
SS468
Colle di Val d'Elsa
Monte San Savino
Cortona
Cecina
222
Saline di Volterra
Volterra
Siena
7
Rapolano Terme
Terontola
Aml
SS1
E80
Pomarance
Sovcille
Sinalunga
Canneto
Buonconvento
Montepulciano
Castiglione
Lago Trasimen
Castagneto Carducci
SS4239
4
San Vicenzo
Campiglia Marittima
Massa Marittima
Montalcino
San Quirico D'orcia
A1
E35
Citta della Pieve
Riotorto
Roccastrada
SS223
SS2
Bagno di Gavorrano
Paganico
Piazze
Fabro
Ma
Piombino
Follonica
Campagnatico
Castel del Piano
rtoferráio
Ìsola d'Elba
Arcidosso
Acquapendente
Orvieto
49
Castiglione della Pescaia
Grosseto
Scansano
San Lorenzo Nuovo
Bolsena
Ba
sola Pianosa
3
Fonteblanda
Pitigliano
Lago di Bolsena
Talamone
Manciano
Marta
Montefiascon
Albinia
Ìsola di Montecristo
Orebetello
Fescia Fiorentina
Canino
Tuscania
Viterbo
SS675
Ort
SS1
Montalto di Castro
Vetralla
Ìsola del Giglio
Tarquinia
Capranica
Castel
Tolfa
Sutri
2
Civitavecchia
Manziana
Lago Bra
Santa Marinella
A12
E80
Bracciano
Cervete
2
RO
3
11-13
Mar Tirreno
Lid di Osti
I
Ma
224
A
B
C

omagna
dia Tedalda
Sansepolcro
Citta di Castello
umbertide
Ambra
Magione
eno
Pieve
Marsciano
Baschi
Amelia
ascone
Orte
Civita
astellana
utri
veteri
ROMA
1-13 14-26
Lido
Ostia
Marina di Ardea
Montecchio
Casinina
Urbino
44
Urbania
Cagli
Pergola
Cantiano
Scheggia
Sassoferrato
Gubbio
45
Fabriano
Gualdo
Tadino
Perugia
46
Torgiano
Assisi
47
Nocera Umbra
Foligno
Bastardo
Pissignano
Todi
Spoleto
48
Acquasparta
Terni
Marmore
Narni
Cottanello
San Giovanni
Reatino
Rieti
Cittaducale
Rignano
Flaminio
Passo Corese
Monterotondo
Guidonia
Mentecelio
27 Tivoli
Palestrina
Ostia Antica
28
Pomezia
Guardapasso
Aprilia
Anzio
Latina
Fossombrone
San Michele
SP3
Ostra
Chiaravalle
Moie
Jesi
Filottrano
San Serverino
Belforte
del Chienti
Camerino
Serravalle
di Chienti
Sarnano
Amandola
Norcia
Monte Vettore
2476 m
Triponzo
Sambucheto
Leonessa
Posta
Montereale
Monte Terminillo
2216 m
Antrodoco
Pizzoli
Poggio Moiano
Borgorose
A24
Carsoli
Asoli
Avezzano
Capistrello
Subiaco
Fiuggi
Valmotone
Castel
Gandolfo
Velletri
Segni
Ferentino
Cisterna di Latina
Ceccano
Sezze
Priverno
Pontinia
Sabaudia
Fano
Senigallia
Falconara Marittima
Ancona
Osimo
Porto Recanati
Macerata
Civitanova Marche
Porto Sant' Elpidio
Porto San Giorgio
Tolentino
Fermo
Servigliano
Offida
Cupra Marittima
Grottamare
San Benedetto
Ascoli Piceno
Alba Adriatica
Civitella
del Tronto
Giulianova
Aquasanta
Terme
Campli
Roseto d. Abruzz
Accumoli
Amatrice
Teramo
Villa Vomano
Pineto
Gran Sasso d'Italia
2912 m
Silvi Marin
Penne
Pesca
Pianella
Fra
L'Aquila
Chieti
Barisciano
Capestrano
Scafa
Rocca di Mezzo
Popoli
Guardi
Celano
Sulmona
Cas
Pescina
Pettorano
Sul Gizio
Palena
Pescocostanzo
Civitella
Roveto
Pso. di Diàvolo
1400 m
Ateleta
Opi
52
Balsorano Nuovo
M. Petroso
2247 m
Castel di Sa
Alatri
Sora
Cerro
Al Volturno
Frosinone
Arce
Atina
Pozzilli
Ceprano
Cassino
Venafro
Pico
Piedimor
Mate
Fondi
Ausonia
S. Garda
223
E73
E55
A14
SS76
SS3
SS3bis
SP209
SS4
SS3
A1
SS2
SS4
A1
A90
214-217
SS148
SS16
SS77
A24
A25
E80
A25
SS17
SS82
SS6
226
A1
E35
225
SS652
SS17
227
D
E
F
5
4
3
2
1

ontefiascone
Marmore
Narni
Orte
Cottanello
Rieti
Civita Castellana
San Giovanni Reatino
Sutri
Rignano Flaminio
Lago di Bracciano
Bracciano
Passo Corese
Monterotondo
Cerveteri
Guidonia Mentecelio
ROMA
11-13 14-26
Ostia Antica
28
Lido di Ostia
Pomezia
Guardapasso
Aprilia
Marina di Ardea
Anzio
Tivoli
Palestrina
Castel Gandolfo
Valmotone
Velletri
Ferentino
Segni
Cisterna di Latina
Sezze
Latina
Pontinia
Sabaudia
Terracina
Fiuggi
Fondi
Monte Terminillo
2216 m
Posta
Cittaducale
Poggio Moiano
Borgorose
Carsoli
Asoli
Avezzano
Capistrello
Subiaco
Balsorano Nuovo
Alatri
Frosinone
Ceccano
Priverno
Montereale
Gran Sasso d'Italia
2912 m
Antrodoco
Pizzoli
L'Aquila
Barisciano
Capestrano
Scafa
Rocca di Mezzo
Celano
Popoli
Sulmona
Pescina
Pettorano Sul Gizio
Civitella Roveto
Opi
52
M. Petroso
2247 m
Sora
Atina
Arce
Cerro Al Volturno
Atina
Pico
Ceprano
Cassino
Venafro
Pozzilli
Pso. di Diávolo
1400 m
Ateleta
Penne
Pianella
Silvi
Golfo di Gaeta
Formia
Ausonia
Montano
Scauri
Gaeta
Sessa Aurunca
Mondragone
Capua
Castel Volturno
Giugliano in Campania
Casori
Pozzuoli
Procida
Torre de
Ìsola d'Ischia
Golfo d
Ìsola di Ponza
Capri
M a r   T i r r e n o
226
223
224
SS675
A1
SS2
SS4
A1
A90
214-217
27
SS148
SS213
SS82
SS17
A24
A25
E80
A24
A25
E35
A1
SS6
SS17
A56
Tévere

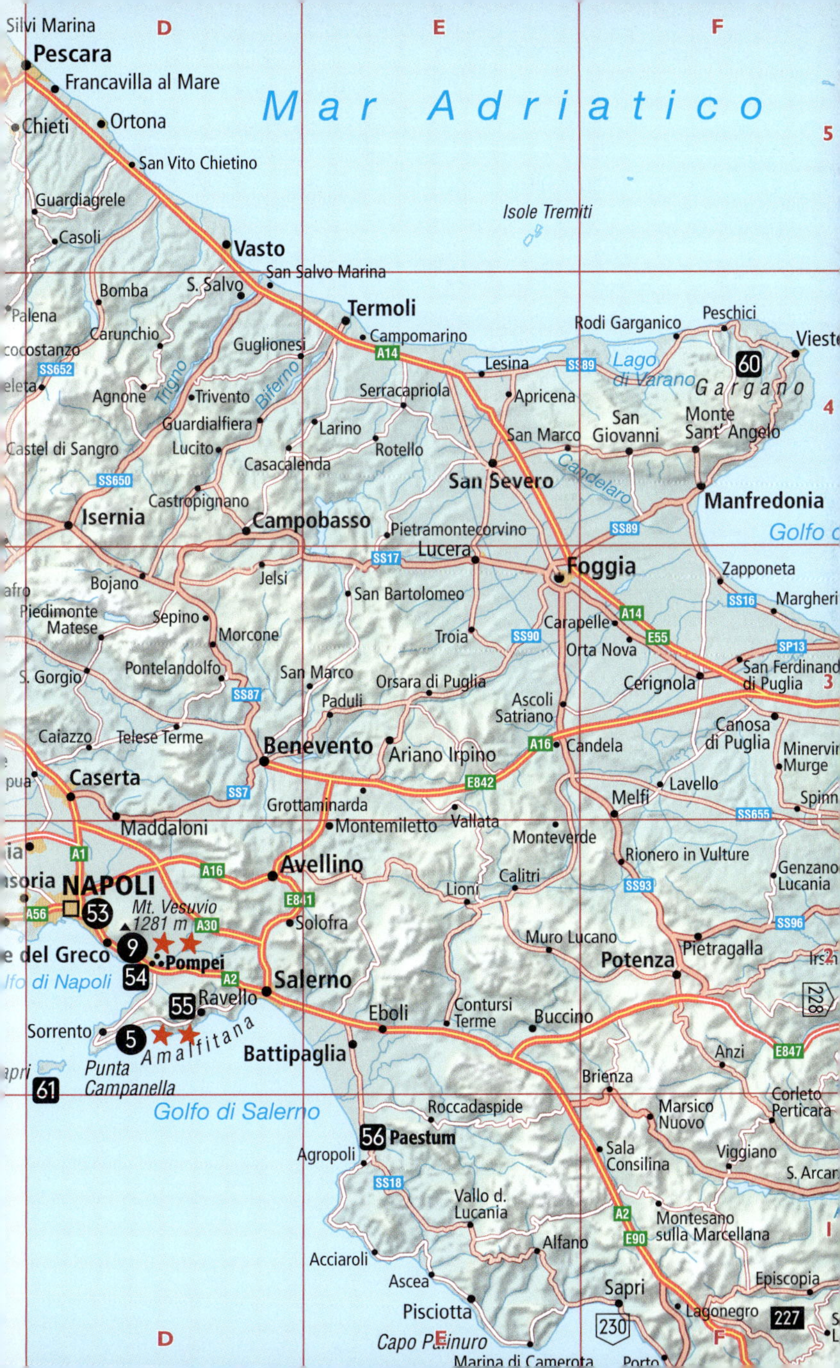

Silvi Marina
D
E
F
Pescara
Francavilla al Mare
Chieti
Ortona
Mar Adriatico
5
San Vito Chietino
Guardiagrele
Isole Tremiti
Casoli
Vasto
San Salvo Marina
Bomba
S. Salvo
Palena
Carunchio
Termoli
ccocostanzo
Guglionesi
Campomarino
Rodi Garganico
Peschici
eleta
SS652
A14
Lesina
SS89
Lago
di Varano
60
Vieste
Agnone
Trivento
Biferno
Serracapriola
Apricena
Gargano
4
Guardialfiera
Larino
San Marco
San
Giovanni
Monte
Sant' Angelo
Castel di Sangro
Lucito
Rotello
SS650
Casacalenda
Candelaro
Castropignano
San Severo
Manfredonia
Isernia
Campobasso
Pietramontecorvino
SS89
Golfo d
afro
Bojano
Jelsi
SS17
Lucera
Foggia
Zapponeta
A14
Piedimonte
Matese
Sepino
San Bartolomeo
Carapelle
SS16
Margheri
Morcone
Troia
SS90
Orta Nova
E55
SP13
S. Gorgio
Pontelandolfo
San Marco
Orsara di Puglia
Ascoli
Satriano
Cerignola
San Ferdinand
di Puglia
SS87
Paduli
Caiazzo
Telese Terme
Canosa
di Puglia
Minervi
Murge
Benevento
Ariano Irpino
A16
Candela
pua
Caserta
SS7
Grottaminarda
E842
Melfi
Lavello
Spinn
Maddaloni
Montemiletto
Vallata
Monteverde
SS655
ia
A1
Avellino
Rionero in Vulture
Genzano
Lucania
nsoria
NAPOLI
A16
Lioni
Calitri
SS93
A56
53
Mt. Vesuvio
1281 m
E841
A30
Muro Lucano
SS96
e del Greco
9
Pompei
Solofra
Potenza
Pietragalla
Irs
54
A2
Salerno
228
lfo di Napoli
55
Ravello
Eboli
Contursi
Terme
Buccino
Sorrento
5
Amalfitana
Battipaglia
Anzi
E847
pri
Punta
Campanella
Brienza
Corleto
Perticara
61
Golfo di Salerno
Roccadaspide
Marsico
Nuovo
Viggiano
56
Paestum
Sala
Consilina
S. Arcar
Agropoli
SS18
Vallo d.
Lucania
A2
Montesano
sulla Marcellana
Alfano
E90
Acciaroli
Ascea
Sapri
Episcopia
Pisciotta
230
Lagonegro
227
D
E
F
Capo Palinuro
Marina di Camerota
Porto

Termoli
Guglionesi
Campomarino
A14
Biferno
Serracapriola
Lesina
Apricena
227
Rodi Garganico
Peschici
Vieste
Lago di Varano
Gargano
60
Monte Sant' Angelo
San Marco
San Giovanni
SS89
Larino
Rotello
Casacalenda
Campobasso
Jelsi
Pietramontecorvino
Lucera
SS17
San Bartolomeo
SS89
Candelaro
San Severo
Manfredonia
Golfo di Manfredonia
Zapponeta
Foggia
Margherita di Savoia
SS16
Carapelle
A14
E55
SS90
Troia
Orta Nova
Barletta
SP13
San Ferdinando di Puglia
Molfetta
Orsara di Puglia
San Marco
Paduli
SS87
Ascoli Satriano
Cerignola
Canosa di Puglia
Andria
Minervino Murge
Corato
Bitonto
Benevento
Ariano Irpino
A16
Candela
Lavello
Spinnazzola
SS96
E842
Melfi
SS7
Grottaminarda
Montemiletto
Vallata
Monteverde
SS655
Poggiorsini
Toritto
227
Avellino
Calitri
Rionero in Vulture
Genzano di Lucania
Gravina di Puglia
Altamura
Lioni
SS93
E841
Solofra
SS96
Muro Lucano
Pietragalla
Irsina
Matera
57
A3
Salerno
Potenza
Grassano
vello
Eboli
Contursi Terme
Buccino
Ginosa
Battipaglia
Anzi
E847
Bernal
di Salerno
Roccadaspide
Brienza
Marsico Nuovo
Corleto Perticara
Stigliano
Craco
56 Paestum
Agropoli
Sala Consilina
Viggiano
S. Arcangelo
SS598
ana
SS18
Vallo d. Lucania
A2
Montesano sulla Marcellana
Agri
Sinni
Acciaroli
Alfano
E90
Senise
Ascea
Sapri
Episcopia
SS653
Oriolo
Marina
Pisciotta
Lagonegro
S. Severino Lucano
Capo Palinuro
Marina di Camerota
Porto
M. Pollino 2248 m
Golfo di Policastro
Trebisac
Frascineto
Scalea
Morano Calabro
Marina di Si
Lungro
SS18
Belvedere Marttimo
Corigliano Calabro
Rossa
228
S. Marco Argentano
Acri
Longobuc
Centraro
230
Marina di Fuscaldo
Montalto
M. Pettinacur

D
E
F
5
4
3
2
1
Mar Adriatico
BARI
E55
Mola die Bari
96
Casamassima
Monopoli
britto
A14
Putignano
Fasano
E843
mura
Alberobello
SS379
Gioia del Colle
59
Ostuni
Brindisi
Martina
Franca
Mottola
Mesagne
S. Pietro
Massafra
Vernotico
nosa
Castellaneta
E90
Francavilla
Fontana
SS16
Taranto
Guagnano
San Cataldo
ernalda
Saturo
Manduria
Lecce
Leverano
58
Librari
Porto Cesareo
Nardo Galatina
Otranto
E90
SS101
Máglie
Policoro
Golfo di Taranto
Gallipolli
Marina di Nova Siri
Taurisano
Alessano
Torre San Giovanni
Marina di Leuca
isacce
Capo S. Maria di Léuca
di Sibari
ossano
Cariati
bacco
229
Campa
E
F
Ciro Marina

A
B
C
Sapri
Episcopia
SS653
Oriolo
228
Marina di Nova Siri
Lagonegro
S. Severino
Lucano
i Camerota
Porto
M. Pollino
2248 m
Trebisacce
di Policastro
Frascineto
Morano
Calabro
Scalea
Marina di Sibari
Lungro
SS18
Rossano
Corigliano
Calabro
Belvedere
Marttimo
Cariati
S. Marco
Argentano
Acri
Longobucco
Centraro
Campana
Marina di Fuscaldo
Montalto
Uffugo
M. Pettinascura
1708 m
Savelli
Ciro Marina
SS106
E90
Paola
Cosenza
Verzino
SS107
Lorica
S. Giovanni
in Fiore
Fasana
Rogliano
Petilia
Policastro
Crotone
Amantea
Cutro
Taverna
Sersale
Falerna Marina
SS19
Isola di
Capo Rizzuto
Nicastro
Catanzaro
Capo Rizzuto
Golfo di S. Eufemia
A2
Catanzaro Marina
E90
Chiaravalle
Centrale
Golfo di Squillace
Vibo Valentia
Soverato
SS110
Tropea
S. Angelo
Mileto
Serra
S. Bruno
Rosarno
Paradiso
Monasterace Marina
Gioia Tauro
Cinquefrondi
SS106
Palmi
Taurianova
SS281
E90
Sparta
Marina di Gioiosa Jonica
Plati
MESSINA
Locri
233
Montalto
1955 m
i Sicilia
Bianco
A18
Reggio
Calabria
E45
Bagaladi
Bocale
Galati
Taormina
63
Melito di
Porto Salvo
osto
230
eale
A
B
C

D
E
F
224
Ìsola Maddalena
Ìsola Caprera
5
S. Teresa Gallura
Vignola Mare
Palau
Isola Rossa
Arzachena
Ìsola Asinara
Golfo
dell' Asinara
Luogosanto
Golfo Aranci
Stintino
Castelsardo
SS200
Tempio
Pausania
Olbia
Porto Torres
Perfugas
SS127
Monte Petrosu
Palmadula
SS199
Monti
Sassari
4
Ittiri
Chiaramonti
Oschiri
SS389
Alghero
Ozieri
Siniscola
Budduso
Villanova
Monteleone
Mores
Bitti
Pozzomaggiore
Bultei
SS125
M. Iameddari
1118 m
SS131
Orosei
Bosa
SS129
Macomer
Ottana
Nuoro
Dorgali
Golfo di Orosei
S. Caterina
di Pittinuri
Serule
SS389
Genna Silana
1017 m
Fonni
3
P. La Mármora
1834 m
Baunei
Fordongianus
Atzara
Oristano
Arbatax
Laconi
Lanusei
Golfo di Oristano
Seui
Ales
Serri
Escalaplano
Terralba
Tertenia
SS131
SS128
Guspini
Sardegna₂
Sanluri
Ballao
SS125
Senorbi
Villacidro
E25
65
SS126
Muravera
Villasor
Iglesias
SS130
Ìsola di
San Pietro
Siliqua
Cágliari
Quartu Sant'Elena
Portoscuso
Carbonia
Acquacadda
Villasimius
Sant' Antioco
Golfo
di Cágliari
Capo Carbonara
Ìsola di
Sant' Antioco
Giba
SS195
Pula
Teulada
1
Capo Teulada
231
D
E
F

A
B
C
5
Ìsola di Ùstica
4
Capo San Vito
Partanna Mondello
S. Vito lo Capo
Terrasini
A19
PALERMO
E90
67
Ìsola di
Levanzo
Ìsola di
Maréttimo
Trápani
Balestrate
Bagheria
Álcamo
Partinico
68
Monreale
Misilmeri
Cacca
Ìsola di
Favignana
A29
Salemi
A29
E90
SS624
Corleone
Marsala
SS115
3
Partanna
Sambuca
di Sicília
Prizzi
Lercara
Friddi
Castelvetrano
SS18
Mazara del Vallo
Sicília
E931
Riberia
Casteltermini
Sciacca
Agrigento
64
2
Marina di Palma
Ìsola di Pantelleria
1
232
A
B
C

Ìsola Stròmboli
Stròmboli
924 m
Ìsola Filicudi
Ìsola Salina
Ìsola Panarea
Ìsola Alicudi
Ìsola Lìpari
Ìsola Vulcano
Sparta
230
Milazzo
Barcelona
Pozzo di Gotta
MESSINA
Capo d' Orlando
Sant' Ágata
di Militello
Novara di Sicilia
Regg
Calab
eria
Cefalù
66
S. Stefano
u. Camastra
A20
E90
S. Fratello
Floresta
A18
E45
Bocale
Termini
Imerese
Mistretta
Mt. Soro
1847m
Randazzo
Linguaglossa
63
Taormina
Caccamo
Castelbuono
SS116
63
Monte Etna
3323 m
A19
Gangi
Troina
Bronte
E932
Nicosia
Riposto
Vallelunga
Pratameno
Adrano
Acireale
Leonforte
Regalbuto
Paterno
180
Dittaino
Caltanissetta
Enna
mini
Valguarnera
Caropepe
CATANIA
SS640
Pietraperzia
Piazza Armerina
69
Canicattì
Lentini
Augusta
Ravanusa
Mazzarino
SS417
Priolo Gargallo
Caltagirone
SS194
Licata
Gela
Palazzolo Acreide
Siracusa
62
SS115
E45
Cómiso
Vittoria
Ragusa
Noto
Avola
S. Croce Camerina
Modica
A18
Ispica
Pacchino
Capo delle Correnti
233

AA/M Jourdan: 16, 24, 161

AA/S McBride: 6 (3)

AA/A Mockford & N Bonetti: 44, 55, 74 l.

Dave Yoder/Aurora/laif: 78

dpa/KPA/TopFoto: 80

DuMont Bildarchiv/Anzenberger: 5 u., 6 (6) u. 107, 6 (7) u. 130, 8, 11 o., 12/13, 17 u.r., 21 l.o., 25 l., 84, 91, 106, 123, 126, 128, 131, 132, 134, 137, 138, 140, 144/145, 160, 163 o./u., 164, 170/171, 185 o, 185 u.l./r., 188, 190, 192/193, 195, 197, 198, 200/201

DuMont Bildarchiv/Heuer: 6 (2) u. 38, 11 u., 17 o.l./r., 17 u.l., 25 r., 26/27, 28, 35 o./u., 36, 37 l./r., 40, 42, 43, 45, 48, 49, 39, 57, 62, 108/109,

DuMont Bildarchiv/Kiedrowski: 6 (9) u. 155, 77, 162, 165,

DuMont Bildarchiv/Lubenow: 6 (1) u. 102, 19, 29, 92/93, 97 o./u., 100, 101 o., 101 u. l./r., 110, 111, 116, 175 o./u., 176, 177 l., 178, 179, 181, 182, 186, 187

DuMont Bildarchiv/Mosler: 83

DuMont Bildarchiv/Weimar: 21 l.u., 69 r., 70 l., 70 r.o./u., 71, 73 u., 74, 79 o., 79 u.l./r.,

DuMont Bildarchiv/Werner: 64/67

DuMont Bildarchiv/Wrba: 6 (8) u. 73, 112

Getty Images/Mazzatenta: 154

Harris/IFA-Bilderteam: 1^53 o.

Huber Images/Baviera: 81

Huber Images/Cogoli 151 l.

Huber Images/Cozzi: 124

Huber Images/Cropp: 21 r.

Huber Images/Gräfenhain: 5 o.

Huber Images/Huber: 75

Huber Images/Kremer: 150, 159

Huber Images/Lukasseck: 20

Huber Images/Ripani: 125 l.

Huber Images/Russo: 85

Huber Images/Sciosia: 183

Huber Images/Vaccarella: 14/15, 30/31, 127

Huber Images/Wasek: 50

Jochen Eckel/SZ Photo/laif: 52

laif/Celentano: 69 l.

laif/Mauthe: 157

laif/Rigaud: 6 (5) u. 153 r.u.

Lookphotos/Frei: 153 l.u.

Lookphotos/Strauß: 6 (10) u. 76

mauritius images/Alamy: 149 o./u., 151 r.u.

mauritius images/Harding: 151 r.o.

mauritius images/Travel Collection: 177 r.

Pascal SITTLER/REA/laif: 118/119

Titelbilder:
U1 oben: DuMont Bildarchiv/Christina Anzenberger-Fink, Toni Anzenberger
U1 unten: DuMont Bildarchiv/Toni Anzenberger
U8: DuMont Bildarchiv/Sabine Lubenow

IMPRESSUM

© MAIRDUMONT GmbH & Co. KG
VERLAG KARL BAEDEKER

2. Aufl. 2020
Völlig überarbeitet und neu gestaltet

Text: Susanne Kilimann, Teresa Fisher, Rebecca Ford, Tim Jepson, Sally Roy,
Tristan Rutherford, Kathryn Tomasetti, Dagmar Lutz
Übersetzung: Joachim Nagel
Redaktion & Gestaltung: Robert Fischer (www.vrb-muenchen.de)
Projektleitung: Dieter Luippold
Programmleitung: Birgit Borowski
Chefredaktion: Rainer Eisenschmid

Kartografie: © MAIRDUMONT GmbH & Co. KG, Ostfildern
3D-Illustrationen: jangled nerves, Stuttgart
Visuelle Konzeption: Neue Gestaltung, Berlin

Anzeigenvermarktung: MAIRDUMONT MEDIA
Tel. 0711 4502-0, media@mairdumont.com
media.mairdumont.com

Printed in Poland

Trotz aller Sorgfalt von Autoren und Redaktion sind Fehler und Änderungen nach Drucklegung leider nicht auszuschließen. Dafür kann der Verlag keine Haftung übernehmen. Berichtigungen, Kritik und Verbesserungsvorschläge sind uns jederzeit willkommen, bitte informieren Sie uns unter:

Verlag Karl Baedeker / Redaktion
Postfach 3162
D-73751 Ostfildern
Tel. 0711 4502-262
smart@baedeker.com
www.baedeker.com

Meine Notizen